U0629900

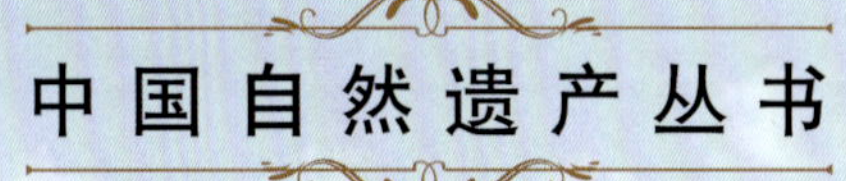

新疆天山世界自然遗产

杨兆萍 张小雷 等 编著

科学出版社
北京

遗产鉴别

1.1 国家

中华人民共和国

1.2 省、区、市

新疆天山系列世界自然遗产位于新疆维吾尔自治区

托木尔：阿克苏地区温宿县

喀拉峻－库尔德宁：伊犁哈萨克自治州特克斯县和巩留县

巴音布鲁克：巴音郭楞蒙古自治州和静县

博格达：昌吉回族自治州阜康市、乌鲁木齐市

1.3 遗产名称

新疆天山

1.4 地理坐标

总体地理位置：41°30'00"~44°00'00"N，79°30'00"~88°30'00"E

表 1-1　各遗产地地理坐标

编号	系列遗产地名称	地区	中心坐标
1	托木尔	温宿县	41° 58'06"N　80° 21'15"E
2	喀拉峻－库尔德宁	特克斯县	43° 00'05"N　82° 38'08"E
		巩留县	
3	巴音布鲁克	和静县	42° 47'53"N　84° 09'50"E
4	博格达	阜康市	43° 50'00"N　88° 17'12"E
		乌鲁木齐市	

1.5 遗产地系列图件

图 1-1　托木尔遗产地详图

图 1-2　托木尔遗产地与其他保护区关系图

图 1-3　托木尔遗产地遥感影像图
图 1-4　喀拉峻－库尔德宁遗产地详图
图 1-5　喀拉峻－库尔德宁遗产地与其他保护区关系图
图 1-6　喀拉峻－库尔德宁遗产地遥感影像图
图 1-7　巴音布鲁克遗产地详图
图 1-8　巴音布鲁克遗产地与其他保护区关系图
图 1-9　巴音布鲁克遗产地遥感影像图
图 1-10　博格达遗产地详图
图 1-11　博格达遗产地与其他保护区关系图
图 1-12　博格达遗产地遥感影像图

1.6　遗产地及缓冲区面积

新疆天山遗产地总面积 606 833 hm^2，缓冲区总面积 491 103 hm^2。

表 1-2　各遗产地及缓冲区面积

编号	遗产地名称	遗产地面积 / hm^2	缓冲区面积 / hm^2
1	托木尔	344 828	280 120
2	喀拉峻－库尔德宁	113 818	89 346
3	巴音布鲁克	109 448	80 090
4	博格达	38 739	41 547
总计		606 833	491 103

新疆天山系列遗产地汇总表

表 1-3　新疆天山系列遗产地汇总表

编号	组成地名称	地区	中心点坐标	遗产地面积 / hm^2	缓冲区面积 / hm^2	图号
1	托木尔	温宿县	41° 58'06"N 80° 21'15"E	344 828	280 120	图 1-1 图 1-2 图 1-3
2	喀拉峻－库尔德宁	特克斯县 巩留县	43° 00'05"N 82° 38'08"E	113 818	89 346	图 1-4 图 1-5 图 1-6
3	巴音布鲁克	和静县	42° 47'53"N 84° 09'50"E	109 448	80 090	图 1-7 图 1-8 图 1-9
4	博格达	阜康市 乌鲁木齐市	43° 50'00"N 88° 17'12"E	38 739	41 547	图 1-10 图 1-11 图 1-12
总面积				606 833	491 103	

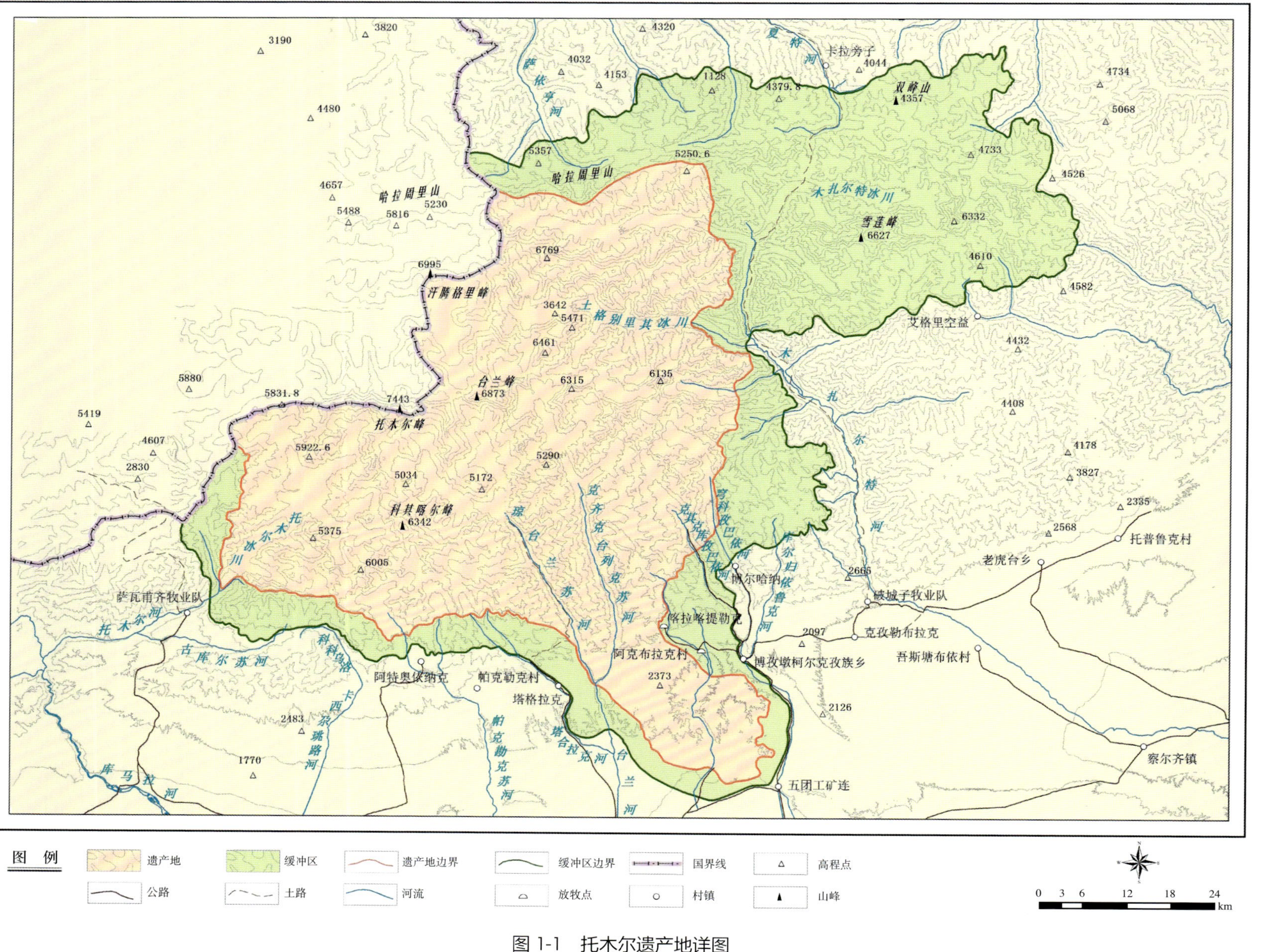

图 1-1 托木尔遗产地详图

图 1-2 托木尔遗产地与其他保护区关系图

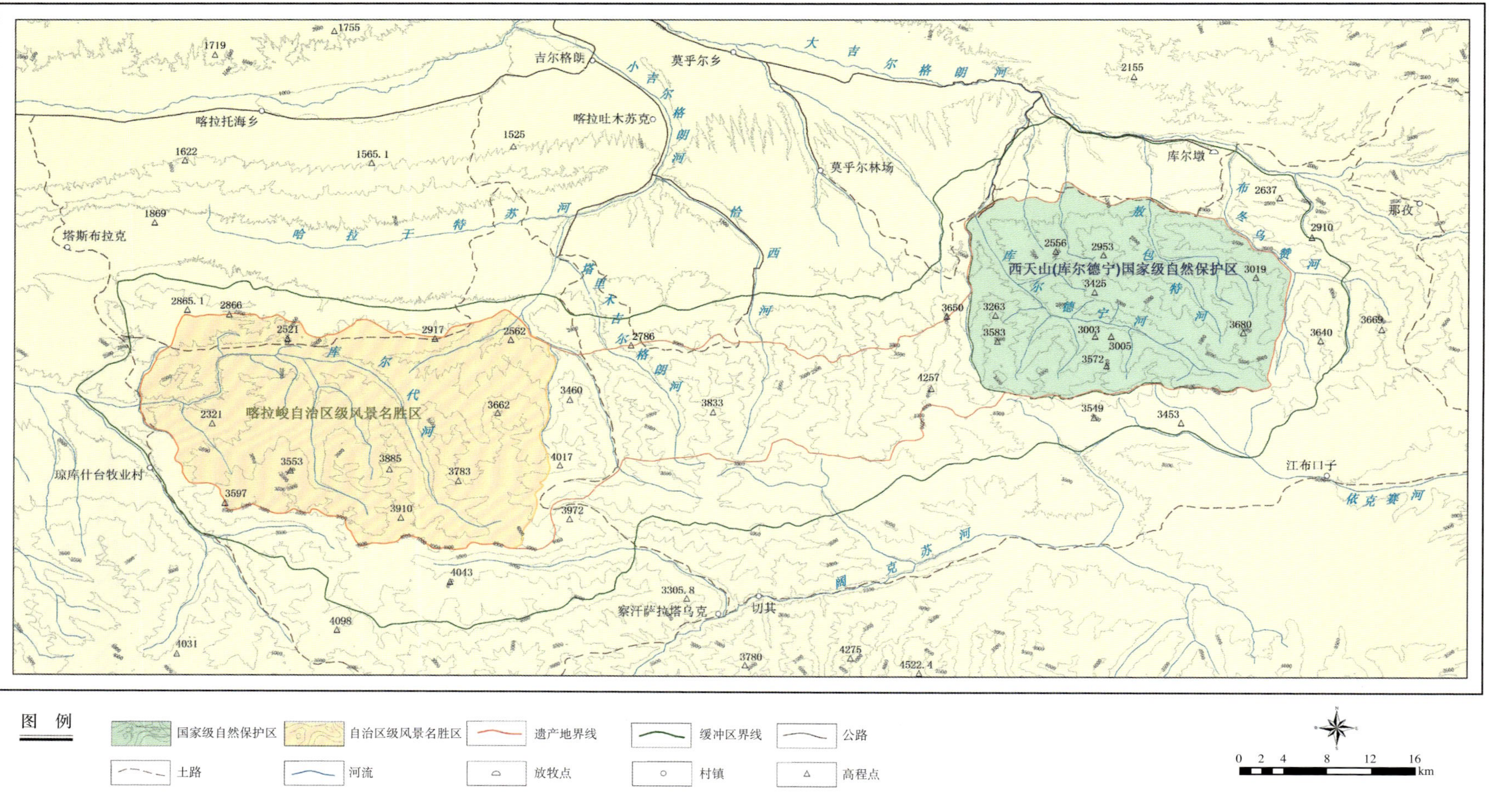

图 1-5 喀拉峻-库尔德宁遗产地与其他保护区关系图

图 1-6 喀拉峻-库尔德宁遗产地遥感影像图

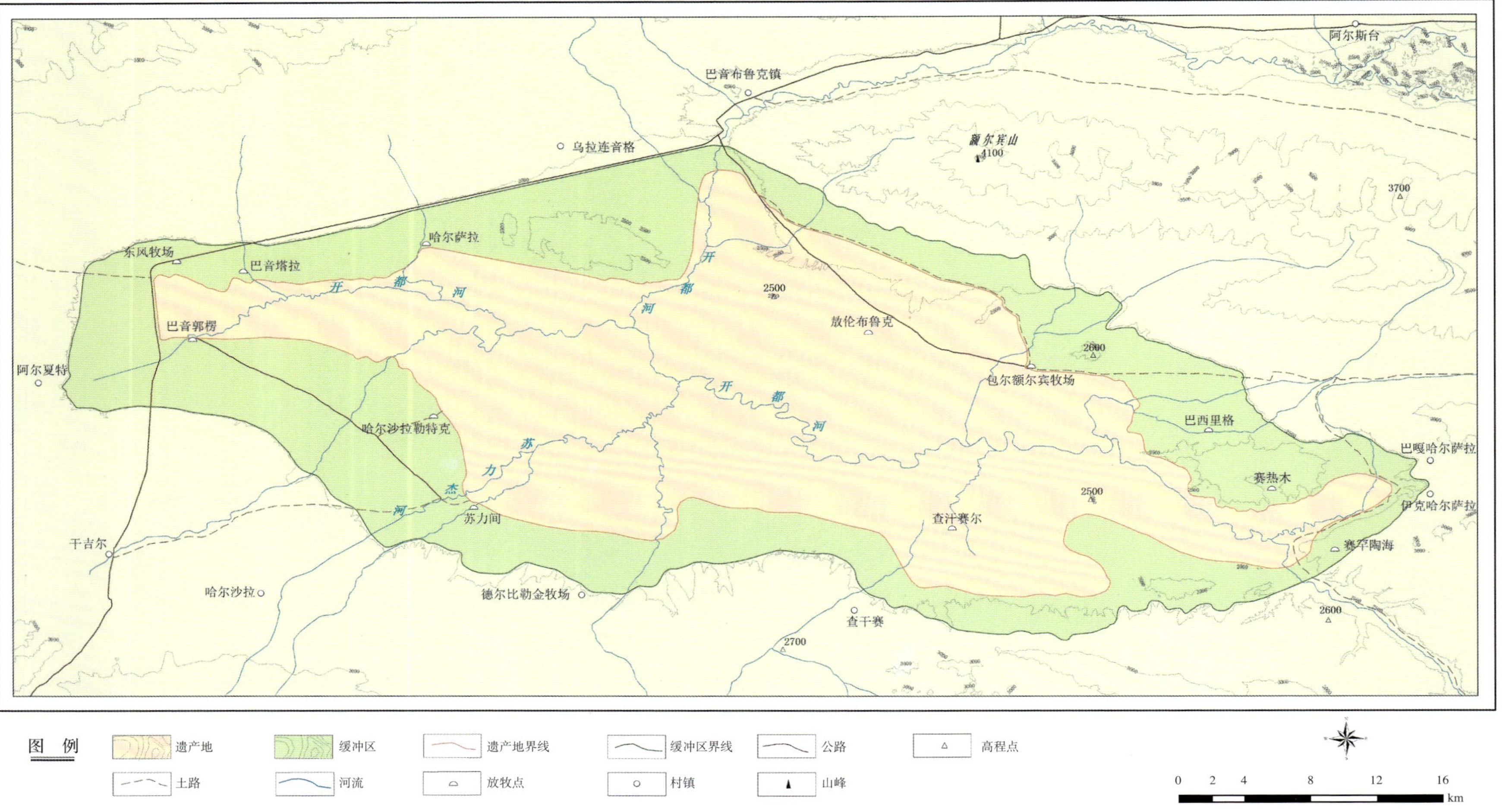

图 1-7　巴音布鲁克遗产地详图

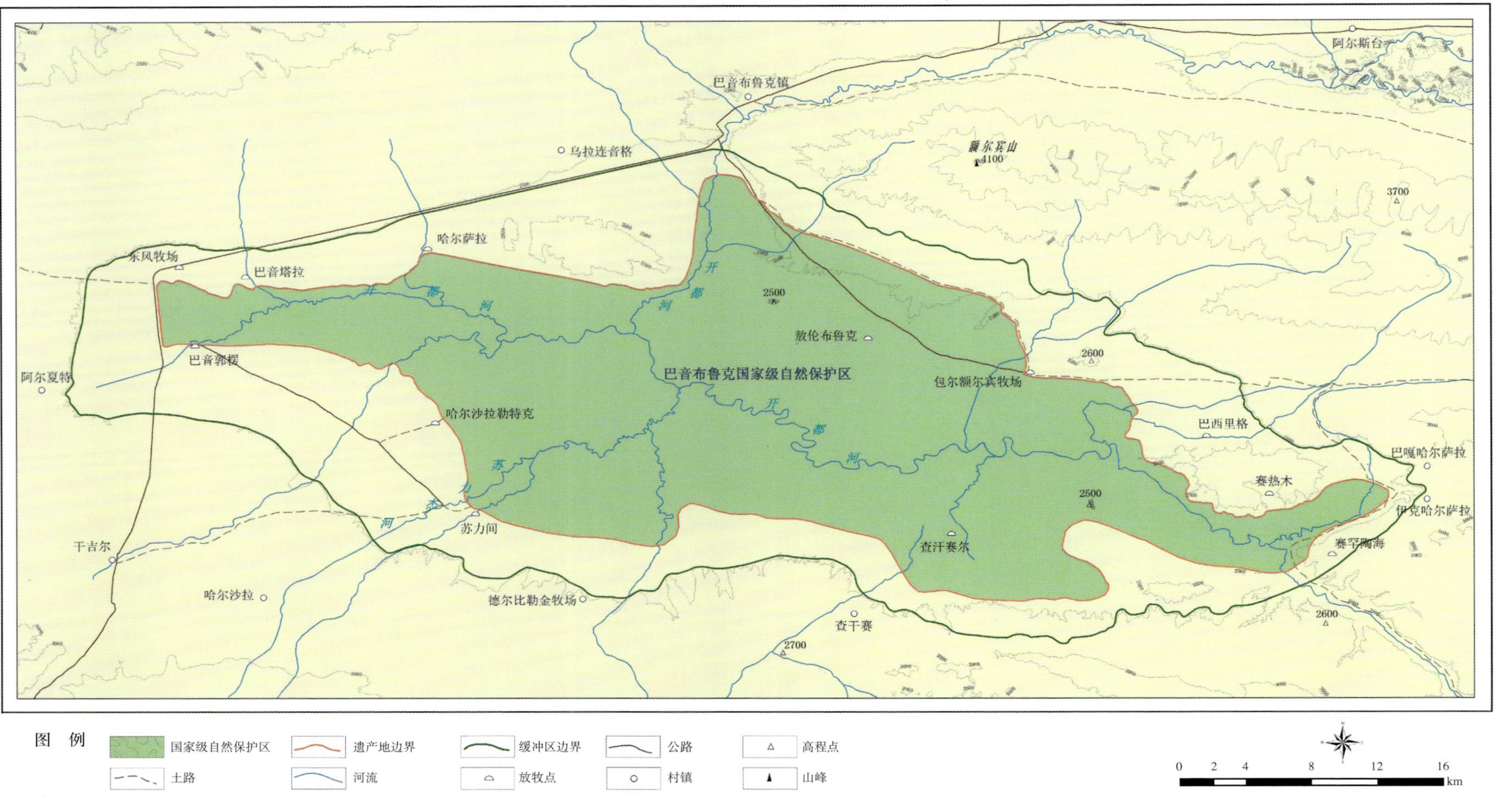

图 1-8 巴音布鲁克遗产地与其他保护区关系图

0 2 4 8 12 16 km

图例

遗产地边界

缓冲区边界

图 1-9 巴音布鲁克遗产地遥感影像图

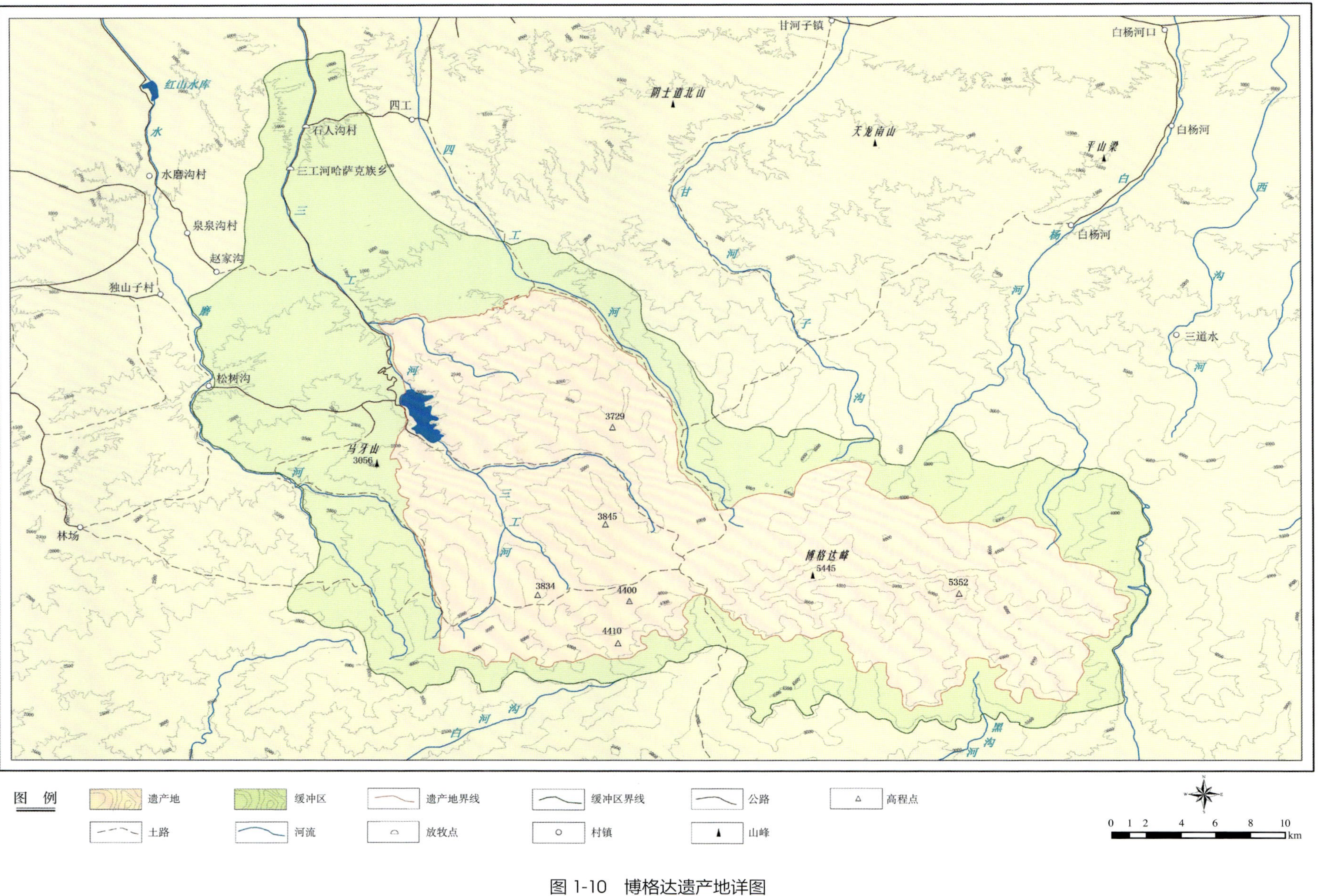

图 1-10　博格达遗产地详图

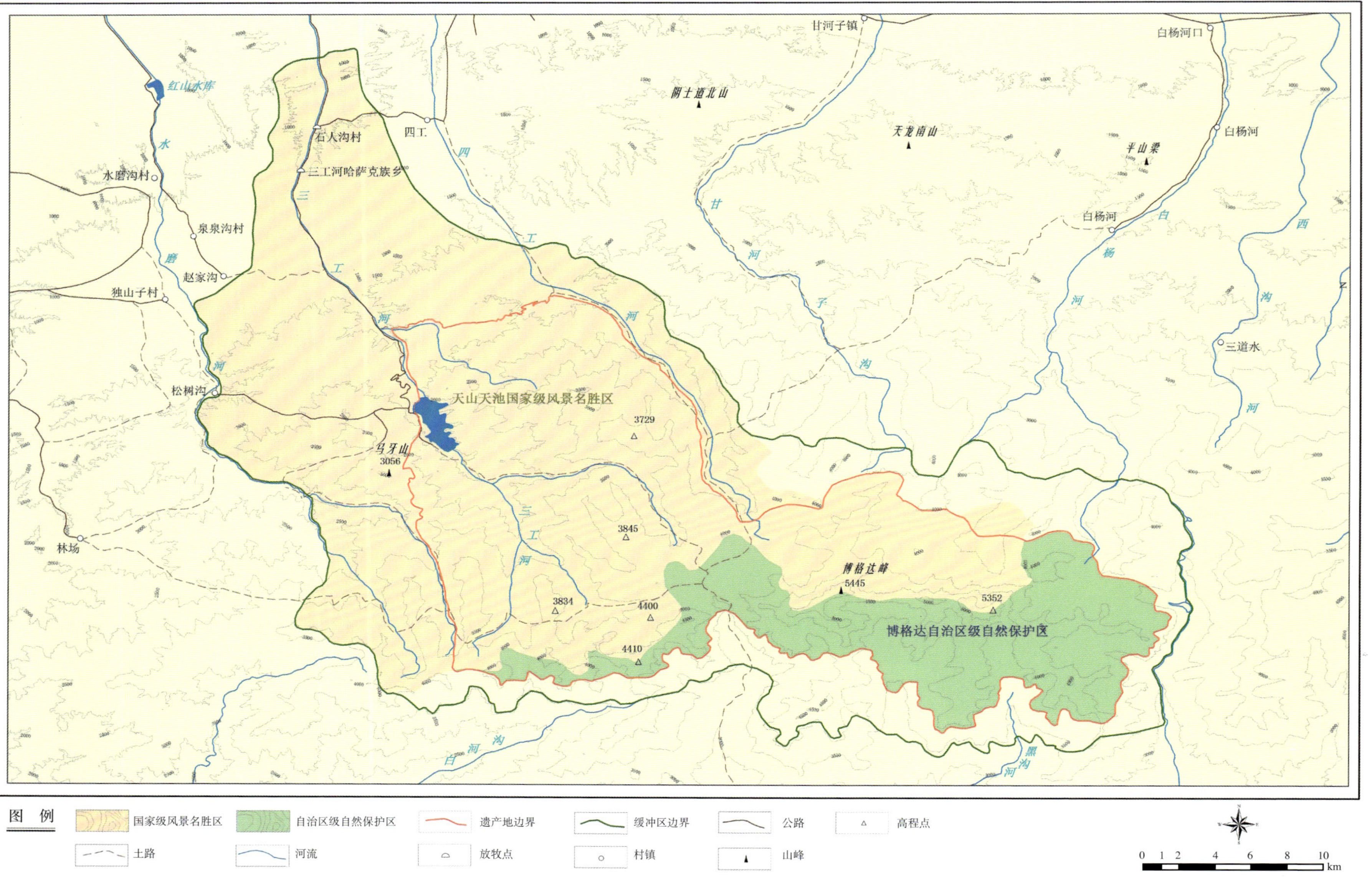

图 1-11　博格达遗产地与其他保护区关系图

图 1-12 博格达遗产地遥感影像图

2
遗产描述

2.1 天山概况

天山位于世界最大的陆地——欧亚大陆腹地，与北面的阿尔泰山、南面的昆仑山以及西面的帕米尔高原共同组成中亚山地的主体。天山是世界最大的独立纬向山系，也是全球七大山系之一；是世界上距离海洋最远的巨大山系，也是全球干旱区最大的山系。

天山东起中国新疆哈密星星峡戈壁，西至乌兹别克斯坦克孜勒库姆沙漠，近东西向延伸，由东向西呈掌状分布，全长 2 500 km，南北平均宽 250 ～ 350 km，

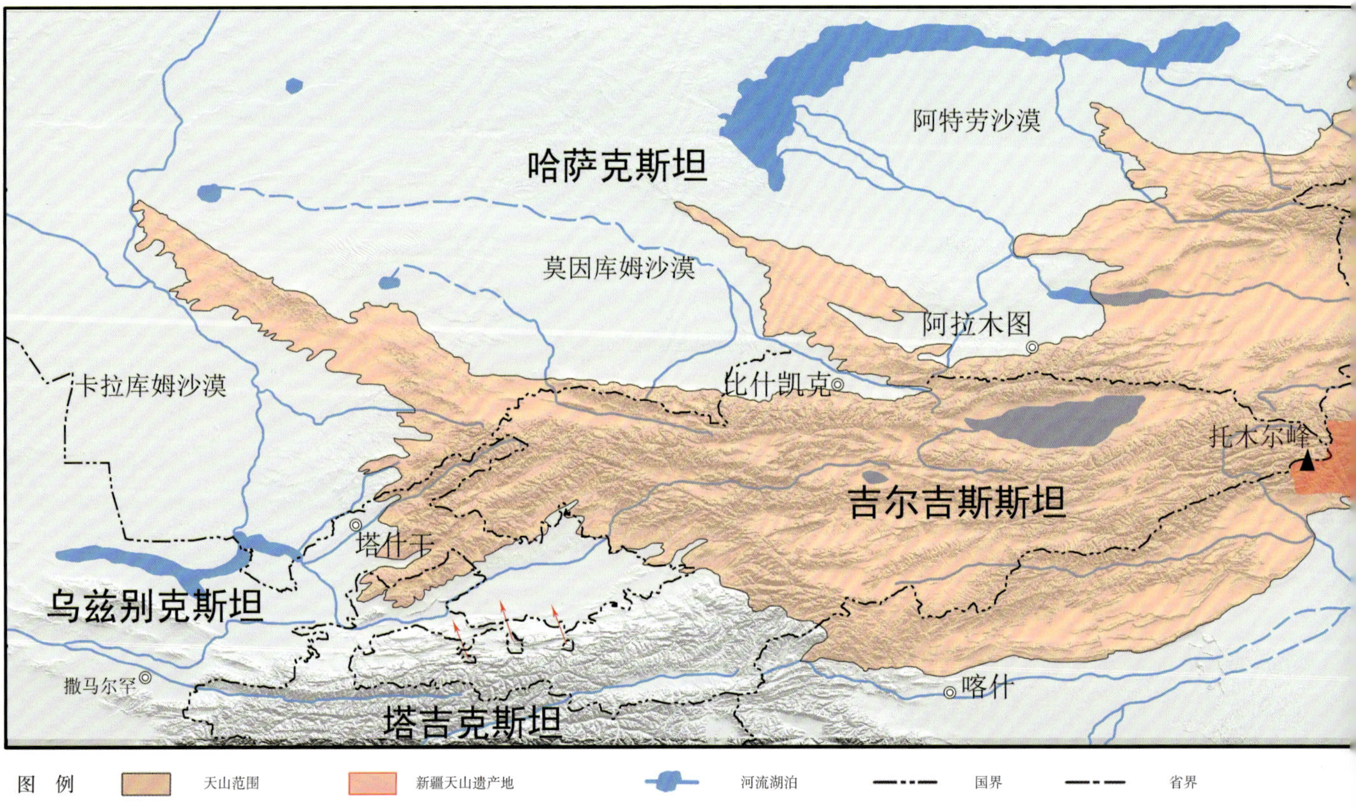

最宽达 800 km 以上，横跨中国、哈萨克斯坦、吉尔吉斯斯坦和乌兹别克斯坦四国。天山三面被六大沙漠包围，包括世界第一大流动沙漠——塔克拉玛干沙漠、古尔班通古特沙漠、阿特劳沙漠、莫因库姆沙漠、克孜勒库姆沙漠和卡拉库姆沙漠（图 2-1）。天山山势雄伟壮观，山脊线平均海拔 4 000 m，由一系列山脉和山间盆地组成，东西方向可分为中国境内的东天山和境外的西天山。

天山高大雄伟，顶冠白雪，身披绿铠，巍然屹立于平坦广阔、炎热干燥的戈壁荒漠中。在全球最大的干旱区——亚欧大陆腹地背景中，犹如巨大的水塔，发育了规模宏大且类型多样的山地生态系统，同时又提供了丰富的水资源，孕育了周边广袤的荒漠和绿洲生态系统，形成了全球最为典型的山地–绿洲–荒漠生态系统；其显著的“湿岛”效应，保障了中亚区域动植物和人类的生存与发展。

图 2-1　天山区域示意图

2.2 新疆天山

2.2.1 自然地理

2.2.1.1 地理位置

新疆天山位于新疆中部，西起中国与吉尔吉斯斯坦边界，东至新疆哈密星星峡戈壁，从 74°E 延伸至 95°E，全长 1 760 km。最南端为巴什索贡山，最北边为阿拉套山，纬向上从 40°N 扩展至 45°N，平均宽度达 300 km（图 2-2）。

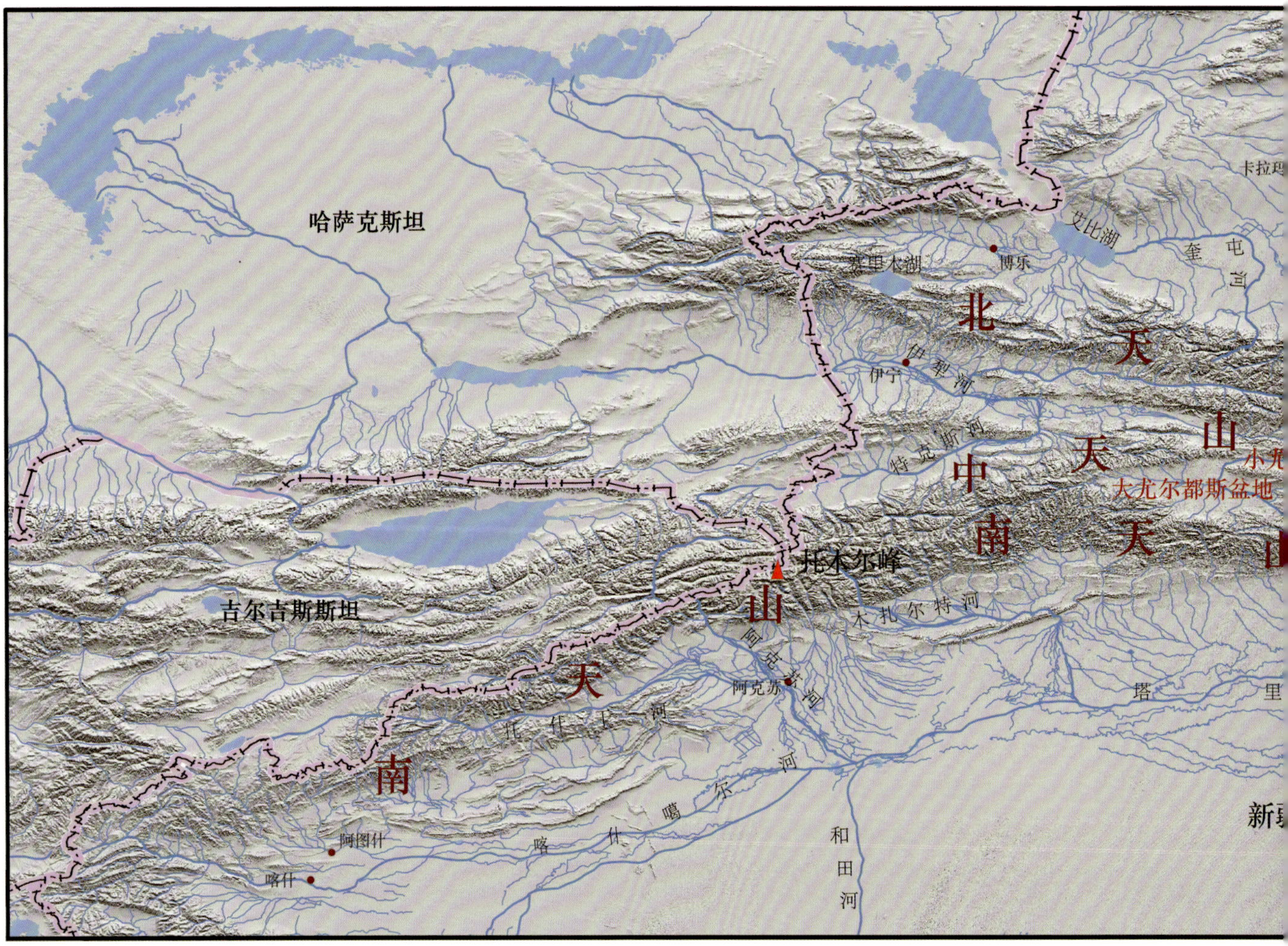

新疆天山横亘新疆全境，是准噶尔盆地和塔里木盆地的天然地理分界，南北被塔克拉玛干沙漠和古尔班通古特两大沙漠夹持（图 2-3，图 2-4），跨越了喀什地区、阿克苏地区、伊犁哈萨克自治州、博尔塔拉蒙古自治州、巴音郭楞蒙古自治州、昌吉回族自治州、乌鲁木齐市、吐鲁番地区和哈密地区等 9 地、州、市。

2.2.1.2　地形地势

新疆天山长达 1 760 km，占天山总长度 2/3 以上，由三条大山链及其 20 多条山脉和 10 多个山间盆地或谷地构成。纵向为三条巨大的山链，即北天山、中天山和南天山，横向为阶梯状山地。

北天山全长 1 300 km，分为东西两段：东段最高峰为博格达峰 5 445 m；

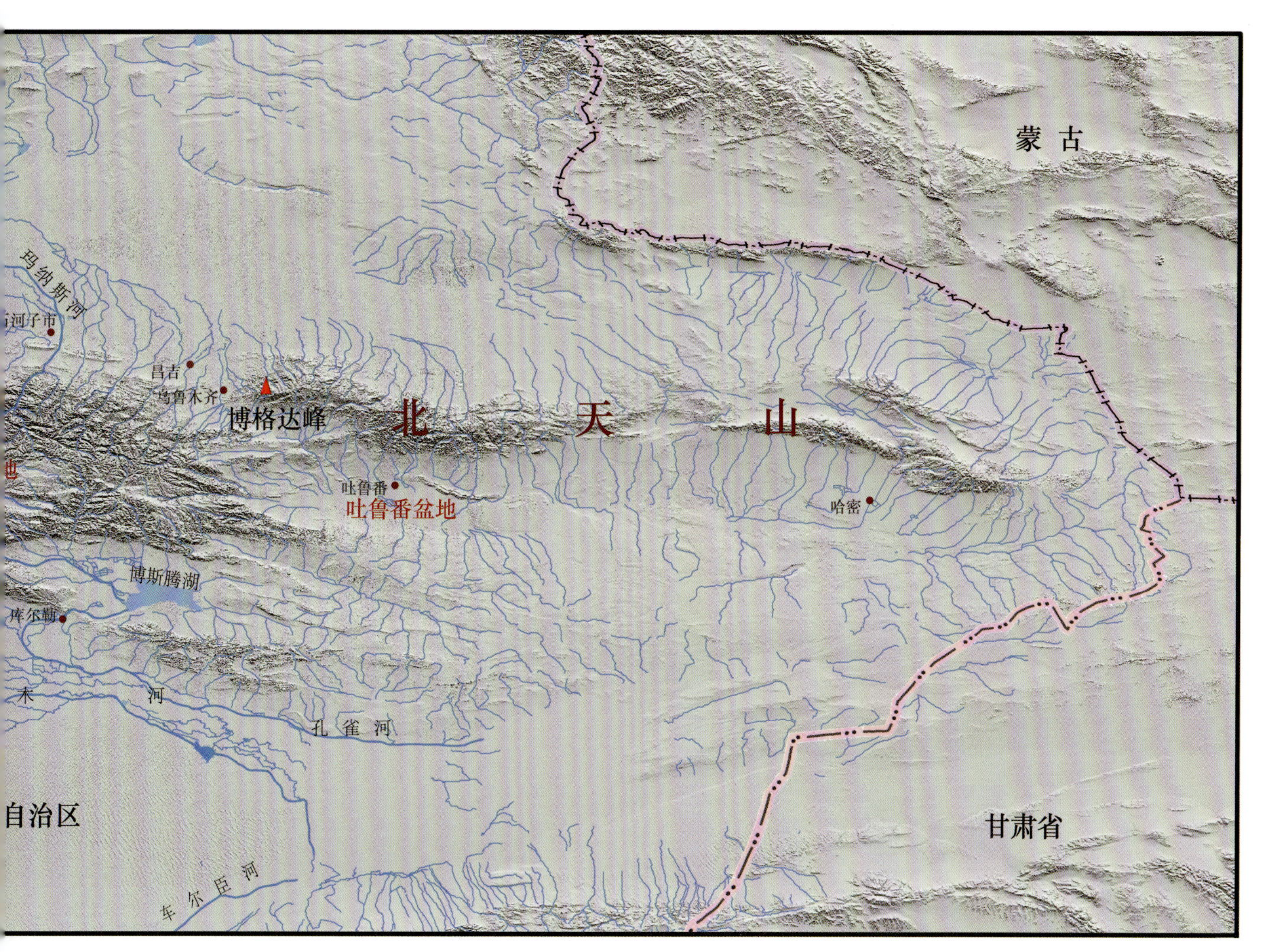

图 2-2　新疆天山区域示意图

图 2-3　新疆天山南侧塔克拉玛干沙漠

图 2-4　新疆天山北侧古尔班通古特沙漠

西段海拔最高峰区为依连哈比尔尕山结，海拔超过 5 000 m 的山峰 21 座，最高峰 5 289 m，是北天山现代冰川分布最集中区。

中天山长约 800 km，近东西走向，山地平均海拔约 3 000 m，最高峰为艾尔宾山，海拔 4 835 m。中天山山势平缓，西段山顶平坦，为新疆天山山地夷平面主要分布地段。

南天山全长 1 100 km，平均海拔 4 000 m，托木尔－汗腾格里山结是整个天山的最高峰区，6 000 m 以上的高峰超过 15 座。

新疆天山将新疆分为南北两部分。山脊线平均海拔 4 000 m，高出北面准噶尔盆地 3 500 m，高出南面塔里木盆地 3 000 m，最高峰为托木尔峰（7 443 m）。

2.2.1.3 气候

新疆天山横亘新疆全境，巨大的山系改变了区域大气环流，导致南北两部分明显的自然气候差异，成为温带准噶尔盆地和暖温带塔里木盆地的天然地理分界。新疆天山幅员辽阔，高差悬殊，气候类型复杂多样。大部分山区属中温带半干旱区，南坡山麓地带属暖温带干旱区，并具有显著的垂直气候带，自上而下可划分为寒带、亚寒带、寒温带、温带、暖温带。不同区域温差很大，且年际温差较大，南坡年平均气温高于北坡，东部高于西部。南坡年均气温 7.5 ～ 10.0 ℃，北坡年均气温 2.5 ～ 5.0 ℃，吐鲁番盆地年均气温 12.5 ℃，西部伊犁谷地年平均气温 7.5 ℃，托木尔峰极端低温在 –50.0 ℃以下，而吐鲁番盆地极端最高气温达 49.7 ℃（2008 年 8 月 3 日），温差大于 100 ℃。

新疆天山气候明显比周边的中亚沙漠、塔里木盆地、准噶尔盆地湿润，成为荒漠中的巨大“湿岛”。受西风气流影响，新疆天山的降水主要来自大西洋水汽，少量来自北冰洋水汽，因而西部降水多于东部，北坡多于南坡，伊

图 2-5　新疆天山南坡炎热干旱，岩石裸露

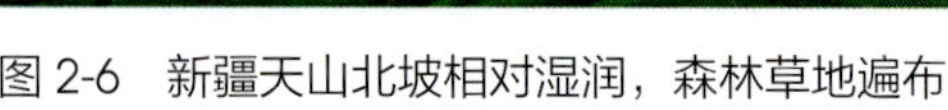

图 2-6　新疆天山北坡相对湿润，森林草地遍布

犁河上游巩乃斯年降水量为 1 500 ～ 1 800 mm，托木尔峰南麓地带年降水量不足 100 mm，吐鲁番盆地年均降水量仅为 16.4 mm。

2.2.1.4 水文

新疆天山高大的山体拦截了大量的水汽，形成干旱区中的巨大水塔，成为众多内陆河流的发源地。新疆天山共发育河流 373 条，山泉沟 160 个，总径流量 $474\times10^8\mathrm{m}^3$，占新疆河流总径流量 53.6%，滋润着人类赖以生存的绿洲生态系统。其中大于 $10\times10^8\mathrm{m}^3$ 的河流有 8 条，包括伊犁河流域的喀什河、巩乃斯河、特克斯河、玛纳斯河、开都河，渭干河流域的木扎尔特河，阿克苏河流域的昆马力克河、托什干河。新疆天山水系呈羽状分布，河流多数垂直于山脊发育，呈南北流向；只有西部伊犁河等少数河流受大地构造控制，在山区的干流平行于山脊呈东西走向。新疆天山河流流域平均海拔在 2 000 m 以上，其中发源于高山区的较大河流达到 3 500 m 左右；河流干流流程短，北坡中段大多数河流干流在 100 km 以下；河道比降大，河水直泻而下；河网密度北坡明显高于南坡（图 2-7）。

新疆天山径流补给来源主要是降雨及季节性积雪融水、地下水和冰川融水三部分，分别占河流总径流的 37%、33%、30%。地表水系春夏为丰水期，秋冬为枯水期。托木尔遗产地北坡属于伊犁河流域，南坡属

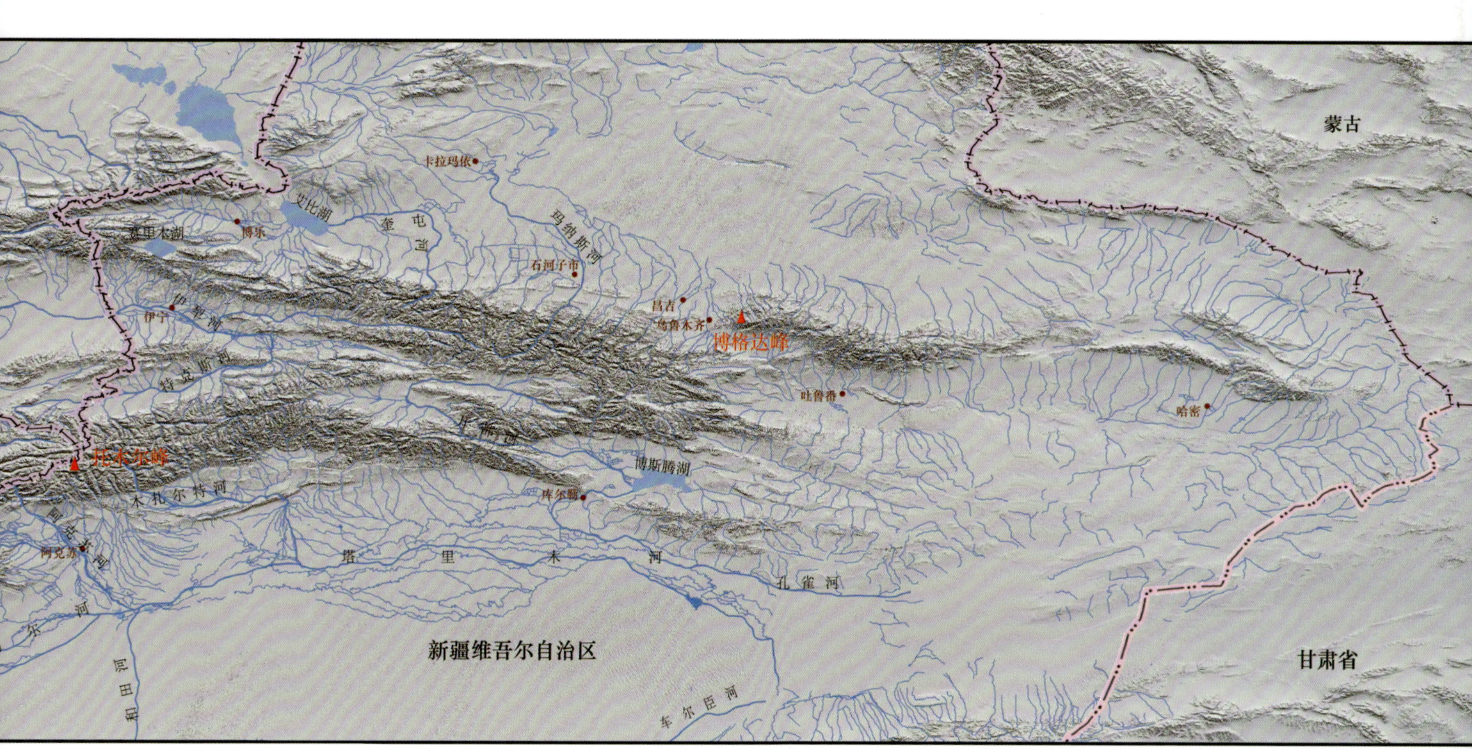

图 2-7　新疆天山水系示意图

于塔里木河流域；喀拉峻－库尔德宁遗产地属于伊犁河流域；巴音布鲁克遗产地属于开都河流域；博格达遗产地属于三工河、四工河和水磨河流域。

2.2.1.5 土壤

新疆天山位于不同的生物－气候带之中，其北侧准噶尔盆地南部属于温带荒漠，其南侧塔里木盆地属于暖温带荒漠，不同地带水热条件的差异导致天山不同坡向土壤的垂直结构有很大差异。新疆天山北坡的土壤垂直带谱结构相当完整，海拔从低到高依次分布有山地灰棕漠土—山地棕钙土—山地栗钙土—山地黑钙土—山地灰褐土—亚高山草甸土—高山草甸土—高山原始土壤。新疆天山南坡缺失山地黑钙土带，大多无森林土带和亚高山草甸土带，唯有托木尔峰南坡台兰河区域例外。海拔从低到高，南坡土壤垂直带谱结构为山地棕漠土—山地棕钙土—山地栗钙土和局部阴坡灰褐土—高山草甸土—高山原始土壤。

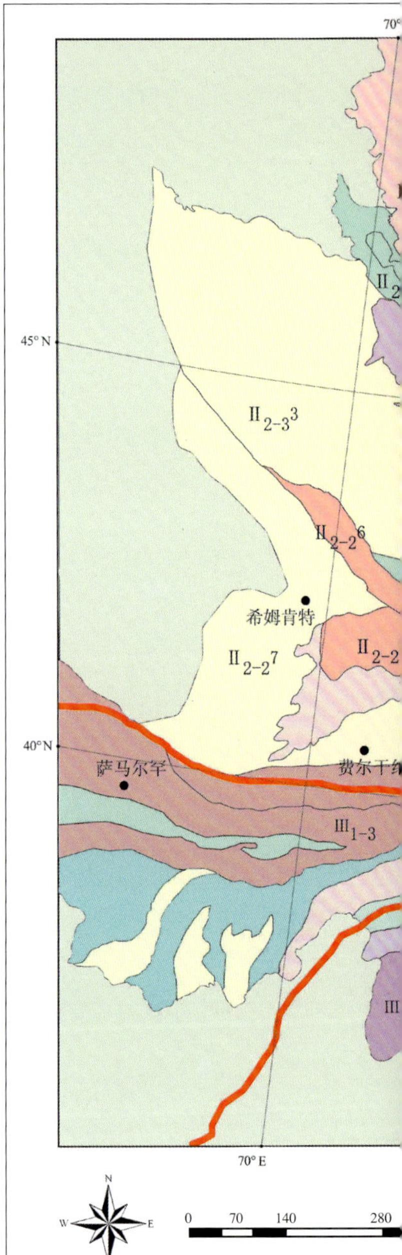

2.2.2 地质构造

2.2.2.1 构造背景

新疆天山位于亚洲中部，由北天山向斜褶皱带、中天山隆起带和南天山褶皱带组成，属天山－阴山纬向构造带。在大地构造上处在哈萨克斯坦－准噶尔板块和塔里木板块的结合部。北面是西伯利亚板块和东欧板块，南面是华南板块和土耳其－中伊朗－冈底斯板块。哈萨克斯坦－准噶尔板块和塔里木板块在晚古生代碰撞结合，形成一个由不同的大陆板块、微地块和岩浆岛弧经过俯冲、碰撞、增生作用形成的古生代造山带。该造山带在中生代和古近纪遭受剥蚀和夷平作用，形成准平原地貌。现今的天山是新生代以来印－藏碰撞作用引起的塔里木板块与哈萨克－准噶尔板块南北向地壳俯冲、缩短和隆升的产物，哈萨克－准噶尔地块和塔里木地块岩石圈分别向天山之下俯冲，其中准噶尔地壳向天山俯冲到 46 ～ 60 km 深度，塔里木地壳向天山俯冲至 70 km 深度。在天山南北缘与盆地交接带，形成了双向逆冲褶皱、断裂系，发育有一系列东西向的切过天山主脊的大型走滑剪切断裂带（图 2-8）。后期的构造变形作用对天山古生代构造格局造成了强烈的叠加、断块升降改造，形成了现今高差悬殊、盆山相间的巨大山系。

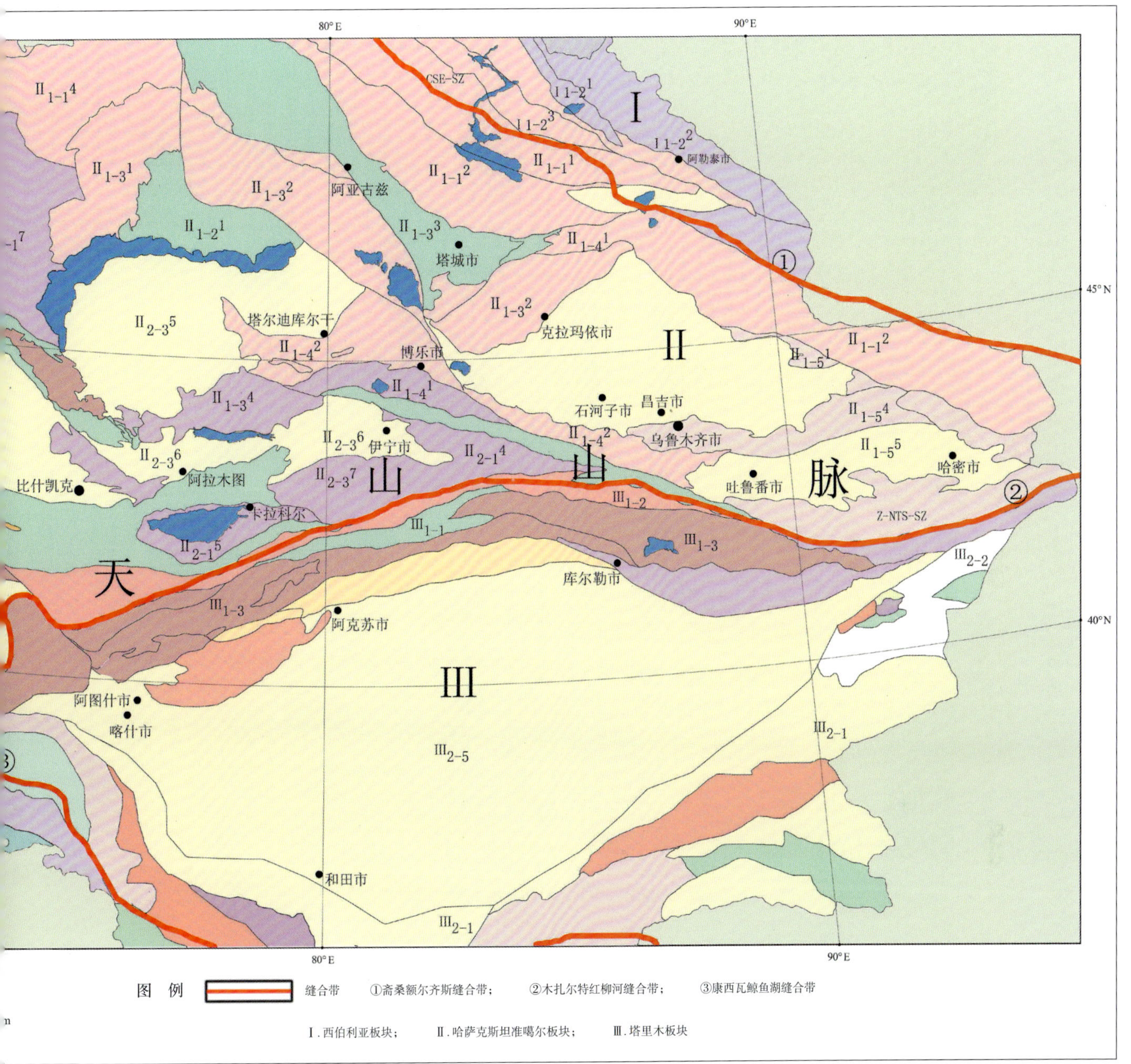

图 2-8　新疆天山板块构造图

2.2.2.2　地层特征

1）地层

各遗产地同属天山褶皱构造带，从西向东地层特征虽受不同阶段构造属性控制而有差异，但基本具有相似的地层岩性序列与古生物地理区系特征。太古界为变质岩。元古界主要为滨海－浅海相碎屑岩，上部为碳酸岩。古生界广泛发育海相碎屑岩和碳酸岩，部分为火山岩或火山碎屑岩，唯下二叠统为陆相火山岩。中生代为陆相沉积，主要由河湖相碎屑岩、河湖相、沼泽相

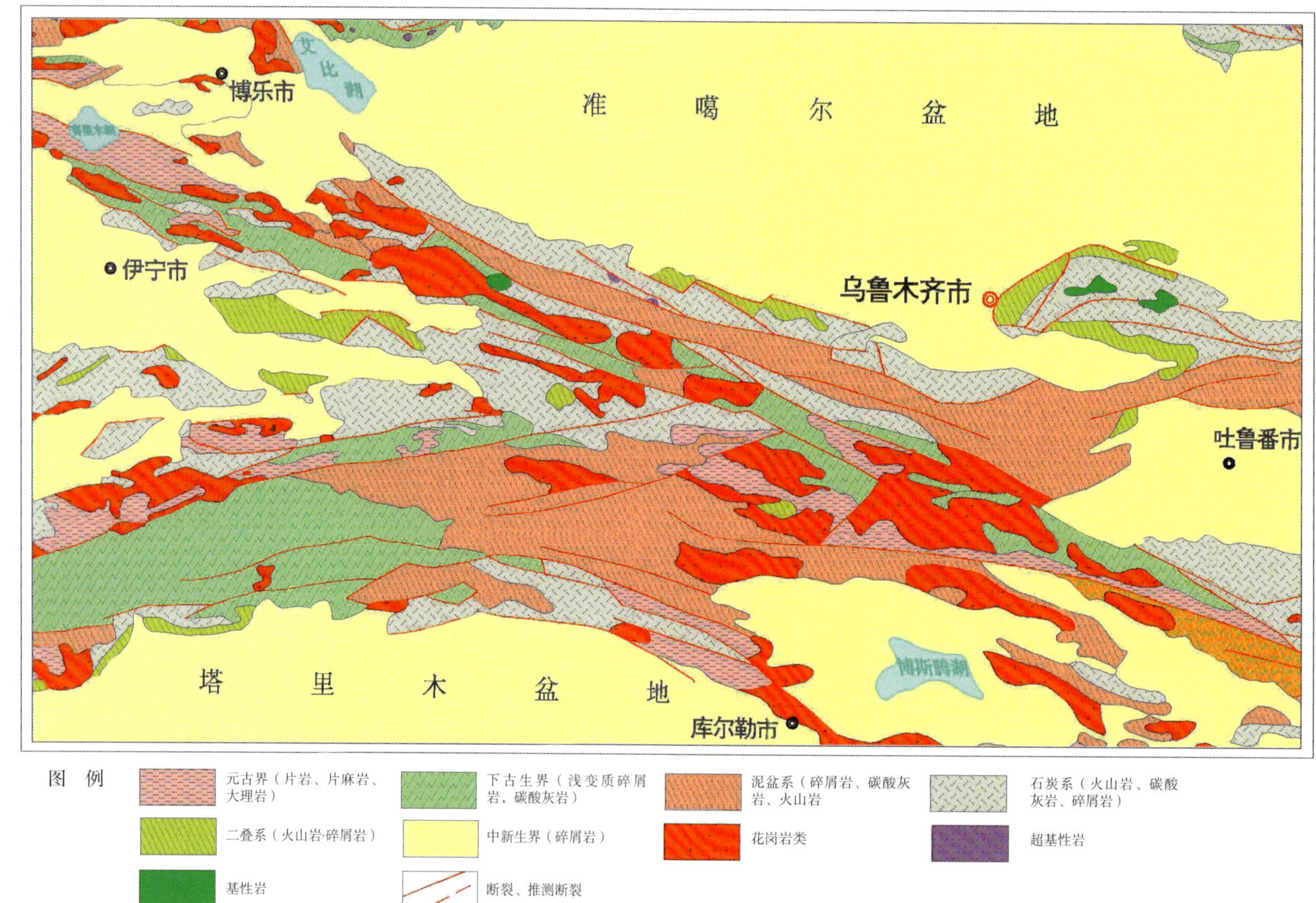

图 2-9　新疆天山地质简图

碎屑岩夹煤层、河湖相及山麓相碎屑岩组成。新生代古近纪经历了剥蚀与夷平，在山前及山间盆地中，为湖泊与河流相紫红色砂岩、粉砂岩、砾岩等陆相碎屑沉积，中新世以后为磨拉石沉积；第四系广泛分布于天山各盆地、河流两岸及山前地带等，沉积类型复杂，有冰碛物、冲洪积、残坡积、风积、湖积、化学沉积、冰积等各种成因类型（图 2-9）。

2）岩性

遗产地各区沉积物岩性在垂直方向和水平方向呈现出一定的规律性和差异性。①南天山－托木尔峰地区，具有古老的岩性特征。元古界堆积了浅海相碳酸盐岩；古生界沉积比较连续，表现出由海相—浅海相—海陆相过度的韵律，主要岩性为碎屑岩和碳酸岩，部分为火山岩或火山碎屑岩，以及肉红色流纹岩、紫色安山岩和杂色石英粗安岩等组成的陆相中酸性火山熔岩。②中天山地区，地层具有不连续性，表现出古生界沉积由浅海—滨海—海陆交互相—陆相过度的韵律，到石炭纪晚期呈剥蚀区，缺失二叠纪地层。主要岩性为大理岩、结晶灰岩、绿泥石片岩、片麻岩、安山玢岩、流纹斑岩、凝灰岩、砂岩、砾岩及灰岩等。③博格达地区，地层同样具有不连续性，表现出古生界由火山强烈活动及滨海—浅海—次海相过度的韵律。主要以石炭纪沉积的海相火山岩－火山碎屑岩为特征，且分布广泛，占博格达地区的60%以上。岩性以紫红色、灰绿色安山岩、闪长玢岩、凝灰岩、火山角砾岩、集块岩为主，厚度达6 300 m。④天山山地南北侧，中生界和新生界沉积具有连续性和分布一致性。表现出天山山地强烈抬升，而南北侧山前拗陷和山间盆地断陷发育，并沉积了巨厚的中生界和新生界。主要有河流、湖泊相为主的陆源碎屑堆积，以砂砾岩、砂岩、粉砂岩、碳质页岩及煤层等。⑤天山地区沉积的海相、滨海－浅海相碎屑岩、碳酸岩、火山岩、泥质砂岩、砂岩，其岩性致密坚硬；而两侧山前拗陷和山间断陷盆地沉积的砂砾岩、砂岩、粉砂岩等，以钙质、沙泥质胶结为主，是相对易于风化剥蚀的岩层。

2.2.2.3 造山

新疆天山已发现的最古老的岩石是库鲁克塔格辛格尔一带的低绿片岩－低角闪岩相的变质岩，它们是原始的古陆核，其地质年龄为30亿年。30亿年来，新疆天山经历了海洋盆地俯冲、消减、大陆边缘褶皱隆起等漫长的造山过程。

17亿～25亿年前的古元古代时期，现今新疆天山区域是一片广阔的天山大洋。6亿～17亿年前的中、新元古代时期，受准噶尔构造与塔里木构造块体的板块俯冲活动影响，天山古陆核范围不断扩大，天山大洋逐渐消失，天山古陆形成，范围与目前天山轮廓大体相似。

4.1亿～5.4亿年前的早古生代是天山洋盆发育时期。前寒武纪至奥陶纪时期，由于自西向东的张裂运动，天山古陆变成大洋，成为古地中海的一部分。其周围则是伊犁古陆、准噶尔古陆和塔里木古陆，成三足鼎立格局。中奥陶纪末，伊犁板块随着西部海洋板块的闭合而向南增生。

2.5亿～4.1亿年前的晚古生代，天山开始褶皱隆起。上古生代板块活动强烈，火山喷发十分频繁。上古生代末，海西构造变动十分强烈，有大量花岗岩类形成；板块运动加快，西伯利亚板块南移迅速并沿俯冲带发生碰撞，使上古生界地层发生褶皱隆起，此时古天山形成，最高海拔为2 000 m。

0.65亿～2.5亿年前的中生代为天山剥蚀与夷平时期，古生代褶皱隆起的天山山地，在地壳运动相对平静的情况下，遭受长期的剥蚀夷平作用，最后成为起伏和缓、海拔很低的准平原。

6 500万年前古近纪，特别是新近纪以来，受印度板块对欧亚板块强烈碰撞的远程效应影响，天山准平原产生了巨大的断块差异升降运动，形成接近现代天山的高大山岭与众多盆地相间的基本地貌轮廓。

2.2.3 地貌特征

新疆天山地质地貌的形成演化是地球内动力与外动力相互作用的结果，经历了褶皱隆起→剥蚀夷平→断块隆升的发展过程。现代天山山地地貌则是在断块山体的基础之上，经过第四纪以来的冰川作用、流水作用、干燥剥蚀作用等各种外营力作用，在新疆天山遗产地内形成了群峰林立、沟壑纵横的断块山脉与山间断陷盆地；雄伟壮观的山地夷平面与阶梯层状地貌；以及典型的现代冰川地貌、古冰川地貌、峡谷地貌、红层地貌等地貌类型。

2.2.3.1 盆山地貌

新疆天山最显著的地貌特征是总体上呈东西向展布的山地与盆地或谷地相间的地貌格局，由三条大山链及其 20 多条山脉和 10 多个山间盆地或谷地构成（表 2-1，表 2-2），平面展布为一巨大的不规则的“X”型，交汇点为依连哈比尔尕山结。山地的垂直地貌结构十分明显，从高到低为极高山带、

表 2-1 新疆天山代表性山地的地貌特征

名称	最高峰	主要地貌特征
托木尔 - 汗腾格里山	托木尔峰（7 443 m）	南天山主要山地，是天山最高山汇，山高谷深，在 3 000 km^2 的山区内，海拔 4 000 m 以上的山地面积占 60%，6 000 m 以上高峰 15 座。托木尔 - 汗腾格里山垂直地貌分带十分明显
博格达山	博格达峰（5 445 m）	北天山东段的主要山地，南坡短而陡，北坡长而缓，北坡发育了齐全的垂直地貌带
那拉提山	喀班巴依峰（4 258 m）	总体走向近乎东西，山地海拔一般约 3 000 m。高山带面积有限，广大山顶处于亚高山带，中山带广泛分布。山顶多平坦浑圆，夷平面广布且保存较好，是天山夷平面分布最典型地区

表 2-2 新疆天山代表性盆地的地貌特征

名称	盆底海拔 / m	主要地貌特征
伊犁谷地	500~780	为一向西开口的喇叭形盆地，东西长 150 km，南北宽 50 km
尤尔都斯盆地	2 400~2 600	为高位山间盆地，面积 3 480 km^2，由大、小尤尔都斯盆地组成。大尤尔都斯盆地呈椭圆形，东西长 100 km，南北宽 25 km，由西北倾向东南，开都河蜿蜒穿行其中

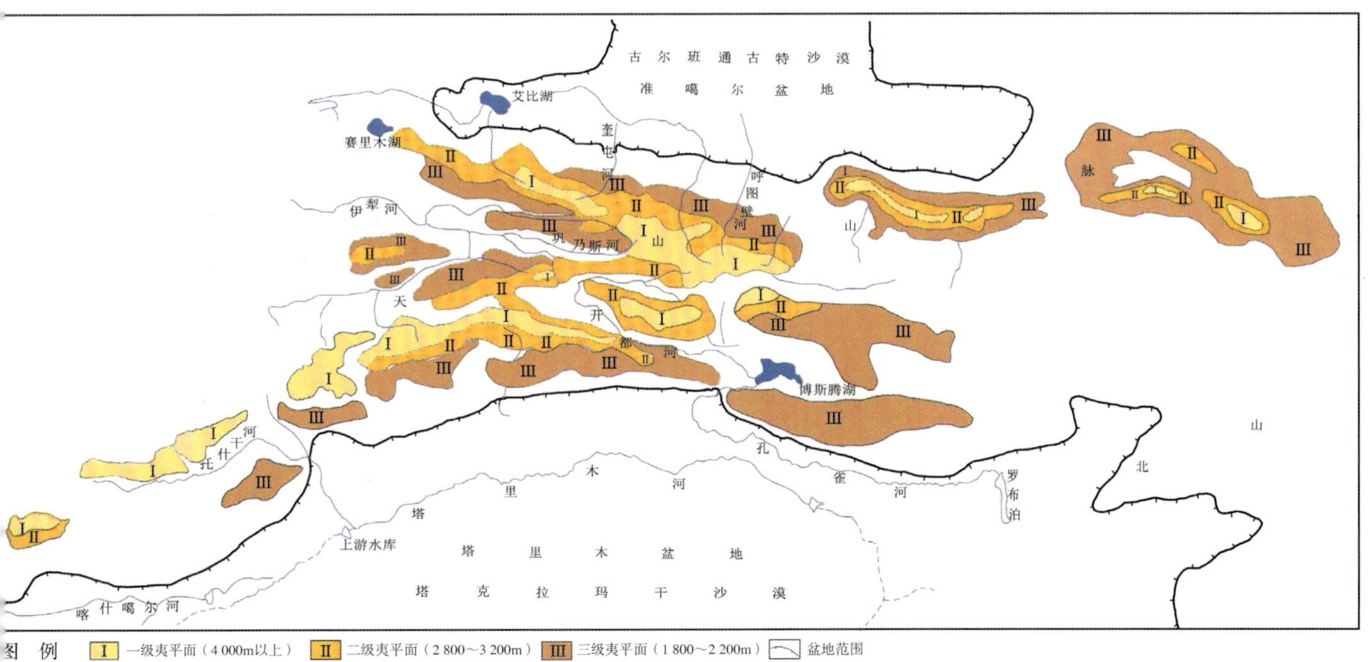

图 2-10 新疆天山夷平面分布示意图

高山带、中山带和低山丘陵带。托木尔遗产地、博格达遗产地所在的托木尔－汗腾格里山和博格达山分别位于南天山和北天山的最高峰区；喀拉峻－库尔德宁遗产地所在的伊犁盆地是天山内部最典型的山间谷地；巴音布鲁克遗产地所在的尤尔都斯盆地是天山内部最典型的大型山间盆地。

2.2.3.2 夷平面

新构造运动时期，强烈的断块升降活动将古天山夷平面分解为高低错落、高度差异较大的若干级，形成不同的梯级层状地貌带，导致垂直地貌结构的复杂化。新疆天山从山脊线到山麓，发育了明显的三级夷平面：海拔 4 000 m 以上的高山地带为一级夷平面，2 800 ～ 3 200 m 的亚高山为二级夷平面，1 800 ～ 2 200 m 的中山带与低山带的部分地段为三级夷平面（图 2-10）。博格达遗产地三级夷平面发育完整，喀拉峻－库尔德宁遗产地所在的比依克山和那拉提山二级、三级夷平面具典型性（图 2-11）。

2.2.3.3 现代冰川

据统计，整个天山有冰川 15 953 条，冰川面积 15 416.41 km^2，冰储量 1 048.247 km^3，是世界山地冰川分布比较集中的山地。其中，新疆天山有冰川 9 081 条，冰川面积 9 235.96 km^2，冰储量 1 011.748 km^3，分别占整个天山冰川总条数、面积和冰储量的 57%、59.9% 和 96.5%，是天山冰川主要发育地区。

图 2-11　中天山夷平面

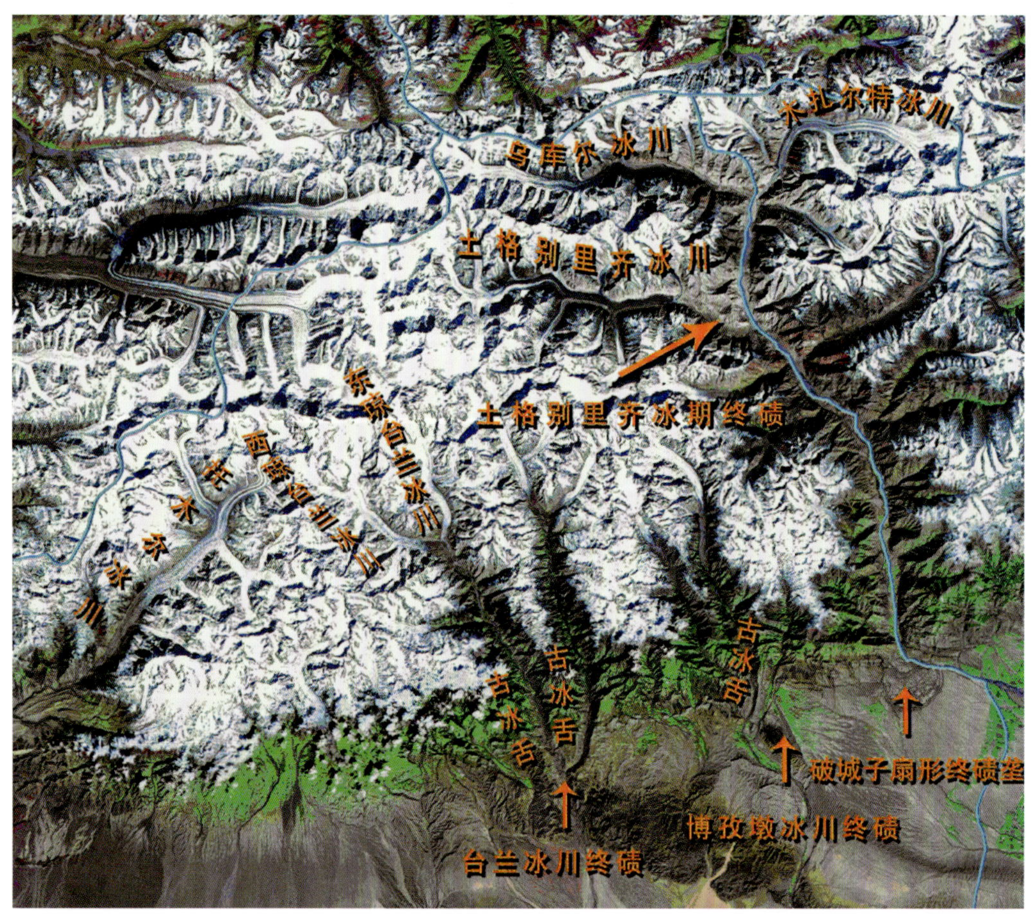

图 2-12　托木尔区域现代冰川及古冰川遗迹

托木尔遗产地所在的托木尔－汗腾格里山汇区是天山最大的冰川作用中心，也是超大型冰川的集中分布区，面积超过 300 km^2 的冰川有三条（图 2-12）。

新疆天山遗产地冰川类型丰富多样，主要有山谷冰川、冰斗－山谷冰川、冰斗冰川、冰斗－悬冰川、悬冰川、坡面冰川、峡谷冰川和平顶

图 2-14 中天山冰川

图 2-15 博格达冰川

冰川等类型。托木尔遗产地发育了巨形的树枝状冰川（又名托木尔型冰川），以托木尔－汗腾格里山汇为中心呈放射状分布；博格达南坡冰川呈羽状，北坡为扇状。遗产地拥有冰坎、冰塔林、冰舌、冰上河、冰面湖、冰洞、冰井、冰蘑菇、蚁丘、冰裂隙、冰桥等丰富多样的冰川微地貌。

2.2.3.4 第四纪冰川地貌

新疆天山在海拔 3 000 ～ 5 000 m 的高山带，古冰川遗迹普遍分布。遗产地内古冰斗、U 型谷、刃脊、角峰、鲸背岩、羊背石、冰刻槽和冰擦痕等冰蚀地貌保留完整，冰川漂砾、侧碛、终碛垄、冰碛扇、冰碛平原、冰碛丘陵等冰碛地貌广泛发育。它们不仅具有重要的美学价值，而且还提供了一个天然实验室，对研究第四纪冰期、间冰期及环境演化过程有重要科学价值。托木尔遗产地第四纪规模巨大的冰川一直延伸到山麓地带，在河流出山口发育了台兰河终碛垄、博孜墩终碛垄、破城子（木扎尔特河）扇形终碛垄等古冰川地貌。博格达遗产地完整保留了第四纪冰蚀与冰碛地貌类型，从高山到低

图 2-13　托木尔区域冰川

图 2-16　博格达冰溜面

图 2-17　托木尔破城子扇形冰碛垄

山带，集中分布有角峰、刃脊、U型谷、冰斗、鲸背岩、羊背石、漂砾、冰擦痕、冰碛垄、冰碛堰塞湖等古冰川地貌景观，其中天池是典型的的高山终碛垄堰塞湖。

2.2.3.5 湖泊湿地

新疆天山的湖泊主要分布于河流尾闾、山间盆地和凹地中，随山间盆地海拔的变化，分布于几个不同高度的层次上。尤尔都斯盆地为高位山间盆地，盆底海拔 2 400 ～ 2 600 km，开都河蜿蜒其中，形成了优美的曲流景观。盆地中心沿河岸形成了面积大约 1 370 km^2 的沼泽湿地和湖泊，为天鹅等鸟类的生存和繁育提供了理想的湿地环境，被称为“中国天鹅湖”。海拔 1 000 ～ 2 000 m 的山地是新疆天山湖泊发育的主要地带。天山天池湖面海拔 1 910 m，最大湖深 102 m，湖面面积约 2.48 km^2。

图 2-18　尤尔都斯沼泽湿地

2.2.3.6 红层地貌

在古天山剥蚀夷平阶段，新疆天山南麓山前凹陷盆地堆积了巨厚的古近纪和新近纪红色湖相和河流相沉积，受新构造运动的强烈作用，形成东西向带状分布的褶皱山地并整体抬升。在后期断裂活动以及流水等外营力作用下，岩体受垂直节理分割和差异性风化作用，形成了群峰耸峙、峡谷深切、风景优美的干旱区山地型红层地貌。新疆天山红层地貌单体形态类型丰富，有红层崖壁、石峰、石墙、石柱、孤峰、峰丛、峰林、峡谷、线谷、巷谷、凹槽、岩槽、洞穴等。各种不同类型的红层地貌巧妙组合，构成独具特色的红层地貌景观。红层峡谷幽深曲折、红层崖壁雄伟壮观、红层山峰俊秀挺立，红层洞穴千姿百态，红层象形景观丰富多彩，令人叹为观止，展现了天山峡谷景观的独特魅力，堪称世界罕见的大自然鬼斧神工之作。

图 2-19　托木尔大峡谷红层景观

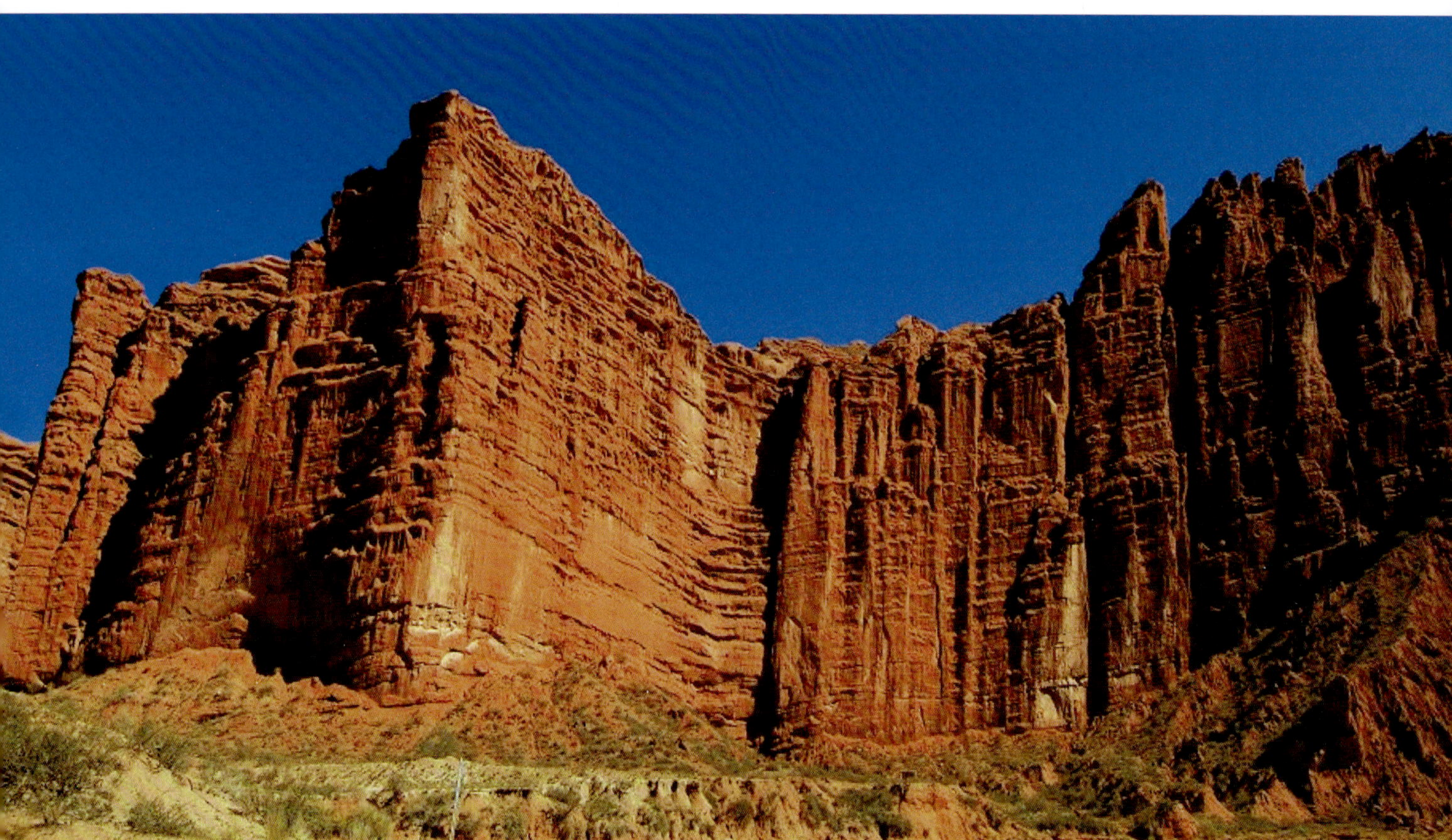

图 2-20　托木尔城堡状红层断崖

2.2.4　生物生态

新疆天山作为温带干旱区最大的山地生态系统，拥有边界清楚、相对独立和典型完整的垂直自然带谱，在动植物区系、植被类型和生物演化过程等方面集中体现了温带干旱区大型山脉所独有的生物生态特征，成为全球生物多样性关键区域之一。

2.2.4.1　生物地理区

根据 Udvardy (1975) 生物地理系统，新疆天山遗产地处于全球 8 个生物地理界中的古北界（The Palaearctic Realm），属于 193 个生物地理省中的帕米尔 - 天山山地生物地理省（Pamir-Tian-Shan Highlands）（表 2-3，图 2-21）。

2.2.4.2　生态系统

新疆天山深居干旱内陆区域，四周被沙漠所环绕，巨大的山体突兀在浩翰广袤的荒漠背景之上，相对高差达 4 000 ～ 6 000 m。造就了湿润、半湿润、

表 2-3 新疆天山遗产地Udvardy生物地理系统的分类

No.	生物地理界	生物地理省	生物群区
2.36.12	古北界	帕米尔 – 天山山地	混合山地系统（Mixed mountain systems）

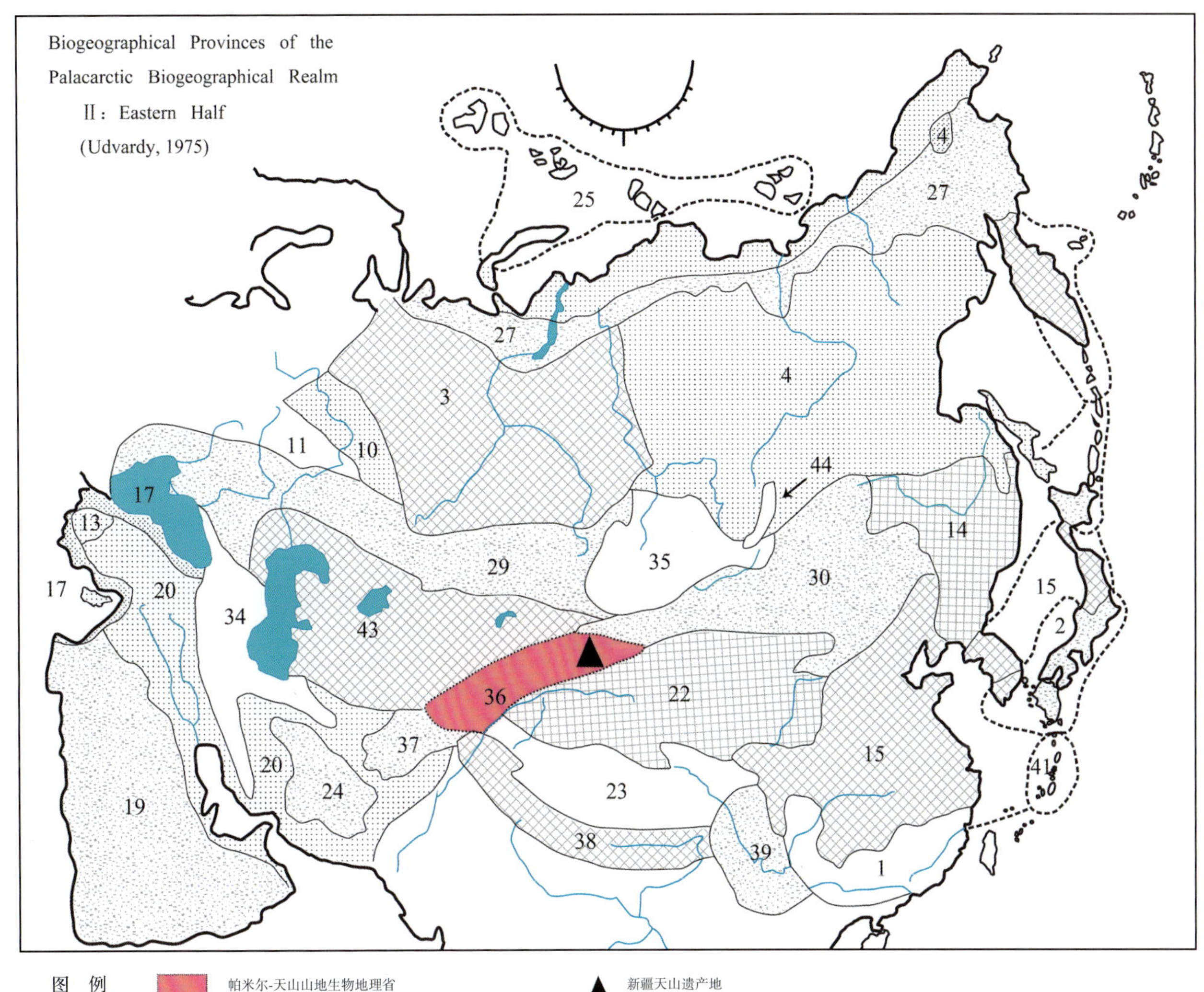

图 2-21 帕米尔–天山山地生物地理省（Udvardy 生物地理系统）示意图

半干旱和干旱环境的不同水热环境组合，形成了由暖温带、中温带、寒温带、寒带和极高山永久冰雪带组成的鲜明气候带谱，发育了荒漠、山地草原、山地森林、亚高山草甸、高山草甸、高山垫状植被和冰雪带等系列垂直自然带，为野生动植物提供了多样的栖息和生存环境，孕育了独特的植被类型和丰富的生物种类，使遗产地拥有复杂多样的生态系统。

1）生境类型

根据 IUCN/SSC 全球生境区分类系统，新疆天山遗产地拥有 IUCN/SSC 一级生境类型 7 个，占全球一级生境类型总数的 53.28%，主要生境区有森林、草原、灌丛、草地、湿地，形成类型多样的陆地生态系统和水域生态系统（表 2-4）。

表 2-4　新疆天山遗产地的IUCN/SSC一级生境类型

一级IUCN/SSC 生境 （First-level IUCN/SSC Habitat）	遗产地
1. 森林 Forest	◆
2. 草原 Savannah	◆
3. 灌丛 Shrubland	◆
4. 草地 Grassland	◆
5. 湿地 Wetlands (inland)	◆
6. 裸岩区 Rocky barren areas	◆
7. 洞穴 Caves & Subterranean	
8. 荒漠 Desert	◆
9. 海洋 Sea	
10. 海岸线 / 潮间带 Coastline/Intertidal	
11. 人造 - 陆地 Artificial–Terrestrial	
12. 人造 - 水域 Artificial–Aquatic	
13. 引入植被 Introduced Vegetation	

2）生态系统类型

新疆天山的重要生态类型有山地常绿针叶林生态系统、山地落叶针叶林生态系统、山地落叶阔叶林生态系统、草原生态系统（由草甸草原生态系统、干草原生态系统、荒漠草原生态系统和高寒草原生态系统组成）、草甸生态系统（由高山草甸生态系统、亚高山草甸生态系统和山地草甸生态系统组成）、常绿针叶灌丛生态系统、落叶阔叶灌丛生态系统、湿地生态系统和荒漠生态系统。

● 山地常绿针叶林生态系统

新疆天山的山地常绿针叶林以雪岭云杉群系为主，雪岭云杉林是天山地区分布最广、储蓄量最大的森林群系，是山地植被垂直带结构的最重要组成

● 常绿针叶灌丛生态系统

山地常绿针叶灌丛的建群种为圆柏属 (Sabina)、刺柏属 (Juniperus) 和松属（Pinus) 的种类。它们的茎干矮小，有时沿地面草甸生长，形成不高的密实灌丛。这种特殊低矮灌木是对强风、寒冷、干旱和强烈辐射等高山生态条件的适应性。主要由西伯利亚刺柏灌丛（*Juniperus sibirica* scrub）、喀什方枝柏灌丛（*Sabina pseudosabina* var. *turkestanica* scrub）和沙地柏灌丛（*Sabina vulgaris* scrub）组成。托木尔和博格达遗产地是常绿针叶灌丛生态系统最典型分布区。

图 2-26　博格达常绿针叶灌丛

图 2-27　博格达落叶阔叶灌丛

● 落叶阔叶灌丛生态系统

温带落叶阔叶灌丛是以冬季落叶的灌木为建群种的植被类型，分布在新疆天山温带和暖温带气候区的山地和丘陵地区。该类型中有的属于原生性的，也有次生性的。多数灌丛为森林退化后形成的次生植被，是一种相对稳定的植被生态系统。群落下的土壤，在山地和丘陵多为暗棕壤、棕壤和褐土，或棕壤性土，在平原为轻盐碱土等。主要组成结构为：山荆子、稠李灌丛（*Malus baccata, Prunus padus* scrub）、沙棘灌丛（*Hippophae rhamnoides* scrub）、蔷薇、栒子灌丛（*Rosa* spp., *Cotoneaster* spp. scrub）、水柏枝灌丛（*Myricaria spuamosa* scrub）和圆叶桦灌丛（*Betula rotunaifolia* scrub）等。博格达遗产地和库尔德宁片区是天山落叶阔叶灌丛生态系统最典型分布区。

图 2-28　巴音布鲁克湿地生态系统

● 湿地生态系统

新疆天山的湿地生态系统主要由河流湿地、湖泊湿地和沼泽湿地组成，其中巴音布鲁克遗产地是新疆天山最大的沼泽湿地，有着独特的自然地理条件，形成了温带干旱区最典型的高寒湿地生态系统，由高寒沼泽湿地、高寒草甸、高寒草原构成。

● 荒漠生态系统

新疆天山南北坡山前地带分布着多种类型的荒漠群落，构成天山植被垂直结构的基础带。在荒漠生态系统中，典型的荒漠植被典型有灌木荒漠、半灌木荒漠和小半灌木荒漠。北坡荒漠分布的上线为海拔 1 200 ～ 1 300 m，东端最高为 1 500 m，主要是以多种绢蒿（*Seriphidium* spp.）为主的小半灌木荒漠；南坡荒漠上线一般为 1 500 m，最高可上升到 1 800 m，主要发育着灌木荒漠

图 2-29　托木尔南坡荒漠生态系统

和半灌木荒漠。托木尔和博格达遗产地分别是新疆天山南北坡荒漠生态系统最典型分布区。

2.2.4.3　垂直自然带谱

天山垂直方向上自然条件具有巨大差异，南北方向以及东西方向上也存在明显差异性，新疆天山北部、南部和西部垂直自然带也存在明显的差异，分别发育了三个典型垂直带谱：温带荒漠垂直带谱、暖温带荒漠垂直带谱和温带荒漠草原垂直带谱（表 2-5）。

表 2-5　新疆天山垂直自然带谱

天山北坡	天山南坡	西部伊犁谷地
冰雪带	冰雪带	冰雪带
高山垫状植被带	高山垫状植被带	高山垫状植被带
高山草甸带	高山草甸带	高山草甸带
亚高山草甸带	亚高山草甸带	亚高山草甸带
山地针叶林带	山地草原带	山地针叶林带
山地草原带	温带荒漠草原带	山地草原带
温带荒漠带（基带）	暖温带荒漠带（基带）	温带荒漠草原带（基带）

图 2-30　暖温带荒漠带

● 荒漠带（基带）

基带决定垂直带结构特征和地位。温带荒漠带是新疆天山北坡垂直带发育的基带；暖温带荒漠带是新疆天山南坡垂直带发育的基带；温带荒漠草原带是新疆天山西部伊犁谷地垂直带的基带。

温带荒漠带的地带性土壤为山地灰漠土，植被以博乐绢蒿群系（Form. *Seriphidium borotalense*）、琵琶柴群系（Form. *Reaumuria soongorica*）和梭梭群系（Form. *Haloxyon ammodendron*）为代表。动物以密点麻蜥（*Eremias multiocellata*）、奇台沙蜥(*Phrynocephalus grumguizimailoi*)、赤狐（*Vulpes vulpes*）、草原斑猫（*Felis silvestris ornata*）、兔狲（*Felis manul*）、鹅喉羚（*Gazella subgutturosa*）、子午沙鼠（*Meriones meridianus*）、柽柳沙鼠（*Meriones tamariscinus*）、红尾沙鼠（*Meriones libycus*）和大沙鼠（*Rhombomys opimus*）等为主。

暖温带荒漠带的地带性土壤为山地棕漠土。植被以裸果木群系（Form. *Gymnocarpos przewalskii*）、琵琶柴群系（Form. *Reaumuria soongorica*）、无叶假木贼群系（Form. *Anabasis aphylla*）、膜果麻黄群系（Form. *Ephedra przewalskii*）和天山猪毛菜群系（Form. *Salsola junatovii*）等灌木和小半灌木荒漠为主。主

要动物有棋斑游蛇（*Natrix tessellate*）、新疆岩蜥（*laudakia stoliczkana*）、虫纹麻蜥（*Eremias vermiculata*）、密点麻蜥（*Eremias multiocellata*）、南疆沙蜥（*Phrynocephalus forsythii*）、鹅喉羚（*Gazella subgutturosa*）、子午沙鼠（*Meriones meridianus*）和毛脚跳鼠（*Dipus sagitta*）等。

温带荒漠草原带的地带性土壤为山地灰钙土，植被以针茅（*Stipa capillata*）、沙生针茅（*Stipa glareosa*）、纤细绢蒿（*Seriphidium gracilescens*）、白茎绢蒿（*Seriphidium terrae-albae*）和小蓬（*Nanophyton erinaceum*）为代表。主要分布有中国林蛙（*Rana chensinensis*）、伊犁沙虎（*Terotoscincus scincus*）、快步麻蜥（*Eremias velox*）、中介蝮（*Glaydius intermedius*）、草原蝰（*Vipera ursinii*）、花条蛇（*Psammophis lineolatus*）、棋斑游蛇（*Natrix tessellate*）和柽柳沙鼠（*Meriones tamariscinus*）、红尾沙鼠（*Meriones libycus*）等动物物种。

● 山地草原带

山地草原带发育在新疆天山山体下部，新疆天山南北坡和西部伊犁谷地都分布有大面积连续的山地草原带，构成优势垂直带。地带性土壤主要为山地黑钙土和山地栗钙土，植物种类组成十分丰富，主要有针茅（*Stipa* spp.）、羊茅（*Festuca* spp.）、蒿属（*Artemisia* spp.）、看麦娘（*Alopecurus* spp.）、披碱草（*Elymus* spp.）、冰草（*Agropyron* spp.）、早熟禾（*Poa* spp.）、糙苏（*Phlomis* spp.）、银莲花（*Anemone* spp.）、白头翁（*Pulsatilla* spp.）和黄芪（*Astragalus* spp.）等。因与山地针叶林带交错分布，山地针叶林带的动物也常在本带上部出现。本带动物物种以啮齿类为主，如鼹形田鼠（*Ellobius talpinus*）、天山蹶鼠（*Sicista tianschanica*）、银色高山鼠平（*Alticola argentatus*）、社会田鼠（*Microtus socialis*）、普通田鼠（*Microtus arvalis*）、草原兔尾鼠（*Lagurus lagurus*）、小林姬鼠（*Apodemus sylvaticus*）、小家鼠（*Mus musculus*）等；此外，还有伶鼬（*Mustela nivalis*）、艾鼬（*Mustela eversmanni*）、白鼬（*Mustela erminea*）、狗獾(*Meles meles*)、兔狲（*Felis manul pallas*）等主要以鼠类为食的食肉类。鸟类主要为草原鸟类、森林鸟类和一些主要以鼠类为食的猛禽，如二斑白灵(*Melanocorypha bimaculata*)、凤头百灵（*Galerida cristata*）、角百灵（*Eremophila alpestris*）、云雀A（*lauda arvensis*）、朱雀（*Carpodacus erythrinus*）、红嘴山鸦（*Pyrrhocorax pyrrhocorax*）等草原与森林鸟类和玉带海雕（*Haliaeetus leucoryphus*）、草原雕（*Aquila rapax*）、苍鹰（*Accipiter gentiles*）、草原鹞（*Circus macrourus*）、猎隼（*Falco cherrug*）、燕隼(*Falco subbuteo*)、红隼(*Falco tinnunculus*)等食鼠鸟类。

● 山地针叶林带

山地针叶林带是干旱区山地指示性垂直带，在新疆天山北坡和伊犁谷地

图 2-31 山地草原带

成带状分布，在新疆天山南坡则断续呈斑块状分布。地带性土壤为山地灰褐色森林土，植被以雪岭云杉（*Picea schrenkiana*）群系为代表。山地针叶林带下部个别地段阴坡、半阴坡、河流台地还间杂有山地落叶阔叶林〔天山桦（*Betula tianschanica*）、欧洲山杨（*Populus tremula*）〕、山地野果林（新疆野苹果 *Malus sieversii*）和河谷落叶阔叶林（杨 *Populus* spp.、柳 *Salix* spp.）。常见的林下植物有黑果栒子（*Cotoneaster melanocarpus*）、天山花楸（*Sorbus tianschanica*）、高山羊角芹（*Aegopodium alpestre*）、亚欧唐松草（*Thalictrum minus*）等。因生存环境适宜，本带成为新疆天山动物种群最为丰富的垂直自然带，其中昆虫种类多达数千种。常见的鸟类有旋木雀（*Certhia familiaris*）、小嘴乌鸦（*Corvus corone*）、喜鹊（*Pica pica*）、金黄鹂（*Oriolus oriolus*）、雀鹰（*Accipiter nisus*）、燕隼（*Falco subbuteo*）、黄爪隼（*Falco naumanni*）、红隼（*Falco tinnunculus*）、金雕（*Aquila chrysaetos*）、白肩雕（*Aquila heliaca*）、黑鸢（*Milvus korschun*）、斑尾林鸽（*Columba palumbus*）、山斑鸠（*Streptopelia orientalis*）、长耳鸮（*Asio otus*）、雕鸮（*Bubo bubo*）、蚁鴷（*Jynx torquilla*）、大斑啄木鸟（*Picoides major*）、黑琴鸡（*Lyrurus(Tetrao)tetrix*）等森林鸟类。兽类

中的马鹿（*Cervus elephus songaricus*）和狍（*Capreolus capreolus*）是典型的森林动物；本垂直带还有野猪（*Sus scrofa*）、狗獾（*Meles meles tianschanensis*）、伶鼬（*Mustela niminea*）、艾鼬（*Mustela eversmanni*）、香鼬（*Mustela altaica*）、石貂（*Martes foina*）、猞猁（*Lynx lynx*）、狼（*Canis lupus*）、赤狐（*Vulpes vulpes*）、棕熊（*Ursus arctos isabellinus*）等森林草原动物和亚高山草甸带下限的动物也出现于此地。天山鼠平（*Clethrionomys frater*）、新疆鼠平（*Clethrionomys centralis*）、狭颅田鼠（*Microtus gregalis*）、草原兔尾鼠（*Lagurus lagurus*）、草原旱獭（*Marmota bobak*）、蒙古兔（*Lepus capensis*）、天山蹶鼠（*Sicista tianschanica*）等啮齿动物动物常栖息于林中或林间草地。

● 亚高山草甸带

亚高山草甸带广泛分布于新疆天山西部和北坡的亚高山地带，地带性土壤为亚高山草甸土。植被群系以杂类草草甸为主，常见植物主要有火绒草（*Leontopodium* spp.）、高山糙苏（*Phlomis alpina*）、异燕麦（*Helictotrichon hookeri*）、北地拉拉藤（*Galium boreale*）、高山羊角芹（*Aegopodium alpestre*）、

图 2-32　山地针叶林带

高山黄花茅（*Anthoxanthum odoratum* subsp. *alpinum*）、珠芽蓼（*Polygonum viviparum*）、唐松草（*Thalictrum minus*）、老鹳草（*Geranium saxatile*）等。本带与下部山地针叶林带呈楔状交错分布，草原动物和森林动物同时出现，种类更加丰富，蜂、蝶、蝇、虻等昆虫种类猛增。红嘴山鸦（*Pyrrhocorax pyrrhocorax*）、黄嘴山鸦（*Pyrrhocorax graculus*）和金雕（*Aquila chrysaetos*)、苍鹰（*Accipiter gentiles*）、猎隼（*Falco cherrug*）、红隼（*Falco tinnunculus*）等猛禽。啮齿类动物以草原兔尾鼠（*Lagurus lagurus*）、鼹形田鼠（*Ellobius talpinus*）最为典型。棕熊（*Ursus arctos*）、野猪（*Sus scrofa*）、猞猁（*Lynx lynx*）、艾鼬（*Mustela eversmanni*）、狼（*Canis lupus*）、赤狐（*Vulpes vulpes*）等森林带上限点状分布和非固定栖息的一些动物常出没于此带。

● 高山草甸带

高山草甸带广泛分布于新疆天山高山地带，也是高山带的重要标志。地带性土壤为高山草甸土，分布着以嵩草、苔草及杂类草为主的高山草甸，植物主要有矮生嵩草（*Kobresia humilis*）、线叶嵩草（*Kobresia capillifolia*）、细果

图 2-33　亚高山草甸带

苔草（*Carex stenocarpa*）、黑花苔草（*Carex melanantha*）、珠芽蓼（*Polygonum viviparum*）、高山早熟禾（*Poa alpina*）、毛葶苈（*Draba eriopoda*）、冷龙胆（*Gentiana algida*）、报春（*Primula*）、高山紫菀（*Aster alpinus*）等。因分布有一定数量的高山杂类草，色彩鲜艳，本带蜂类、蝶类等鳞翅目（*Lepidoptera*）昆虫种类明显增多，是百灵科（*Alaudidae*）和岩鹨科（*Prunellidae*）鸟类、粉红椋鸟（*Sturnus roseus*）、红嘴山鸦（*Pyrrhocorax pyrrhocorax*）的主要觅食地。高山岭雀（*Leucosticte brandti*）、秃鹫（*Aegypius monachus*）、高山兀鹫（*Gyps himalayensis*）、胡兀鹫（*Gypaegus barbatus*）、黑鸢（*Milvus korschun*）等较为常见，也是旱獭（*Marmota bobak*）、灰仓鼠（*Cricetulus migratorius*）、银色高山鼠平（*Alticola argentatus*）等动物的重要栖息地。由于食草动物增多，狼（*Canis lupus*）、棕熊（*Ursus arctos*）、赤狐（*Vulpes vulpes*）、石貂（Martes foina）等常在此活动。

图 2-34　高山草甸带

● 高山垫状植被带

冰雪带下部发育了规模较大的高山垫状植被带，也是干旱区山地垂直带次高部位。土壤为高山原始土，气候寒冷，以地衣、苔藓等低等植物为主。高山草甸种和垫状植物散见于石隙间，主要植物有雪莲（*Saussurea involucrata*）、簇生囊种草（*Thylacospermum caespitosum*）、高山山莓草（*Sibbaldia terandra*）、双花委陵菜（*Potentilla biflora*）等。昆虫和低等动物的种数有所增加，雪鸡（*Tetraogallus himalayensis*）、黄嘴山鸦（*Pyrrhocorax graculus*）以及作为雪豹的重要猎物对象如北山羊（*Capra ibex*）、盘羊（*Ovis ammon*）等动物在该带增多。

图 2-35　高山垫状植被带

图 2-36　冰雪带

● 冰雪带

新疆天山发育了大规模的冰雪带，是干旱区山地垂直带极高部位。由于终年积雪，土壤不发育，没有植物生长，动物种类稀少，但属“喜寒型”和依赖于高山垫状植被带、亚高山草甸带和草原带中的猎物和食物的如雪豹（*Uncia uncia*）、高山兀鹫（*Gyps himalayensis*）、雪鸡（*Tetraogallus himalayensis*）、黄嘴山鸦（*Pyrrhocorax graculus*）等动物短暂出没于此带。

2.2.4.4　植物

1）植物区系

新疆天山处在中亚、蒙古、西伯利亚、中国－喜马拉雅的交汇地带。地质历史自然环境几经变迁，给各个植物区系的接触、混合、特化提供了有利条件，因而过渡性明显，是多种野生植物的集中分布区。相对于新疆境内的阿尔泰山、昆仑山、阿尔金山等区域而言，新疆天山共有野生维管束植物

2 622 种，植物种数相对丰富。其中被子植物 2 566 种，占总种数的 98.44%，处于绝对优势地位。植物区系具有典型的温带属性，种子植物中属于世界分布的有 65 属 566 种，属于热带分布的有 29 属。其余几乎所有的均属于 8 ～ 14 项温带性质类型。新疆天山植物物种与中亚、地中海、西亚交流相对较多，与东亚交流很少。种子植物分布区类型中，中亚分布及其变型有 270 种，占总属数的 20.14%。地中海区、西亚至中亚分布及其变型有 114 种，占总属数的 15.37%。东亚分布及其变型仅有 13 种，占总属数的 1.82%。

2）植被类型

根据《中国植被》分类方法，新疆天山的自然植被可划分成 9 个植被型、25 个植被亚型、82 个群系，是温带干旱区植被类型最多的地区（表 2-6）。

表 2-6　新疆天山遗产地植被类型

植被型	植被亚型	群系
Ⅰ. 山地针叶林	1. 山地常绿针叶林	（1）雪岭云杉群系（Form. *Picea schrenkiana*）
	2. 山地落叶针叶林	（2）西伯利亚落叶松群系（Form. *Larix sibirica*）
Ⅱ. 落叶阔叶林	3. 山地落叶阔叶林	（3）疣枝桦群系（Form. *Betula pendula*）
		（4）天山桦群系（Form. *Betula tianschanica*）
		（5）欧洲山杨群系（Form. *Populus tremula*）
	4. 山地野果林	（6）新疆野苹果 + 杏群系（Form. *Malus sieversii+Armenica vulgris*）
		（7）野胡桃群系（Form. *Juglans regia*)
	5. 河谷落叶阔叶林	（8）小叶白蜡群系（Form. *Fraxinus sogdiana*）
		（9）密叶杨群系（Form. *Populus densa*）
		（10）苦杨群系（Form. *Populus laurifolia*）
	6. 荒漠河岸林	（11）胡杨群系（Form. *Populus euphratica*）
		（12）白榆群系（Form. *Ulmus pumila*）
		（13）尖果沙枣群系（Form. *Elaeaguns oxycarpa*）
Ⅲ. 常绿针叶灌丛	7. 常绿针叶灌丛	（14）西伯利亚刺柏群系（Form. *Juniperusu sibirca*）
		（15）新疆方枝柏群系（Form. *Sabina pseudosabina*）
		（16）欧亚圆柏群系（Form. *Juniperus sabina*）

续表

植被型	植被亚型	群系
Ⅳ. 落叶阔叶灌丛	8. 高寒落叶阔叶灌丛	（17）鬼见愁锦鸡儿群系（Form. *Caragana jubata*）
	9. 温性落叶阔叶灌丛	（18）阿拉套柳群系（Form. *Salix alatavica*）
		（19）金露梅群系（Form. *Pentaphylloides fruticosa*）
		（20）金丝桃叶绣线菊群系（Form. *Spiraea hypericifolia*）
		（21）锦鸡儿群系（Form. *Caragana* spp.）
		（22）蔷薇群系（Form. *Rosa* spp.）
		（23）柳群系（Form. *Salix* spp.）
		（24）沙棘群系（Form. *Hippophae rhamnoides*）
	10. 盐生（杜加依）灌丛	（25）柽柳群系（Form. *Tamarix* spp.）
		（26）白刺群系（Form. *Nitraria* spp.）
		（27）黑果枸杞群系（Form. *Lycicum ruthenicum*）
Ⅴ. 草原	11. 高寒草原	（28）紫花针茅群系（Form. *Stipa purpurea*）
		（29）座花针茅群系（Form. *Stipa subsessiliflora subsp. subsessiliflora*）
		（30）穗状寒生羊茅群系（Form. *Festuca ovina subsp. sphagnicola*）
	12. 草甸草原	（31）白羊草群系（Form. *Bothriochloa ischaemum*）
		（32）长羽针茅群系（Form. *Stipa kirghsorum*）
		（33）针茅群系（Form. *Stipa capillata*）
		（34）阿拉套羊茅群系（Form. *Festuca alatavica*）
		（35）早熟禾群系（Form. *Poa* spp.）
	13. 干草原	（36）针茅群系（Form. *Stipa capillata*）
		（37）沟羊茅群系（Form. *Festuca valesiaca subsp. sulcata*）
		（38）羊茅群系（Form. *Festuca ovina*）
		（39）西北针茅群系（Form. *Stipa krylovii*）
		（40）冷蒿群系（Form. *Artemisia frigida*）
		（41）冰草群系（Form. *Agropyron cristatum*）
	14. 荒漠草原	（42）沙生针茅群系（Form. *Stipa glareosa*）
		（43）镰芒针茅群系（Form. *Stipa caucasica*）
Ⅵ. 荒漠	15. 小乔木荒漠	（44）白梭梭群系（Form. *Haloxyon persicum*）
		（45）梭梭群系（Form. *Haloxylon ammodendron*）

续表

植被型	植被亚型	群系
Ⅵ. 荒漠	16. 灌木荒漠	（46）膜果麻黄群系（Form. *Ephedra przewalskii*）
		（47）霸王群系（Form. *Zygophyllum xanthoxylum*）
		（48）灌木旋花群系（Form. *Convolvulus fruticosus*）
		（49）沙拐枣群系（Form. *Calligonum* spp.）
		（50）刺木蓼群系（Form. *Atraphaxis spinosa*）
		（51）银沙槐群系（Form. *Ammodendron bifolium*）
	17. 半灌木、小半灌木荒漠	（52）琵琶柴群系（Form. *Reaumuria soongarica*）
		（53）驼绒藜群系（Form. *Ceratoides latens*）
		（54）裸果木群系（Form. *Gymnocarpos przewalskii*）
		（55）小蓬群系（Form. *Nanophyton eriaceum*）
		（56）假木贼群系（Form. *Anabasis* spp.）
		（57）猪毛菜群系（Form. *Salaola* spp.）
		（58）合头草群系（Form. *Sympegma regelii*）
		（59）戈壁藜群系（Form. *Iljinia regeli*）
		（60）绢蒿群系（Form. *Seriphidium* spp.）
	18. 多汁木本盐柴类荒漠	（61）盐节木群系（Form. *Halocnemum strobilaceum*）
		（62）圆叶盐爪爪群系（Form. *Kalidium schrenkianum*）
Ⅶ. 草甸	19. 高山草甸	（63）嵩草群系（Form. *Kobresia* spp.）
		（64）苔草群系（Form. *Carex* spp.）
		（65）高山杂类草草甸（Form. *varii herbae*）
	20. 亚高山草甸	（66）杂类草草甸（Form. *varii herbae*）
	21. 中山草甸	（67）禾草及杂类草草甸（Form. *Festuca* spp., *varii herbae*）
		（68）高草杂类草草甸（Form. *varii herbae*）
	22. 低地、河漫滩草甸	（69）假苇拂子茅群系（Form. *Calamagrostis pseudophragmites subsp. pseudophragmites*）
		（70）狗牙根群系（Form. *Cynodon dactylon*）
		（71）苦豆子群系（Form. *Sophora alopecuroides*）
		（72）芨芨草群系 (Form. *Achnatherum splendens*)
		（73）芦苇群系（Form. *Phragmitrs australis*）
		（74）赖草群系（Form. *Leymus secalinus*）
		（75）小獐毛群系（Form. *Aeluropus pungens*）

续表

植被型	植被亚型	群系
Ⅶ. 草甸	22. 低地、河漫滩草甸	（76）疏叶骆驼刺群系（Form. *Alhagi sparsifolia*）
		（77）花花柴群系（Form. *Karelinia caspica*）
Ⅷ. 沼泽和水生植被	23. 沼泽植被	（78）苔草群系（Form. *Carex* spp.）
		（79）芦苇群系（Form. *Phragmitrs australis*）
		（80）香蒲群系（Form. *Typha* spp.）
	24. 水生植被	
Ⅸ. 高山植被	25. 高山垫状植被	（81）簇生囊种草群系（Form. *Thylacospermum caespitosum*）
		（82）双花委陵菜群系（Form. *Potentilla biflora*）

3）植被分布

新疆天山地形复杂，土壤类型多样，气候垂直差异明显，适宜于多种植物生长，故植物种类繁多，植被类型丰富，从低山到高山，从西向东，呈现了不同的植被分布格局和规律。

- 各山地植被带谱皆以荒漠植被为基带。荒漠植被不仅覆盖着宽广的台地和辽阔的冲积平原，占据着所有山前洪积扇、古老的冲积锥、三角洲和阶地，局部区域甚至上升到低山和前山带。

- 山地草原在各山地植被带谱中得到了较为广泛的发育。新疆天山北坡普遍发育于中－低山带。新疆天山南坡通常缺乏山地森林草甸带，而山地草原带在带谱中占很大的幅度，且因受到荒漠的逼迫而上升得很高。

- 中生性的山地森林草甸带较为局限，仅出现于较高大湿润山地迎风坡的湿润带。在远离湿气流的山地或雨影带山地森林草甸带发生不同程度的草原化，成为由块状的森林与山地草甸草原植被相结合的山地森林草原带。在极端大陆性的天山南麓，这一带基本消失，仅在亚高山草原带的局部阴坡出现小片状森林，已不成带。

- 依水平地带由北向南，各山地植被的海拔高度界限升高，湿润山地至干旱山地也有明显提高趋势。

- 由北向南，由湿向干，山地植被带谱的层次结构发生简化。带谱中的森林与草甸带逐渐收缩以致消失，草原与荒漠带却随之扩展，最后荒漠几乎统治整个带谱，构成了极为简化和贫乏的山地植被垂直带谱。

4）植物种类

新疆天山遗产地共有维管束植物 106 科 635 属 2 622 种（表 2-7）。

表 2-7　新疆天山遗产地维管束植物

门类	科数	属数	种数	占总种数的百分比 / %
蕨类植物	14	19	41	1.56
裸子植物	3	4	15	0.57
被子植物	89	612	2 566	97.87
总计	106	635	2 622	100

5）珍稀、濒危植物

新疆天山遗产地有各类珍稀濒危野生植物 110 种，其中，IUCN 物种红色名录（2010）收录 18 种，如肉苁蓉（*Cistanche deserticola*, CR）、天山桦（*Betula tianschanica*, EN）、野杏（*Armeniaca vulgaris*, EN）、新疆郁金香（*Tulipa sinkiangensis*, EN）、新疆野苹果（*Malus sieversii*, VU）等。《濒危野生动植物种国际贸易公约》CITES（2010）收录 16 种，如堪察加鸟巢兰（*Neottia camtschate*）、珊瑚兰（*Corallorhizatrifida Chatel*）、欧洲对叶兰（*Listera ovata*）、小花火烧兰（*Epipactis helleborine*）、小斑叶（*Goodyera repens*）、小花舌唇兰（*Platanthera minutiflora*）、宽叶红门兰（*Orchis latifolia*）、阴生红门兰（*Orchis umbrosa*）和紫点叶红门兰（*Orchis cruenta*）等。

表 2-8　新疆天山遗产地珍稀濒危植物

门类	IUCN物种红色名录（2010）	CITES附录（2010）
蕨类植物	—	—
裸子植物	4	—
被子植物	14	16
总计	18	16

图 2-37　肉苁蓉（*Cistanche deserticola*）

图 2-40　喀什霸王（*Zygophyllum kaschgaricum*）

图 2-38　灰杨（*Populus pruinosa*）

图 2-41　火烧兰（*Epipactis palustris*）

图 2-39　喀什小檗（*Berberis kaschgarica*）

图 2-42　紫斑叶红门兰（*Orchis fuchsia*）

6）特有种

由于地理位置的特殊性、地貌的多样性、气候的独特性，新疆天山遗产地栖息了丰富的特有植物，如天山铁角蕨（*Asplenium tianshanicum*）、鹿蹄柳（*Salix pyrolifolia*）、塔里木沙拐枣（*Calligonum roborovskii*）、乌恰翠雀花（*Delphinium wuqiaense*）、托木尔鼠耳芥（*Arabidopsis tuemurica*）、新疆阿魏（*Ferula sinldangensis*）、新疆鹿蹄草（*Pyrola xinjiangensis*）、伊犁泡囊草（*Physochlaina capitata*）、喀什女蒿（*Hippolytia kaschgarica*）、博乐绢蒿（*Seriphidium borotalense*）、托里风毛菊（*Saussurea tuoliensis*）、天山雪莲（*Saussurea involucrata*）、新疆小麦（*Triticum petropavlovskyi*）、准噶尔鸢尾蒜（*Ixiolirion songaricum*）、新疆郁金香（*Tulipa sinkiangensiss*）等。遗产地共有天山特有植物物种 118 种，占遗产地野生维管束植物种类总数 4.50%（表 2-9）。

表 2-9　新疆天山遗产地植物特有种占种数比例

分类	遗产地植物种数	特有种种数	占种数的百分比 / %
蕨类植物	41	7	17.10
裸子植物	15	0	0
被子植物	2 566	111	4.33
总计	2 622	118	4.50

图 2-43　新疆鹿蹄草（*Pyrola xinjiangensis*）

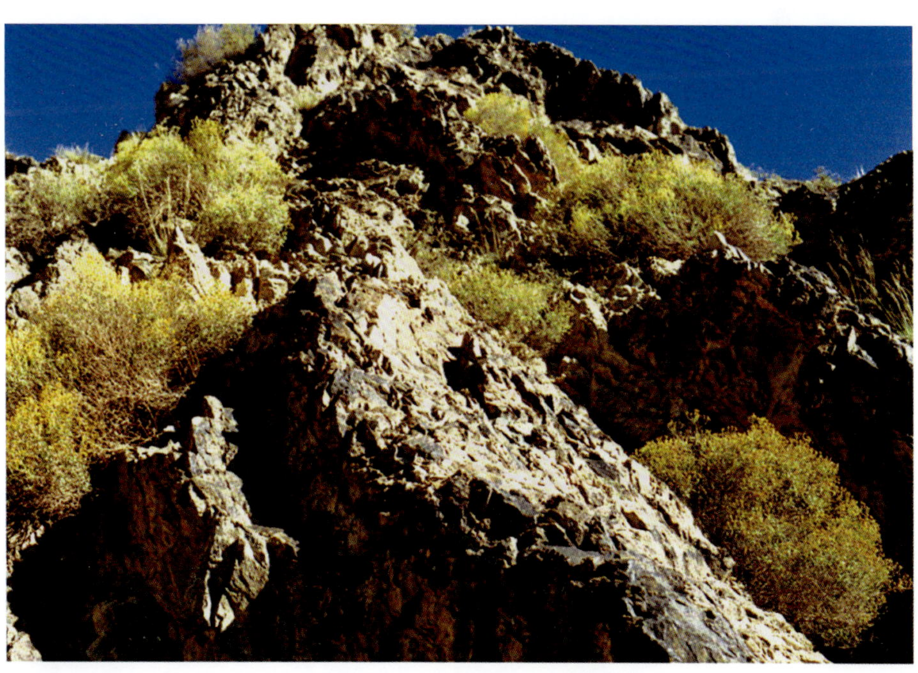

图 2-44　喀什女蒿（*Hippolytia kaschgarica*）

图 2-45　准噶尔鸢尾蒜（*Ixiolirion songaricum*）

7）残遗物种

新疆天山遗产地是欧亚大陆腹地第四纪冰期气候波动过程中重要的生物避难所，保留了第四纪冰期之前的众多山地残遗生物物种，其中包括了残遗阔野果树林和较多的麻黄属、蒿属和众多藜科植物（表 2-10），是现已濒临灭绝的野生欧洲李在世界上唯一的起源地。如现代荒漠中的唯一常绿阔叶灌木新疆沙冬青属中亚地理成分，是气候性残遗种，是反映这一地区气候变化过程的活化石，在系统发生上，与中国 - 喜马拉雅成分的黄花木属（*Piptanthus*）有共同祖先；裸果木科的裸果木属于地形残遗种，为原古地中海植物区系成分，它的存在，表明这里曾是古地中海的一部分，过去的地形经历了巨大变化。

表 2-10　新疆天山遗产地残遗植物

门类	科数	属数	种数
蕨类植物	1	1	1
裸子植物	3	4	5
被子植物	31	73	88
总计	35	78	94

图 2-46　膜果麻黄（*Ephedra przewalskii*）

图 2-47　盐节木（*Halocnemum strobilaceum*）

图 2-48　天山樱桃（*Cerasus tianschanica*）

图 2-49 裸果木
（*Gymnocarpos przewalskii*）

图 2-50 新疆琵琶柴
（*Reaumuria kaschgarica*）

图 2-51 角果藜
（*Ceratocarpus arenarius*）

2.2.4.5 动物

1）动物区系

在动物地理区划上，新疆天山遗产地区域属古北界、中亚亚界、蒙新区、天山山地亚区。新疆天山对野生动物种类，尤其是鸟类和兽类在北部的阿尔泰山和南部的昆仑－阿尔金山的地理分布，既起着阻限作用，又对新疆南北部某些种类的交流起着桥梁作用。遗产地陆生脊椎动物属古北界区系成分，动物的分布型以北方型和中亚型区系成分占优势，高地型、东北型、东洋型等区系成分渗透其间，属于古北区的鸟兽动物区系占绝对优势，反映出生物区系的古老性和野生动物物种的多样性（表 2-11）。遗产地的兽类均属古北界成分或为北方广布种。如马鹿（*Cervus elaphus*）、狍（*Capreolus caprelous*）、棕熊（*Ursus arctos*）、普通田鼠（*Microtus arualis*）等均为欧亚大陆北方森林种类，与周边的中亚荒漠动物区系形成鲜明的对比。

表 2-11 新疆天山遗产地陆生脊椎动物区系成分

类别	总种数	古北型（U）	全北型（C）	东北型（M）	东北华北型（X）	中亚型（D）	高地型（P）	喜马拉雅-横断山型（H）	南中国型（S）	东洋型（W）	北方广布种（O）
两栖类	6				1	3					2
爬行类	32	4				28					
鸟类	370	110	62	16		43	21	4	1	11	102
哺乳类	102	30	9			44	8	1		2	8
总计	510	144	71	16	1	118	29	5	1	13	112

表 2-12 新疆天山遗产地野生脊椎动物

门类	目数	科数	属数	种数	占总种数的百分比 / %
鱼纲	6	10	30	40	7.27
两栖纲	2	3	3	6	1.09
爬行纲	2	8	16	32	5.82
鸟纲	19	52	163	370	67.27
哺乳纲	7	17	64	102	18.55
总计	36	90	276	550	100

2）动物物种

新疆天山遗产地共有野生脊椎动物36目90科276属550种（表2-12）。

3）哺乳类

依据已有研究成果和科考记录，新疆天山遗产地共有哺乳动物 102 种，包含种类丰富的珍稀濒危物种。如雪豹（*Panthera uncia*）、棕熊（*Ursus arcios*）、石貂（*Martes foina*）、猞猁（*Lynx lynx*）、兔狲（*Felis manul*）、北山羊（*Capra sibirica*）、盘羊（*Ovis ammon*）、伊犁鼠兔（*Ochotona iliensis*）、虎鼬（*Vormela peregusna*）、香鼬（*Mustela altaica*）等。

● 雪豹 (*Panthera uncia*)

雪豹为隶属食肉目猫科的世界性大型高山珍兽，常在海拔 2 000 ～ 6 000 m 的永久性雪线附近空旷多岩石地带成对同栖分布，偶尔也活动于海拔 600 ～ 1 500 m 的低山草原地带，猎物主要是北山羊、盘羊、岩羊、雪兔、旱獭以及其它啮齿类动物。新疆天山是雪豹分布最为集中且种群数量最多的典型分布区，其中托木尔峰地区为最典型分布区。根据 George Shaller 和马鸣等近期的考证，新疆雪豹种群数量约 700 ～ 1 000 只，新疆天山雪豹种群数量约 500 ～ 600 只，托木尔峰地区约 100 只。由于近年来全球气候变暖影响冰川生态环境，雪豹的生境区发生了巨大变化，雪豹的食物资源质量和数量下降。雪豹被 IUCN 物种红色名录（2010）定为世界濒危（EN）物种，列入 CITES 附录 I，被《中国物种红色名录》（红皮书）列为濒危级（EN）物种，是《中华人民

图 2-52 雪豹（*Panthera uncia*）

共和国野生动物保护法》附录“国家重点保护野生动物名录”Ⅰ级重点保护野生动物。

● 棕熊（*Ursus arctos*）

棕熊为食肉目熊科的大型野兽，新疆天山是棕熊分布栖息最为集中且种群数量较多的原分布区，在新疆天山和中亚等周边国家分布的棕熊又称为“天山棕熊”。其中，西天山海拔 1 500 ～ 3 300 m 的山地草原、森林草原、针阔混交林、针叶林、亚高山灌丛、草甸带，东天山海拔 1 500 ～ 2 300 m 的针叶林、森林草原、荒漠草原带，以及南天山海拔 2 200 ～ 3 400 m 的荒漠草原、山地草原、针阔混交林、森林草原、针叶林、亚高山草甸是天山棕熊的主要分布区。棕熊被 IUCN 物种红色名录（2010）定为世界无危级但至少要考虑（LC）物种，列入 CITES 附录Ⅰ，被《中国物种红色名录》（红皮书）列为濒危级（EN）物种，是《中华人民共和国野生动物保护法》附录“国家重点保护野生动物名录”Ⅱ级重点保护野生动物。

● 盘羊（*Ovis ammon*）

盘羊亦叫大头羊、大角羊，隶属偶蹄目牛科，具有丰富的地理亚种分化现象，广泛分布于天山山区，栖于海拔 3 000 ～ 5 000 m 的高山寒漠带和海拔

图 2-53　棕熊（*Ursus arctos*）

图 2-54　盘羊（*Ovis ammon*）

1 000 ～ 3 000 m 山地的荒漠、半荒漠带。喜活动于略有起伏的开阔地带，善攀登高山和岗脊，分布区上部与北山羊生境、下部与鹅喉羚生境部分重叠。雄性盘羊角特别大，为重要的世界博物馆展览动物和国际运动狩猎主要获取对象。根据生存现状，盘羊被 IUCN 物种红色名录（2010）定为世界近危（NT）物种，列入 CITES 附录 II，被《中国物种红色名录》（红皮书）列为濒危级（EN）物种，是《中华人民共和国野生动物保护法》附录“国家重点保护野生动物名录”Ⅱ级重点保护野生动物。

● 北山羊（*Capra ibex*）

北山羊亦叫亚洲羱羊、悬羊，隶属偶蹄目牛科，是中亚高山动物，多栖息于海拔 3 000 ～ 6 000 m 高山草甸带岩石峭壁较多的地段。在新疆天山，北山羊是雪豹和狼的主要猎物，也是偷猎主要对象。托木尔和喀拉峻 – 库尔德宁峭壁裸岩区是北山羊是其最为典型集中的分布区，具有片状分布特征。北山羊被 IUCN 物种红色名录（2010）定为世界无危级但至少要考虑（LC）物种，列入 CITES 附录 II，被《中国物种红色名录》（红皮书）列为濒危级（EN）物种，是《中华人民共和国野生动物保护法》附录“国家重点保护野生动物名录”I 级重点保护野生动物。

图 2-55　北山羊（*Capra ibex*）

4）鸟类

依据科考记录和现有科学研究，目前新疆天山遗产地共有 370 种鸟类。新疆天山也是迁徙型鸟类迁徙路线上一个重要的节点，内部发育的河流形成廊道，为迁徙型鸟类提供安全且食物充足的迁徙通道。

● 大天鹅（*Cygnus cygnus*）

大天鹅隶属雁形目鸭科的大型水禽，常栖居于大型湖泊、池塘、水库或其他沼泽地带。新疆天山内部湿地和湖泊是大天鹅的重要繁殖栖息地，巴音布鲁克天鹅湖国家自然保护区面积 1 368 km^2，是中国最大的天鹅繁殖地和栖息地，也是全球偏南纬度大天鹅繁殖地，数量约 3 000 ～ 7 000 只。大天鹅被 IUCN 物种红色名录（2010）定为世界无危级但至少要考虑（LC）物种，被《中国物种红色名录》(红皮书）列为易危级（VU）物种，是《中华人民共和国野生动物保护法》附录“国家重点保护野生动物名录”II 级重点保护野生动物。

图 2-56　大天鹅（*Cygnus cygnusx*）

图 2-57　金雕（*Aquila chrysaetos*）

● 金雕（*Aquila chrysaetos*）

金雕为隶属隼形目鹰科的大型猛禽，栖息于山地森林、山地草原，平原较少见，新疆天山为主要栖息分布区，托木尔、喀拉峻－库尔德宁以及博格达三个片区均为金雕集中分布区。金雕是哈萨克、柯尔克孜、塔吉克等游牧民族的主要驯养和猎用对象。金雕被 IUCN 物种红色名录（2010）定为世界无危级但至少要考虑（LC）物种，被《中国物种红色名录》（红皮书）列为易危级（VU）物种，是《中华人民共和国野生动物保护法》附录“国家重点保护野生动物名录”I 级重点保护野生动物。

● 高山雪鸡（*Tetraogallus himalayensis*）

高山雪鸡亦叫暗腹雪鸡、天山雪鸡、喜玛拉雅雪鸡，属于鸡形目雉科的大型陆禽，栖息于海拔 2 000 ～ 5 000 m 具有裸岩和碎石的高山及亚高山草甸和灌丛草甸带。在新疆，高山雪鸡 80% 以上种群分布于天山，比较均匀地分布于天山高海拔区域。由于雪鸡为著名狩猎鸟，又是动物园稀有的展览动物。且生活环境恶劣，因而数量稀少。高山雪鸡被 IUCN 物种红色名录（2010）定为世界无危级但至少要考虑（LC）物种，是《中华人民共和国野生动物保护法》附录“国家重点保护野生动物名录”II 级重点保护野生动物。

图 2-58　高山雪鸡（*Tetraogallus himalayensis*）

5）爬行类

依据科考记录和现有科学研究，目前新疆天山遗产地共有 32 种爬行类动物。

6）两栖类

依据科考记录和现有科学研究，目前新疆天山遗产地共有 6 种两栖类动物。

7）珍稀濒危动物

新疆天山遗产地有各类珍稀濒危野生动物 367 种，其中，IUCN 物种红色名录（2010）收录动物物种 355 种，《濒危野生动植物种国际贸易公约》CITES（2010）附录 I 收录 10 种、附录Ⅱ收录 47 种（表 2-13）。

8）特有种

新疆天山遗产地共有天山特有动物物种 22 种，占遗产地脊椎动物种类总数的 4%（表 2-14）。如伊犁鼠兔（*Ochotona iliensis*）等。

表 2-13　新疆天山遗产地珍稀濒危动物

门类	IUCN物种红色名录（2010）	CITES附录（2010）	
		I	II
鱼类	7	—	—
两栖类	2	—	—
爬行类	4	1	—
鸟类	288	7	42
哺乳类	54	2	5
总计	355	10	47

表 2-14　新疆天山遗产地动物特有种占种数比例

门类	提名遗产地动物种数	特有种种数	占种数的百分比（%）
鱼纲	40	16	40
两栖纲	6	0	0
爬行纲	32	4	12.5
鸟纲	370	0	0
哺乳纲	102	2	1.96
总计	550	22	4

图 2-59　灰雁（*Anser anser*）

图 2-60　长脚秧鸡（*Crex crex*）

图 2-61　灰鹡鸰（*Motacilla cinerea*）

2.2.5　自然景观与自然美

2.2.5.1　新疆天山自然景观

1）景观资源

新疆天山拥有世界上最为典型的干旱荒漠区山地综合景观，最具代表性的自然美景包括森林、山地草原和高山草甸等。新疆天山遗产地集中展示了新疆天山的自然美景多样性，是世界上干旱荒漠区山地综合景观的最杰出代表。遗产地最突出的景观资源有雪峰冰川、河流沼泽、高山湖泊、五花草甸、森林草原、湿地河曲、红层峡谷和荒漠戈壁等自然景观。

● 雪峰冰川

新疆天山拥有南天山、中天山和北天山三条大的山链及其 20 多条山地，遍布高山雪峰，6 800 m 以上的雪峰 5 座，6 000 m 以上的雪峰 15 座，5 000 m 以上的雪峰数十座，形成雄伟壮丽的干旱荒漠区极高山雪峰景观。其中托木

图 2-62　托木尔群峰

尔峰（维吾尔语“铁峰”之意）终年白雪皑皑，云缠雾绕，如白发仙翁，正襟威严，端坐于天地之间；汗腾格里峰绵延百里，跌宕起伏，正如其名“天的汗王峰”（突厥语），耸立于中、哈、吉三国之界；雪莲峰婀娜秀美，仪态万方，仿佛一朵雪莲花盛开于天山之巅；博格达峰终年银装素裹，神峻奇险，三峰齐立于东部天山。

新疆天山有冰川 9 081 条，冰川面积 9 235.96 km^2，是天山冰川主要发育地区。其中托木尔 - 汗腾格里山汇区是天山最大的冰川作用中心，有冰川 670 条，冰川面积超过 2 706 km^2，冰储量 474 km^3，占整个天山的 45%。该区域也是世界超大型冰川的集中分布区，面积超过 300 km^2 的冰川有 3 条。现代冰川规模宏伟，遍布于山峰之间，东西向冰川平行横卧于大山链之间，南北向冰川气势磅礴，如银链飞瀑向山麓奔腾而下。各种冰川地貌千姿百态，尽显冰川雪峰壮观之美。

● 高山湖泊

博格达片区的天山天池是典型高山冰川堰塞湖，夏季，高山湿地，蜿蜒曲折，森林溪流，跌宕而下，湖水清澈，雪峰倒映，群山环抱；秋季，七彩山坡，层林尽染，湖光山色，美不胜收；冬季苍松雪原，玉树冰挂，交相辉映，一派壮阔的北国风光。自然美景四季迥异，尽显高山湖泊宁静之美。

● 河曲沼泽

中天山巴音布鲁克草原拥有典型的低地高寒湿地生态系统，由大尤尔都斯盆地和小尤尔都斯盆地组成。大尤尔都斯盆地内 1 370 km^2 的沼泽草地和湖泊，形成九曲十八弯的河曲沼泽景观。登高远眺，开都河曲犹如一条玉带，在数千个小湖镶嵌的绿色的地毯上蜿蜒回转，形成几百个弯曲，夕照落日倒

图 2-63　博格达冰川雪莲

图 2-64　天池之夏

映河曲，金光闪烁，波光粼粼，形成“九日映湖”的壮美奇景。走进河曲，成群的天鹅野鸭在片片沼泽小湖中嬉戏翱翔，呈现出“芦花传雁语，流水间鱼声”的优美境地，尽显河曲沼泽形态之美。

● 雪岭云杉

天山雪岭云杉，是第三纪古老树种，全球仅分布在天山山脉。雪岭云杉历经 4 000 万年地质历史的变迁和气候变化，逐渐演化为天山山地森林的特有树种。雪岭云杉林分布于天山海拔 1 300 ～ 2 800 m 之间的中山带、亚高山带阴坡或半阴坡，构成了断断续续连绵千里的山地森林带，带内森林与山地草甸、草原灌丛交错分布，具有鲜明的原生性和地带性。巍巍天山深处，雪岭云杉苍劲挺拔，四季常青，攀坡漫生，绿波起伏，浩瀚如海、绵延不绝，犹如一道沿山而建的绿色长城，将戈壁沙漠的严寒酷暑远远地挡在身外。

库尔德宁在 2006 年被评为“中国十大最美森林”第一名。远望雪岭云杉林，参天蔽日，层峦叠嶂，林相齐整；走入原始云杉林，巨树古木，数人合

图 2-65　巴音布鲁克河曲沼泽

图 2-66　“天鹅湖”湖心岛

抱，高耸入云；倒木纵横，新老共生，苔藓遍布，花草繁茂，灌丛密布。喀拉峻在广阔的夷平面上发育了深切的河谷，河谷中云杉林垂直密布，深达数百米；河谷两岸夷平面上森林与草原交错分布，构成组合丰富多样的美丽图案，即著名的“花森林”带，东西延伸上百公里，草原连绵起伏，花草满坡，草原与森林交融，雪峰与河谷辉映，景相异常壮观，尽显雪岭云杉原始之美。

野果丛林

新疆天山是中亚野果林的重要组成部分以及野苹果、野核桃、欧洲李等物种起源地和集中分布区，野果林主要分布于天山海拔 1 200 ～ 1 500 m 的山地河谷中，面积约 8 000 km^2，拥有野生果树种质资源 52 种。喀拉峻 – 库尔德宁遗产地的中低山带处于逆温层，这里集中分布着大面积野果林，野苹果、

图 2-67　库尔德宁雪岭云杉纯林

野核桃、野杏、野樱桃、欧洲李、山楂、树莓等尤为繁盛。春天，野果山花，竞相绽放，落英缤纷林中飘舞；夏天，嫩果挂枝，风雨浸润，大地披上绿色绒装；秋天，浓妆艳抹，层林尽染，山野处处浓秋溢香；冬天，银装素裹，雪雾弥漫，圣洁寂静仿如天堂。四时景观竞相峥嵘，尽显野果森林季相之美。

图 2-68　野果林之春

灌木林到荒漠草原形成完美组合景观特征。中尺度景观也呈现明显分异，雪峰与峡谷辉映，草甸与森林交错，森林与草原交融，草原与灌木镶嵌，灌木与荒漠点缀，各种景观单体组合就像马赛克艺术化的图案一样，再加上白色

图 2-75　天池小瀑布

图 2-76　喀拉峻天山红花

图 2-77　喀拉峻花森林

雪峰冰川 - 五花草甸 - 绿色森林 - 红层峡谷的色彩组合，森林与草原受微地形影响、四季变化以及天象景观影响增加了景观的丰富性；小尺度范围内，景观单体之间也呈现出丰富多彩的组合，构成一幅幅妙趣横生的精美图案。这种大自然的完美搭配，是世界上其他地方绝少的，使得新疆天山成为中国的标志性景观之一。

● 反差强烈

受山体走向和盛行风系的影响，新疆天山北坡相对湿润，南坡相对干旱，荒漠性更强，南坡荒漠海拔比北坡高出 1 000 m 以上。天山南北两侧景观截然不同，北坡森林呈带状分布，南坡森林呈斑状分布；西段和东段景观也有较大差异，西段伊犁谷地是天山最湿润的地区，森林分布海拔低，约为 1 100 m，东段森林海拔上升至 2 000 m 以上。新疆天山相对高差 4 000 m 以上，拥有完整的山地垂直自然景观，自低向高依次为荒漠、山地草原、山地森林、亚高

图 2-78 雪山-草甸-森林景观组合

图 2-79 河谷林–草原–云杉林–草甸

图 2-80　托木尔峰北坡

图 2-81　托木尔峰南坡

山草甸、高山草甸、垫状植被和冰雪带。新疆天山北坡秀美、南坡荒凉，西段湿润、东段干旱，高山寒冷、大漠炎热，这种反差极大的自然地理特征造了全球极为罕见的独特的干旱荒漠区山地综合自然美景。

2.2.5.2　新疆天山的美学重要性

从形式美学的角度，新疆天山具有整体上雄伟壮观的特征，同时局部也蕴含着奇、险、秀、幽等美的形象，具有明显的层次感和立体感。在形态上，新疆天山具有线条流畅但又不乏棱角分明的美感，表现了其连绵起伏的柔和韵律，处处流露着超凡脱俗的灵气。在组合上，明镜般的高山湖泊、湍流不息的溪流、一泻而下的飞瀑、广阔无垠的草原、无边的林海映衬着天山群峰构成了一幅天然的立体画卷。在色彩上，新疆天山主体以灰色为主，给人庄重、伟岸之感，同时深邃的蓝天、洁白的冰川、碧蓝的湖水、墨绿的云杉、青翠的草原、多彩的野花，又形成强烈的视觉对比。形态、组合、色彩等方面的天然搭配构成了天山特有的景观，新疆的天山雄伟壮观、苍凉秀美、神奇圣绝的完美景观组合，成为中华美景的象征之一。

天山是以“天”命名的山脉，天山上的湖泊称为“天池”，天山的雪岭云杉叫做“天山松”，天山出产的马冠名“天马”，新疆各族人们被称为“天山儿女”。从古至今，人们对新疆天山敬若神明，顶礼膜拜，古籍《太平御览》卷五十《地部》天山条即有“过之皆下马拜”的记载。在人们的心目中，新疆天山就是一座美丽、神圣、赋予万物生命的圣山，有无数的神话传说、诗歌词赋、音乐绘画来赞美、颂扬她的秀美、苍凉和神秘，如“明月出天山，苍茫云海间”“看君走马去，直上天山云”“月出通天柱，神池载地灵”“茫茫戈壁望天际，云端之上有天山”。

自古以来，新疆天山就是连接东西方的重要通道，是举世闻名的丝绸之路上的咽喉要道之一，是一个对人类文明发展和东西方文化交流作出过巨大贡献的地区。绵延千里的新疆天山昭示着古丝绸之路的荒凉、神秘和悠久的历史。新疆天山及其哺育的绿洲，成为丝绸之路上络绎不绝的商旅们重要的庇护所，对于往来于东亚、中亚、西亚、南亚乃至欧洲之间的商旅，新疆天山就是他们的心灵家园与精神寄托。

新疆天山特殊的地理环境和交通位置导致了多个民族、多种文明、多样宗教在这里交汇，生活在天山南北麓的各族人民，历尽磨难而又自强不息，李白、岑参、陆游、邱处机、纪晓岚、林则徐等许多历史文化名人也在这里留下了足迹。这里在古代还是游牧文明、波斯文明、希腊文明、印度文明、

图 2-82　人民大会堂挂毯——新疆天山风光

中华文明以及原始宗教、祆教、佛教、摩尼教、印度教、基督教、伊斯兰教等辐射传播地区，留下了丰厚的文化遗产。新疆天山地处欧亚大陆的中心位置，成为东西方文明、南北文化的交流汇聚地，以其博大的胸怀，包容了多元的文化，而成为象征新疆各民族的精神圣地。

2.3 人类活动

2.3.1 人口与民族

新疆天山遗产地总面积 606 833 hm^2，无常住居民。缓冲区总面积 491 103 hm^2，无常住居民，每年 6 ～ 9 月份，牧民进入遗产地和缓冲区进行季节性放牧活动，其中进入遗产地牧民总数 4 446 人，人口密度小于 1 人 /km^2；进入缓冲区牧民总数 12 735 人，人口密度小于 3 人 /km^2。牧民人口以少数民族为主，包括哈萨克、蒙古、回、维吾尔、克尔克孜、塔吉克、乌孜别克、俄罗斯、塔塔尔等民族，其中哈萨克族和蒙古族人口最多。

2.3.2 主要人类活动方式

1）游牧活动

新疆天山中高山区的亚高山草甸是优良夏牧场，低山丘陵干草原为春秋牧场，平原低地草甸则是良好的冬牧场，自古以来就是历代游牧民族的栖息之地，先后有塞人、月氏、乌孙、羌人、匈奴、鲜卑、柔然、突厥、回纥、哈萨克、维吾尔、乌兹别克、塔塔尔等民族在这里繁衍生息。历代民族都过着逐水草而居的游牧生活，崇尚大自然，长期以来与自然和谐相处，对自然资源起到了保护作用，使得遗产地保留了原始的自然环境和生态系统。

2）贸易活动

自古以来，新疆天山就是连接东西方的交通要道，是举世闻名的丝绸之路上的绿色走廊，丝绸之路中段的北线和中线分别位于新疆天山北麓和南麓。数量众多的冰川孕育了天山南北的众多绿洲，成为来往商贾进行贸易活动的处所，如北线上的伊吾（哈密）、庭州（今吉木萨尔）、伊犁（今伊宁），南线上的车师、高昌（今吐鲁番）、尉犁（今焉耆）、龟兹（今库车）、姑墨（今阿克苏）。西汉时代（公元前 202 ～公元 9 年），在托木尔峰地区南麓的托什干河谷开辟了一条从龟兹通往乌孙的道路。东汉时期（公元 25 ～ 220 年）开辟了“天山北道”，沿托木尔峰北麓的特克斯河谷西行抵达伊塞克湖东的赤谷城。唐代（公元 618 ～ 907 年）开辟了“弓月道”，由龟兹到弓月，直接从托木尔峰地区穿越，唐代高僧玄奘法师即沿“弓月道”翻越木扎尔特冰川西行抵达碎叶。从公元前 139 年和 119 年汉武帝刘彻派张骞两次出使西域，实现了丝绸之路东西段的贯通后，直到公元 1840 年，丝绸之路走向衰亡，新疆天山一直在东西方贸易往来中扮演着重要角色。

3）科考与科普活动

古代就有很多关于天山的珍贵记载，如《史记》《汉书》《山海经》《水经注》《西域图志》等，历代诗人名士也对天山做了淋漓尽致的描绘。

公元前 119 年，张骞第二次前往乌孙，途径天山，所见所闻由司马迁记录在《史记·大宛列传》中。公元 629 年，唐代玄奘法师赴印度取经，途径天山托木尔峰地区，在《大唐西域记》中对该地区的气候和冰川进行了描述。

19 世纪中叶到 20 世纪初，俄、英、德、法、瑞典、日本、美国等国家或以政府名义或个人出面组织“考察队”，先后到新疆天山进行考察活动。俄国地理学家、植物学家、昆虫学家 P. P. 谢苗诺夫最早于 1856 ～ 1857 年对新疆天山进行地理考察。之后俄国人 H. H. 瓦里汉诺夫、H. A. 谢维尔卓夫、V. 柯尔卡、H. M. 普尔热瓦尔斯基（1876 ～ 1877 年）、英国人凯里（1885 ～ 1887 年）、前苏联地质学家 B. A. 奥勃鲁契夫（1892 ～ 1909 年）、瑞典人斯文·赫定（1927 ～ 1928 年、1930 ～ 1935 年）等先后到新疆天山进行考察。20 世纪以来，我国的一些著名地质、地理学家，如袁复礼教授（1929 ～ 1930 年）、黄汲清院士、李承三教授（1943 年）、马溶之先生（1944 年）等对新疆天山的地形、地貌、地质基础、自然环境、自然资源以及生态系统等进行综合考察，并发表了一些论文和报告。

1949 年以来，中国科学院组织了各种科学考察队，开展了对新疆天山地质、地貌、气候、冰川等自然资源的研究。中国科学院高山冰雪利用研究队，分别于 1959 ～ 1962 年、1973 年、1977 ～ 1978 年、1989 ～ 1995 年四次系统考察了新疆天山的冰川积雪资源，1977 ～ 1978 年中国科学院对托木尔峰南北坡进行了综合性的科学考察。在此期间，新疆科研单位也开展了对新疆天山地质、地理、土壤、生物等方面的调查研究工作，2004 年出版的由胡汝骥先生组织编写的《中国天山自然地理》是对新疆天山的第三次集成研究成果。

到目前为止，国内外学者公开发表的关于新疆天山地质地貌、自然地理、生物生态等方面的重要研究论著已达 400 多篇、部。国内外著名专家学者也分别对新疆天山系列遗产地进行了深入考察。新疆天山已成为国内外许多高等院校和科研机构重要的教学实习基地、研究基地和科普教育基地。

4）旅游活动

历史上新疆天山以其无以伦比的自然风光吸引了众多文人墨客，如李白、李商隐、岑参等，留下了无数诗歌词赋。但是，由于新疆天山地处偏僻、地势险峻、交通不便，旅游业只有天山天池具有一定规模，游客活动区主要在缓冲区进行，其他遗产地只是近几年才刚刚起步，并且具有一系列的规范保护各遗产地的自然生态环境，旅游对生态环境的影响甚微。

2.4 历史与发展

2.4.1 自然历史

中元古代至新元古代早期（1000 Ma B.P.），在古陆边缘的大陆活动带，发生裂解作用，发育深海槽，又经碰撞和拼接，形成一个超级大陆（罗丁尼亚古陆，1000 ～ 800 Ma B.P.），天山地区除中天山隆起外，均为海洋环境，只有一些低等的细菌和藻类以及粘藻类生长吸附碳酸盐沉积构成的叠层石、层文石等。新元古代末期，联合古陆再次裂解，形成了位于西伯利亚与塔里木之间的古亚洲洋。天山地区主要是海相的碳酸盐岩 - 碎屑岩沉积。

早古生代（540 ～ 420 Ma B.P.），是天山洋盆（古亚洲洋的一部分）发育时期。天山地区南部属南天山洋，北部属北天山洋。天山地区南部主要为浅海碳酸盐岩沉积。北天山洋仍处于发展过程中，并经历了寒武纪、奥陶纪、志留纪三期岛弧的演化，北天山洋主体消亡。北天山主要发育中酸性火山岩和碎屑岩。在海洋环境下，主要生物有三叶虫、腕足类、笔石、珊瑚、腹足类等。

晚古生代（420 ～ 251 Ma B. P.），天山地区大部属海洋环境，在二叠纪晚期成陆。天山南部地区广泛发育海相碎屑岩和碳酸岩，北部主要发育海相碎屑岩、碳酸岩以及火山岩、火山碎屑岩。表现出晚古生代沉积由浅海—滨海—海陆交互相—陆相的过度的韵律。在海陆演化环境下，主要生物有腕足类、珊瑚、菊石、腹足类、鱼类等，到晚二叠纪，出现许多陆生生物群，有植物、脊椎动物、双壳类等。

晚古生代早二叠世末，受华力西构造运动（天山运动）的作用，南北两侧准噶尔与塔里木陆块碰撞导致天山的褶皱隆升，使残留的天山洋完全消失，进入陆内山链及盆地的发展时期。华力西运动是古天山的造山运动，形成的天山褶皱带由一系列复背斜和复向斜组成，目前的北天山、中天山和南天山的山脊方向，大致代表了当时褶皱的走向。伴随着强烈的构造活动，华力西期岩浆活动频繁，在中晚期达到高潮，其中以花岗岩和花岗闪长岩为主的酸性、中酸性岩类占侵入岩的 90%，构成天山侵入岩带的主体。

中生代，印支和燕山运动对天山地区的影响较小，三叠纪之后天山地区处于相对稳定状态，特别是侏罗纪以来，地理环境稳定，在外动力作用下褶皱山地一直处于剥蚀夷平阶段，两侧山前拗陷和山间断陷不断接受沉积，最终形成一个起伏和缓、高差不大的准平原。中生代气候炎热而湿润，陆生生物群特征明显，是高等植物最为繁盛的时期。天山地区出现银杏区系为代表的乔木层和下部为苏铁目的常绿灌木构成的森林，还有大量古老松柏类。动物群以双壳类、介形类和脊椎动物的爬行类、鱼类为重要类型。

古近纪始新世—渐新世（55 ～ 23 Ma B. P.），印度板块向北俯冲拼贴于欧亚大陆南缘，碰撞后的印度板块继续向欧亚大陆楔入造成陆内俯冲及走滑平移运动，使古地中海逐步退却，气候逐渐向干旱演化，原暖湿植物区系逐步被现代旱生的地中海植物区系所取代。

新近纪，特别是上新世以后（5 Ma B. P.），原来被剥蚀夷平为准平原的天山山地，受新构造运动作用，在活动性断裂带的控制下发生强烈的断块升降运动，形成巨大的山脉与山间盆地相间的阶梯层状地貌结构，发育三级夷平面。随着天山的隆升，两侧的塔里木和准噶尔盆地更加封闭，气候从湿润向干旱演变，两大盆地中出现沙漠。在上新世 - 更新世期间，气候进一步从温暖向寒冷演变，植被由森林逐渐演化成草原和荒漠类型，奠定了现代新疆天山的地貌和气候格局。

综上所述，新疆天山地区的生物与中生代末期以来地球演化的重大地质事件密切相关，使生物进化过程发生了深刻变化，导致该区域含有大量古老残遗种类，即很多生物是古近纪，甚至是白垩纪的残遗——古地中海干热环境下生物的后裔，成为研究世界生物区系具有特殊意义的地区，也是开展干旱区环境变迁与气候变化对生物演化影响的最理想实验场所，具有全球意义。

2.4.2 人类历史

新疆天山地域广阔，水草丰美。自古以来，我国各族人民就在这块富饶的土地上繁衍生息，创造了丰富的物质文化和精神文明，天山已成为新疆各族人民文化与精神的载体。

根据新疆天山考古发现，早在新石器时代早期（7000 年前），新疆天山地区就有人类活动，以洞穴为住所，以狩猎、采集为生计。新石器时期，从6000年前的玛扎尔人到4000年前的塞人，新疆天山一直是广阔的中亚干旱区人类活动中心。新疆天山野果林及其附近的山间河流，以优越的生态环境和丰富的生物物种，提供了丰富的果实，成为早期人类最理想的生存环境。秦汉以前（公元前4000～公元前202年），活跃在新疆天山地区的民族以塞人、月氏人、乌孙人、羌人和匈奴人为主。汉代（公元前202～公元220年），伊犁盆地为乌苏国属地，系西域北道诸国之一。公元前108年前后，汉朝细君公主下嫁乌孙王昆弥，“不田作种树，随畜逐水草”就是当时生活的写照。魏晋南北朝时期（公元220～589年），鲜卑和柔然民族先后统治该地区。隋唐时期（公元581～907年），突厥人和回纥人是分布在这里的主要民族。公元640年和702年，唐朝分别在安西（今库车）和北庭（今吉木萨尔）设都护府，管辖范围内的碎叶镇、弓月、龟兹是唐代西部边疆的军事重镇，也是丝绸之路必经之地。宋代（公元960～1279年）时，新疆天山地区为西辽所辖领土。元朝时期（公元1271～1368年），蒙古人大量迁入此地，新疆天山成为蒙古人的牧马围场。从清乾隆年间到民国时期（公元1757～1949年），开渠引水、发展农业后，人类生产活动从以山区游牧为主转变为以绿洲农耕为主，天山山地人类活动强度逐渐降低。进入20世纪90年代以来，山区畜牧业发展有所增强。

新疆天山系列遗产地位于天山深处，地势险峻，交通闭塞，几千年来很少受到人类干扰，直到近代遗产地边缘地区才有少量的游牧活动，逐水草而居的生产方式对新疆天山生态环境未造成大的负面影响，尤其是遗产地基本保留了原始的地质地貌和生态系统。

2.4.3 天山保护历史

新疆天山地处欧亚大陆干旱区中心，受地势险峻、原始植被覆盖和交通封闭等因素的影响，其突出的资源价值直到20世纪80年代才被部分学者认识。在此之前，新疆天山一直处于自然外力的作用之下。因此，遗产地的资源环境依旧保存完好。

1）政府的保护和管理

国家和地方各级政府对遗产地生态环境和资源的保护给予高度重视。

托木尔遗产地：1980年6月，经新疆维吾尔自治区人民政府批准，成立托木尔峰自治区级自然保护区；2003年，经中华人民共和国国务院批准，晋升为国家级自然保护区；2006年，托木尔峰国家自然保护区向中华人民共和国国土资源部申请国家地质公园。温宿县人民政府、阿克苏地区政府成立的托木尔峰国家级自然保护区管理局对托木尔峰国家级自然保护区进行了总体规划，加大了对托木尔峰国家级自然保护区的管理和保护力度。

喀拉峻–库尔德宁遗产地：2000年，经中华人民共和国国务院批准，成立西天山国家级自然保护区；2010年，经新疆维吾尔自治区人民政府批准，成立喀拉峻风景名胜区。伊犁哈萨克自治州人民政府、巩留县人民政府、特克斯县人民政府相继出台一系列法律法规、保护条例，制定和实施相应的保护区管理条例和规划体系，对其进行合理的保护和管理。

巴音布鲁克遗产地：1980年6月，经新疆维吾尔自治区人民政府批准，成立巴音布鲁克自治区级自然保护区；1986年，经中华人民共和国国务院批准晋升为国家级自然保护区；2001年巴音布鲁克国家级保护区管理局对保护区进行了总体规划，对保护区的生态环境和生物多样性实施有效保护。

博格达遗产地：1980年6月，经新疆维吾尔自治区人民政府批准，成立天山天池自治区级自然保护区；1982年11月8日，国务院批准成立天山天池国家级风景名胜区；1990年3月27日，经联合国教育、科学及文化组织批准，列入人与生物圈计划"中国温带荒漠区博格达峰北麓生物圈保护区"；1994年12月31日，经国家林业部批准建立国家森林公园；2004年被列入全国湿地保护区名录；2007年1月被国家旅游局评定为AAAAA级风景旅游区；2006年1月，昌吉州党委、州政府决定天池管委会和天池自然保护区管理局整合，成立了新疆天池管理委员会，制定了《天山天池风景名胜区管理条例》，扩大了对天山天池保护和管理的责任范围。

2）当地乡规民约保护

游牧民族在日常生活中形成了保护自然的民间群体约定，对保护环境起到了非常重要的作用，如"草皮不可挖，花草不可踩；青草不可拔，枯草不可烧；活树不可砍，采果不可折；母兽不可猎，幼崽不可杀；脏水不入溪，垃圾必须埋"等乡规民约，已成为他们共同制定、共同遵守的一种原始的民间法规。

3）原住居民自然保护传统

当地原住游牧民族的风俗文化、宗教信仰均尊重自然，保护山地森林、草原、湖泊和水源，视自然为不可冒犯的神灵，为确保自身生存，更加珍惜自然、保护环境。如通过游牧转场生活方式防止草场过度使用和草原退化，转场时扎毡房的地方清理干净并恢复原状；认为水是万物生长的源泉，水里有神灵，水源不能污染，禁忌在河水、湖水里洗手、洗衣服等一切污染水的活动，这些都是民间原始环保意识的体现。

系列遗产

系列遗产依据

根据《世界遗产操作指南》第137款关于“系列遗产”的定义：

137. 系列遗产应包括几个相关组成部分，并属于

a）同一历史文化群体；

b）具有某一地域特征的同一类型的遗产；

c）同一地质、地形构造，同一生物地理亚区，或同类生态系统；

同时，系列遗产作为一个整体（而不是其中个别部分）必须具有突出的普遍价值。

新疆天山显然符合b)，c)两种情况，因为：

• 新疆天山系列遗产四个片区均位于同一山脉——天山，具有相同的大地构造背景、相似的地质演化过程。

• 都属于同一生物地理省——帕米尔–天山山地生物地理省，并具有显著相似的自然地理特征。

• 遗产的成因具有共同性，在相同的欧亚腹地温带干旱区山地气候条件下，平均达4 000 m的相对高差，提供了充分的垂直分异空间，形成了相似的垂直自然带；同属于温带干旱区荒漠–绿洲–山地生态系统。各遗产地共同组成了新疆天山完整的生态系统。

组成地的选择

天山是由系列山脉构成的巨大山系，山地之间在自然地理、生物特征方面具有显著的差异性，任何单独的区域都难以代表整个天山的独特的自然特征和突出价值。新疆天山系列遗产组成地的选择经历了三年的研究论证和咨询过程，选择标准包括地质地貌、生物生态、自然景观等自然特征的代表性，自然环境的完整性，受人类活动等负面影响的程度、现有保护地位和管理状况等。

新疆天山为一东西向延伸的巨大山脉，所选择的四个组成地（托木尔、喀拉峻–库尔德宁、巴音布鲁克、博格达）在空间分布上分别位于新疆天山的西部、中部和东部，在纬向上反映了天山不同区段的自然特征。同时在经向方面，四个组成地包括了南天山和北天山的主峰区域、中天山生物多样性最丰富的谷地及天山内部最典型的大型山间盆地，反映了新疆天山显著的地理多样性、生物多样性和景观多样性，是新疆天山从南到北、由西向东最具代表性的区域。各组成地相互补充，共同构成了新疆天山的完整图画。

• 托木尔遗产地是天山主峰区和最大的冰川作用中心，是南天山的代表，具有天山南坡最典型的垂直自然带谱，是新疆天山雪峰冰川和红层峡谷自然美景的突出代表，是 Global 200 Ecoregions 111 “中亚山地草原与林地生态区”中的天山山麓干旱草原生态区的最典型代表，是雪豹的中亚分布中心。

• 喀拉峻－库尔德宁遗产地位于新疆天山中部伊犁河谷地带，是中天山的代表。具有新疆天山最丰富的生物多样性，是全球雪岭云杉和中亚野果林的最佳生境区与起源地，是温带干旱区山地综合自然景观美的最突出代表，是 Global 200 Ecoregions 111 “中亚山地草原与林地生态区”中的天山针叶林和天山山地草原草甸最典型代表。

• 巴音布鲁克遗产地是天山大型山间盆地的典型代表，是温带干旱区高寒湿地生态系统的典型代表，是天山河曲沼泽景观美的最典型代表。

• 博格达遗产地是北天山主峰区，是北天山的代表。具有天山北坡最典型的垂直自然带谱，是全球温带干旱区山地垂直自然带的最典型代表，是新疆天山高山湖泊景观美的典型代表。

此外，新疆维吾尔自治区制定了涵盖四个组成地的《新疆天山遗产地保护管理规划》(2010)，颁布了《新疆维吾尔自治区天山自然遗产地保护条例》(2011)，建立了统一的管理机构，进一步加强了新疆天山遗产地的法律保护地位和有效管理。

3.1 托木尔

表 3-1　托木尔遗产地主要特征

地区	温宿县，新疆维吾尔自治区
中心地理坐标	41° 58'06"N　80° 21'15"E
遗产地面积	344 828 hm^2
缓冲区面积	280 120 hm^2

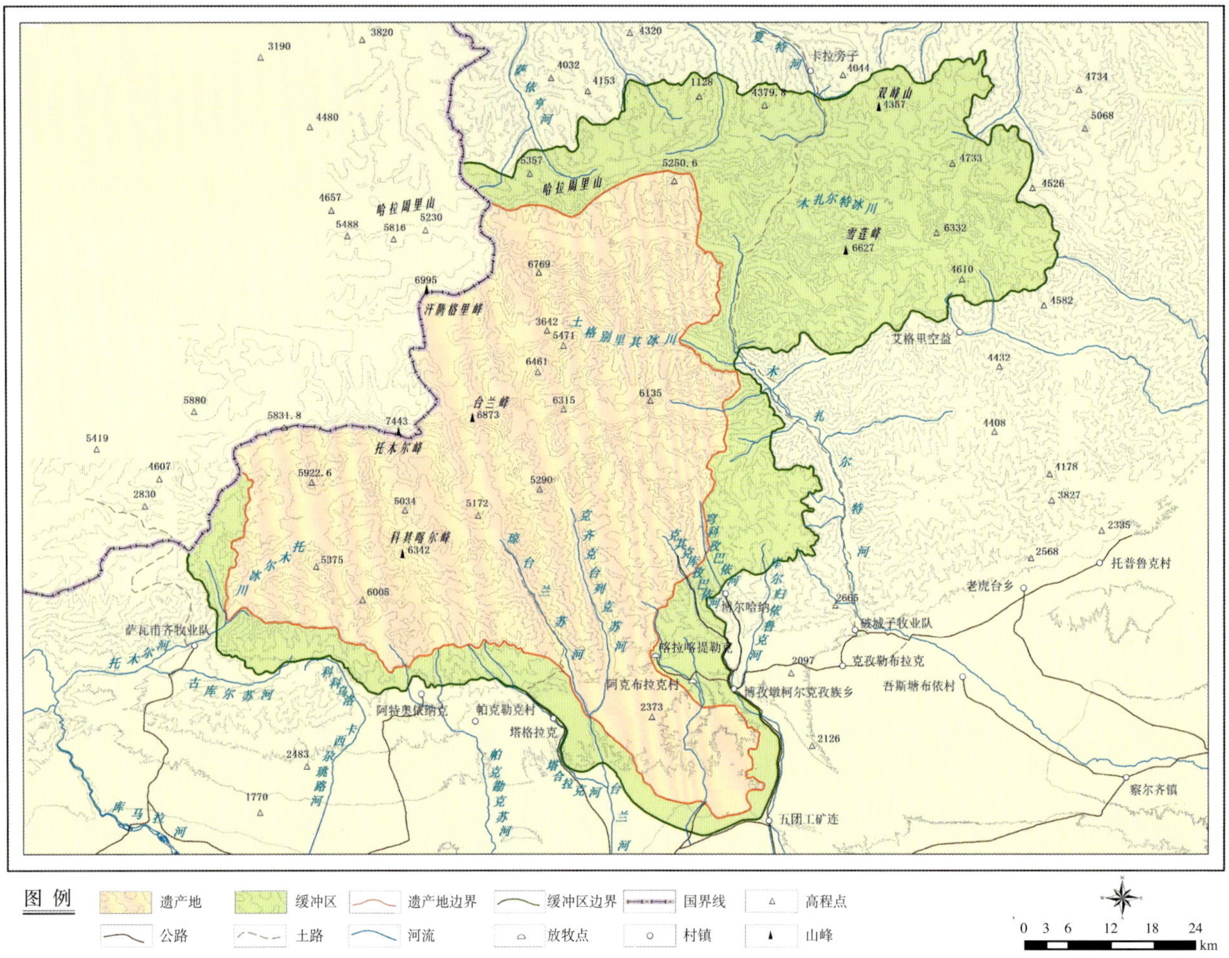

图 3-1　托木尔遗产地位置图

3.1.1　自然地理

1）地理位置及地形地势

托木尔遗产地位于新疆天山的西部，地处南天山，总体地势北高南低，最高海拔 7 443 m，最低点 1 450 m，相对高差 5 993 m。遗产地北部山势高峻，分布有三条东西走向的山脉，由南向北依次为托木尔山、汗腾格里山和哈拉周里哈山。现代冰川遍布，角峰、刃脊、冰斗和槽谷随处可见，冰碛地形极为发育。遗产地南部中低山带受流水侵蚀切割，峡谷地形较为常见，山前丘陵地带则形成了各种独特的红层景观。

2）气候

托木尔遗产地属温带大陆性气候，受地形影响显著，气温和降水等气候因素不仅随海拔而变化，而且南北坡水热条件差异十分明显，南坡和山前地带分属于暖温带半干旱和干旱地区，北坡属于温带半湿润地区。北坡海拔 3 700 m 以上常年积雪，最冷月（1 月）平均气温低于 –24 ℃，最热月（7 月）平均气温低于 0 ℃；山麓地带最冷月（1 月）平均气温低于 –12 ℃，最热月（7 月）平均气温高于 14 ℃。南坡海拔 4 200 m 以上常年积雪，最冷月（1 月）平均气温低于 –23 ℃，最热月（7 月）平均气温低于 2 ℃；山麓地带最冷月（1 月）平均气温为 –17~–14 ℃，最热月（7 月）平均气温为 15~22 ℃。

托木尔遗产地处在天山最大降水中心区，降水集中在夏季和冬季，北坡降水量显著高于南坡。北坡中山带年降水量约 500~600 mm；海拔 4 000~5 000 m 的高山带的年降水量为 800~1 000 mm，托木尔峰和汗腾格里峰附近 900 mm 左右，迎风坡高达 1 000 mm 以上。南坡前山地带受塔里木荒漠气候影响较大，年降水量不足 100 mm，随海拔的增加，荒漠气候影响逐渐减弱，在海拔 2 400~2 900 m 和 4 200 m 以上存在两个较大的降水带，年降水量在 700 mm 以上，局部地区年降水量可达 1 000 mm 左右。

3）水文

托木尔遗产地河流均以冰雪融水补给为主，达 59%，地下水补给达 22%，季节性积雪融水和雨水补给占 19%。河流来水与气温关系密切，汛期水量集中，6~9 月径流量占全年 80%，3~5 月占全年 10%。受地质构造和地形的影响，河床比降大，水流湍急。北坡属于伊犁河流域，河流主要有卡因特木札尔特河和北木扎尔特河。南坡属于塔里木河流域，发育有 5 条较大的近南北向河流，由西向东依次为库马里克河、阿特依纳克河、台兰河、喀拉玉尔滚河和南木札尔特河。

4）土壤

托木尔遗产地的土壤类型、性状及土壤的垂直带结构等方面在天山土壤中均具有代表性，土壤垂直带谱随基带生物气候的不同，自上而下呈规律性变化，依次为山地棕漠土带（1 450~1 900 m）、山地棕钙土带（1 900~2 200 m）、山地栗钙土带（2 200~2 600 m）、亚高山草甸土带（2 600~2 900 m）、高山草甸土带（2 900~3 600 m）、高山原始土带（3 600~4 250 m），向上直至积雪带。

3.1.2　地质构造

1）构造背景

托木尔遗产地位于天山褶皱带中，在大地构造上属南天山褶皱带的哈里克套复背斜的西段。北边与北天山褶皱带毗连，南部与塔里木地台相邻。托木尔峰主体为一复背斜构造，背斜核部位于汗腾格里山，褶皱轴为东西走向。断裂以东西向逆断层为主，规模较大，其中图拉苏达坂－长吾子沟深断裂，呈北东－东向延伸，是那拉提断裂的西端。

2）地层岩性

遗产地及其周边地区出露的地层主要有古生代志留系、泥盆系、石炭系、二叠系，中生代三叠系、侏罗系，以及新生代古近系、新近系和第四系的组群。其中，以志留纪变质岩、火山岩为主，岩性为大理岩化灰岩、硅灰岩、大理岩并夹云母片岩、绿泥片岩、流纹板岩和石英板岩等，岩性坚硬，形成突起的高大山结，受冰川、寒冻剥蚀与流水侵蚀切割，地貌上表现为冰雪覆盖的高山带与峡谷、古冰川遗迹组成的中山带。中新生代沉积地层分布在山地南、北两坡，为河流、湖泊相砾岩层，夹砂岩、粉砂岩，以及紫红色砂岩、粉砂岩等，构成红层峡谷与低山丘陵地貌景观。

3.1.3 地貌特征

托木尔遗产地地貌垂直带十分明显，从山顶到山麓涵盖了12种地貌类型：冰川积雪覆盖的高山和极高山、高山、中山、低山、丘陵、冰碛平原、冰水平原、山前洪积倾斜平原、山前洪积－冲积扇倾斜平原、河流冲积平原、沼泽平原和风沙地貌。其地貌特征为：

（1）地貌形态受地质构造控制。托木尔峰地区为一巨大的复背斜，托木尔峰-汗腾格里峰为其轴部，向外呈逐级降低的夷平面，组成托木尔峰区域的大地构架。

（2）发育了规模巨大的现代冰川。托木尔-汗腾格里山汇是天山最大现代冰川发育中心，有冰川670条，冰川面积2 706 km^2，冰川储量474 km^3，是世界著名的仅次于珠穆朗玛峰、乔格里峰的世界第三大山岳冰川集中分布区。世界上中纬度地带共15条面积超过300 km^2的特大型冰川，其中有3条分布在该区域，托木尔冰川和土格别里奇冰川两个超大型冰川。受大地构造格局控制，遗产地树枝状山谷冰川地貌和平顶冰川地貌具有全球代表性。

（3）拥有完整的古冰川遗迹地貌类型。该区域第四纪冰川曾伸展到山麓地带，比现在长数十至百余千米，表现为明显而典型的冰川槽谷、最大规模的终碛垄和侧碛堤、巨大的冰川漂砾。

（4）中山带受断裂构造和流水切割作用，广泛发育峡谷地貌。南坡低山丘陵地带红层地貌广泛分布。在古近纪和新近纪，山前凹陷盆地堆积了巨厚的新生代湖泊河流相红色沉积，受新构造运动的强烈作用，以及流水外营力的作用，形成规模宏大的陡崖峭壁和佛塔宫殿式红层地貌景观。

（5）高山区雪崩地貌广泛发育。雪崩是托木尔峰区域高寒山区的重要外营力，参与了地表的剥蚀、搬运和堆积等地貌塑造过程。

（6）洪积、冲积扇十分发育。托木尔峰山麓地带和谷地两侧，分布由大小洪积、冲积扇彼此相连而成宽广的山麓洪积、冲积平原，局部可见4~5级阶地。

图 3-2　托木尔峰南坡

图 3-3　托木尔峰北坡

图 3-4 红层石柱

3.1.4 生物生态

1）植物

● 植物区系特征

托木尔遗产地植物区系是典型的中亚西部山地成分，托木尔峰南北坡主体均属泛北植物区，欧亚森林植物亚区和天山地区。该区域共有野生维管束植物 397 属 1 218 种，植物种数相对贫乏，但多样性相对丰富。其中被子植物有 388 属 1 202 种，占该地区维管束植物种数的 98.69%，处于绝对优势地位。植物区系成分中，温带分布的属包括北温带分布、旧世界温带分布、亚洲温带分布三大类型，共 319 个属，占本地区属总数的 82.2%，占绝对优势。该地区植物物种与地中海、中亚、西亚交流相对较多，与东亚和北美洲交流很少。

● 植被类型

根据《中国植被》的分类方法，托木尔遗产地的自然植被可分为 8 个植被型、14 个植被亚型和 27 个群系。分布面积较大的代表性植被类型有高山垫状植被、高山草甸、亚高山草甸、草甸草原、真草原、荒漠草原和灌木荒漠（图 3-5）。

高山垫状植被以垫状植被和高寒荒漠为主，面积最大，是这一区域的主要植被类型，如二花委陵菜群系（Form. *Potentilla biflora*）。

高山草甸则由嵩草、薹草及毛茛科、景天科、报春花科和龙胆科等杂类草甸组成（Form. *Kobresia* spp.，*Carex* spp.，*varii herbae*）。

亚高山草甸常常与针叶林交错分布，由典型的中生高禾草或高杂类草组成植物群落，属于山地（中山）杂类草草甸（Form. *varii herbae*）群系。

草甸草原主要处于真草原和亚高山草甸之间，有时直接和森林交错分布，但均不形成连续的带。主要的建群植物为真旱生和中旱生针茅类禾草，群落中常混生有杂类草和走茎禾草。

真草原主要由针茅群系（Form. *Stipa capillata*）、羊茅群系（Form. *Festuca ovina*）和西北针茅群系（Form. *Stipa krylovii*）组成。

荒漠草原属于最旱生的草原，以其中混入旱生丛生禾草类种类为特征，如戈壁针茅（*Stipa gobica*）、沙生针茅（*Stipa plareosa*）和勃氏麻黄（*Ephedra przewalskii*）等。

灌木荒漠以典型的旱生灌木和半灌木为主，如霸王（*Sarcozygium xanthoxylon*）、琵琶柴（*Reaumuria soongorica*）、泡果白刺（*Nitraria sphaerocarpa*）、无叶假木贼（*Anabasis aphylla*）、勃氏麻黄、盐爪爪（*Kalidium foliatum*）和合头草（*Sympegma regelii*）等。

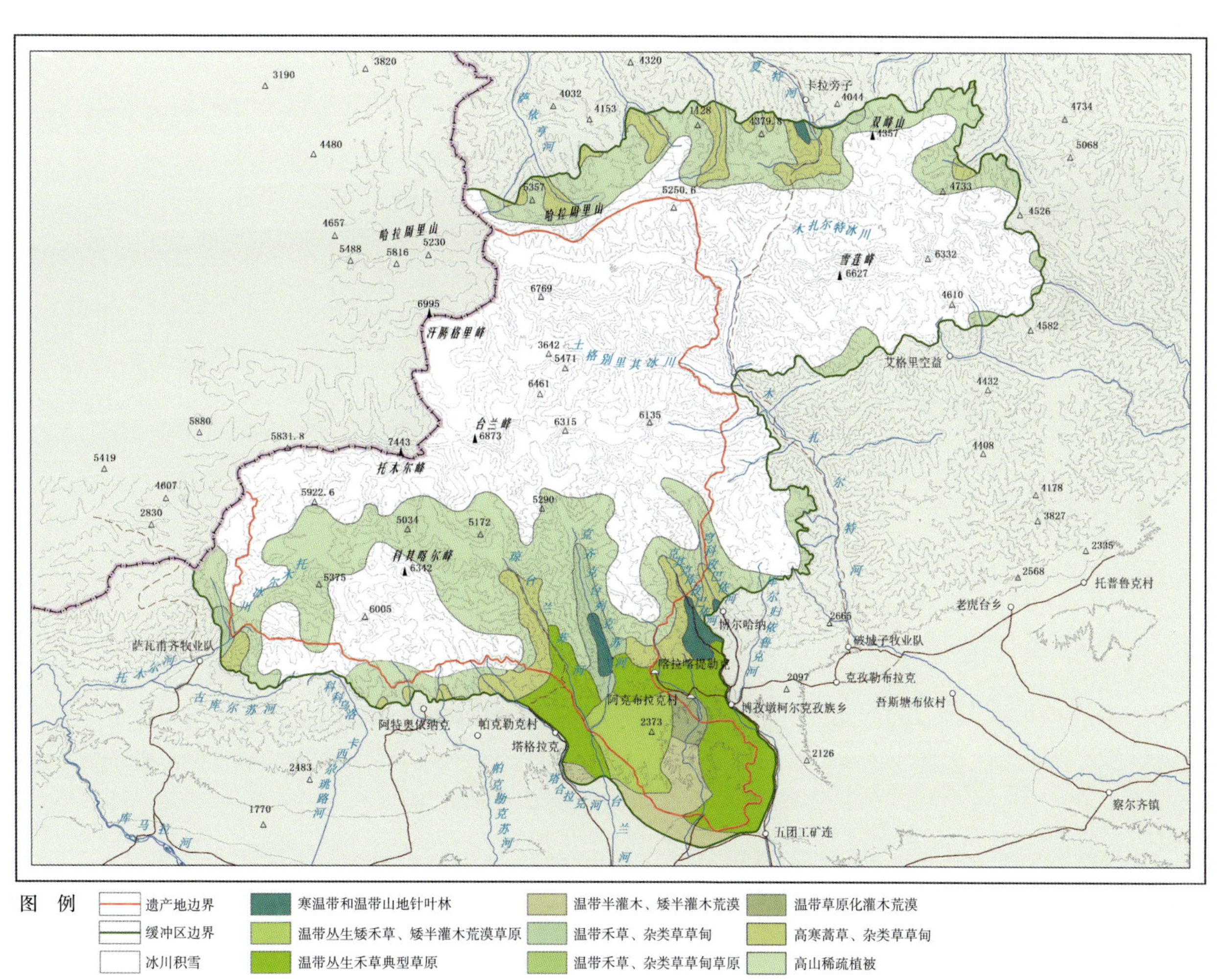

图 3-5　托木尔遗产地植被类型示意图

● 垂直自然带

托木尔遗产地在 70 km 的水平距离内，海拔从 1 450 m 升至 7 443 m，在南坡发育了完整的 7 条垂直自然带（图 3-6）：暖温带荒漠带（1 450 ～ 1 900 m）、温带荒漠草原带（1 900 ～ 2 200 m）、山地草原带（2 200 ～ 2 600 m）、亚高山草甸带（2 600 ～ 2 900 m）、高山草甸带（2 900 ～ 3 600 m）、高山垫状植被带（3 600 ～ 4 250 m）和冰雪带（4 250 ～ 7 443 m），成为新疆天山南坡垂直自然带的最典型代表。

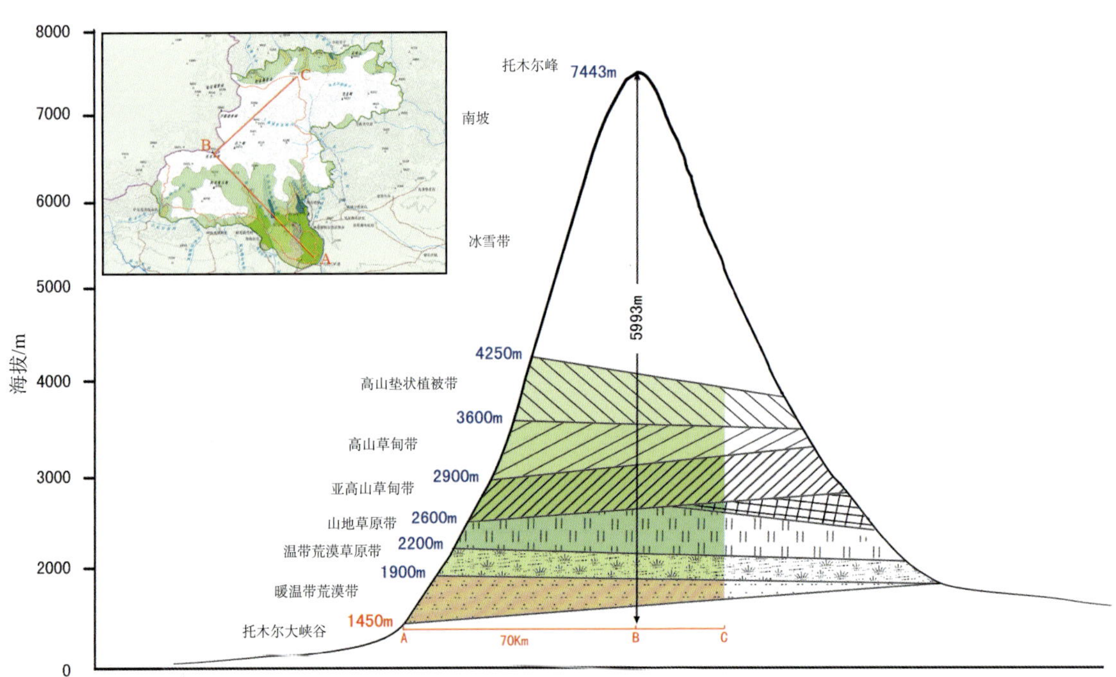

图 3-6　托木尔遗产地垂直自然带谱

● 植物物种

经初步统计，托木尔遗产地共有维管束植物 78 科 397 属 1 218 种（表 3-2）。

表 3-2　托木尔遗产地维管束植物统计

门类	科数	属数	种数	占总种数的百分比 / %
蕨类植物	5	6	9	0.74
裸子植物	3	3	7	0.57
被子植物	70	388	1 202	98.69
总计	78	397	1 218	100

● 珍稀濒危物种、特有种

托木尔遗产地维管束植物中，IUCN 物种红色名录（2010）收录有帕米尔红景天（*Rhodiola pamiro-alaica*）、新疆郁金香（*Tulipa sinkiangensis*）等 3 种物种。《濒危野生动植物种国际贸易公约》CITES 附录Ⅰ、附录Ⅱ、附录Ⅲ（2010）收录有紫点叶红门兰（*Orchis cruenta*）、宽叶红门兰（*Orchis latifolia*）等 10 种物种。新疆维吾尔自治区保护Ⅰ级、Ⅱ级共收录 28 种，此外托木尔遗产地共有塔里木沙拐枣（*Calligonum roborovskii*）、河西菊（*Hexinia polydichotoma*）、小果齿缘草（*Eritrichium sinomicrocarpum*）、青河糙苏（*Phlomis chinghoensis*）等 26 种天山特有植物物种，还有欧洲山杨（*Populus tremula*）、石刁柏（*Asparagus officinalis*）等残遗种。

图 3-7　帕米尔红景天（*Rhodiola pamiro-alaic*）

图 3-8　新疆郁金香（*Tulipa sinkiangensis*）

图 3-9　紫点叶红门兰（*Orchis cruenta*）

图 3-10　宽叶红门兰（*Orchis latifolia*）

图 3-11　塔里木沙拐枣（*Calligonum roborovskii*）

图 3-12　河西菊（*Hexinia polydichotoma*）

图 3-13　小果齿缘草（*Eritrichium sinomicrocarpum*）

图 3-14　欧洲山杨（*Populus tremula*）

图 3-15　青河糙苏（*Phlomis chinghoensis*）

图 3-16　石刁柏（*Asparagus officinalis*）

2）动物

● 动物区系特征

托木尔遗产地陆生脊椎动物区系以北方广布型、古北型、中亚型、全北型和高地型为主，且呈均匀分布格局，缺乏东北型和东洋型，总体上反映出遗产地动物区系的古老性和野生动物物种的多样性。

● 动物物种

根据实地考察和数据整理，托木尔遗产地共有野生脊椎动物 136 种，以鸟类和哺乳类为主（表 3-3）。

表 3-3 托木尔遗产地野生脊椎动物统计

门类	目数	科数	种数	占种数的百分比 / %
鱼类	2	3	13	9.56
两栖类	1	2	3	2.21
爬行类	1	3	7	5.15
鸟类	10	24	76	55.88
哺乳类	6	15	37	27.21
合计	20	47	136	100

图 3-17 暗腹雪鸡（*Tetraogallus himalayensis*）

图 3-18 猎隼（*Falco cherrug*）

● 珍稀濒危物种、特有种

托木尔遗产地是一些珍稀濒危野生动物物种，尤其是喜寒型和耐寒型特殊野生动物物种的集中自然分布和栖息繁衍地，其中IUCN物种红色名录（2010）收录动物物种87种，如雪豹（*Panthera uncia*）、猎隼（*Falco cherrug*）、暗腹雪鸡（*Tetraogallus himalayensis*）、狼（*Canis lupus*）等。《濒危野生动植物种国际贸易公约》CITES（2010）附录Ⅰ收录2种，附录Ⅱ收录2种。《中国物种红色名录》CNRD（2004）收录22种，《国家重点保护野生动物名录（第一批）》（1988）的Ⅰ级收录4种，Ⅱ级收录16种，另外还有6种天山特有动物物种。托木尔遗产地动物中，金雕、秃鹫、兀鹫、胡兀鹫、高山雪鸡、棕熊、猞猁、雪豹、盘羊和北山羊等为最典型的高山裸岩和冰川积雪带动物物种。

图3-19 新疆岩蜥（*Laudakia stoliczkana*）

图3-20 狼（*Canis lupus*）

图 3-26　彩带红层褶皱

峰等类型，形状有城堡状、群鸟状、宫殿罗马柱状、帆船状、以及各种动物和人物造型，惟妙惟肖，精美绝伦，是天山南北两侧褶皱及断裂构造带中规模最大、美学价值最高的红层峡谷地貌，是天山峡谷风光的典型代表。

3.1.6　在新疆天山系列遗产中的价值

（1）托木尔遗产地是天山主峰所在区，是托木尔峰、汗腾格里峰、台兰峰、雪莲峰等交汇成的巨大山结，雄踞于整个天山之上，是整个天山的代表和象征。

（2）托木尔遗产地是天山最大现代冰川发育中心，是世界著名的山岳冰川分布区之一，也是全球超大型山岳冰川的集中分布区之一。

（3）托木尔遗产地是天山南坡垂直自然带的最典型代表。

（4）托木尔遗产地是 Global 200 Ecoregions 111 “中亚山地草原与林地生态区”中的天山山麓干旱草原生态区的最典型代表。

（5）托木尔遗产地是天山壮美的冰川雪峰、红层峡谷和荒漠景观的完美组合，具有无与伦比的美学价值。

（6）托木尔遗产地是世界上雪豹重要的天然栖息地之一和中亚分布中心。

图 3-27　万山之城

图 3-28　宫殿断崖

图 3-29　古城残堡

图 3-30　一枝独秀

图 3-31　断崖峭壁

3.2 喀拉峻-库尔德宁

表 3-4 喀拉峻 - 库尔德宁遗产地主要特征

省市	巩留县、特克斯县，新疆维吾尔自治区
中心地理坐标	43° 00'05"N　82° 38'08"E
遗产地面积	113 818 hm^2
缓冲区面积	89 346 hm^2

3.2.1 自然地理

1）地理位置及地形地势

喀拉峻 – 库尔德宁遗产地位于新疆天山的中部，地处中天山，总体地势南高北低。其中喀拉峻海拔在 1 820~3 910m，最大相对高差达 2 090m。北部地势较为平缓，南部分布有被河流切割形成的巨大峡谷。喀拉峻山东西绵延，山峦跌宕起伏，山顶是浑然一体的高台地貌，被近南北向河谷深切。库尔德宁坐落在那拉提山北坡的恰普克谷地，由东西走向的那拉提山与近南北向的塔许巴山相交构成，谷地西面开阔地势低，东面狭窄地势高。海拔在 1 600~3 830 m，最大相对高差达 2 230 m，区内有三条南北平行走向的主要沟系，即乌勒肯库尔德宁、沙特布拉克和协天德。

2）气候

喀拉峻 – 库尔德宁遗产地位于伊犁谷地，属温带大陆性半湿润气候，温凉湿润，春迟秋早，终年无夏，冬季相对温暖。年平均气温 5~7 ℃，1 月份平均气温 –8 ℃，7 月份平均气温 18 ℃。年平均蒸发量为 1 100~1 200 mm，年平均相对湿度 70%，气候干燥度小于 4，无霜期 120 天。降水比较丰富，年降水量 600~800 mm，是天山“湿岛”中最大的降水中心；山区积雪较厚，一般可达 70~90 cm。

3）水文

喀拉峻 – 库尔德宁遗产地隶属于伊犁河流域，遗产地内主要河流有大吉尔尕郎河、小吉尔尕郎河、科克苏河和库尔代河，全部汇入伊犁河的最大支

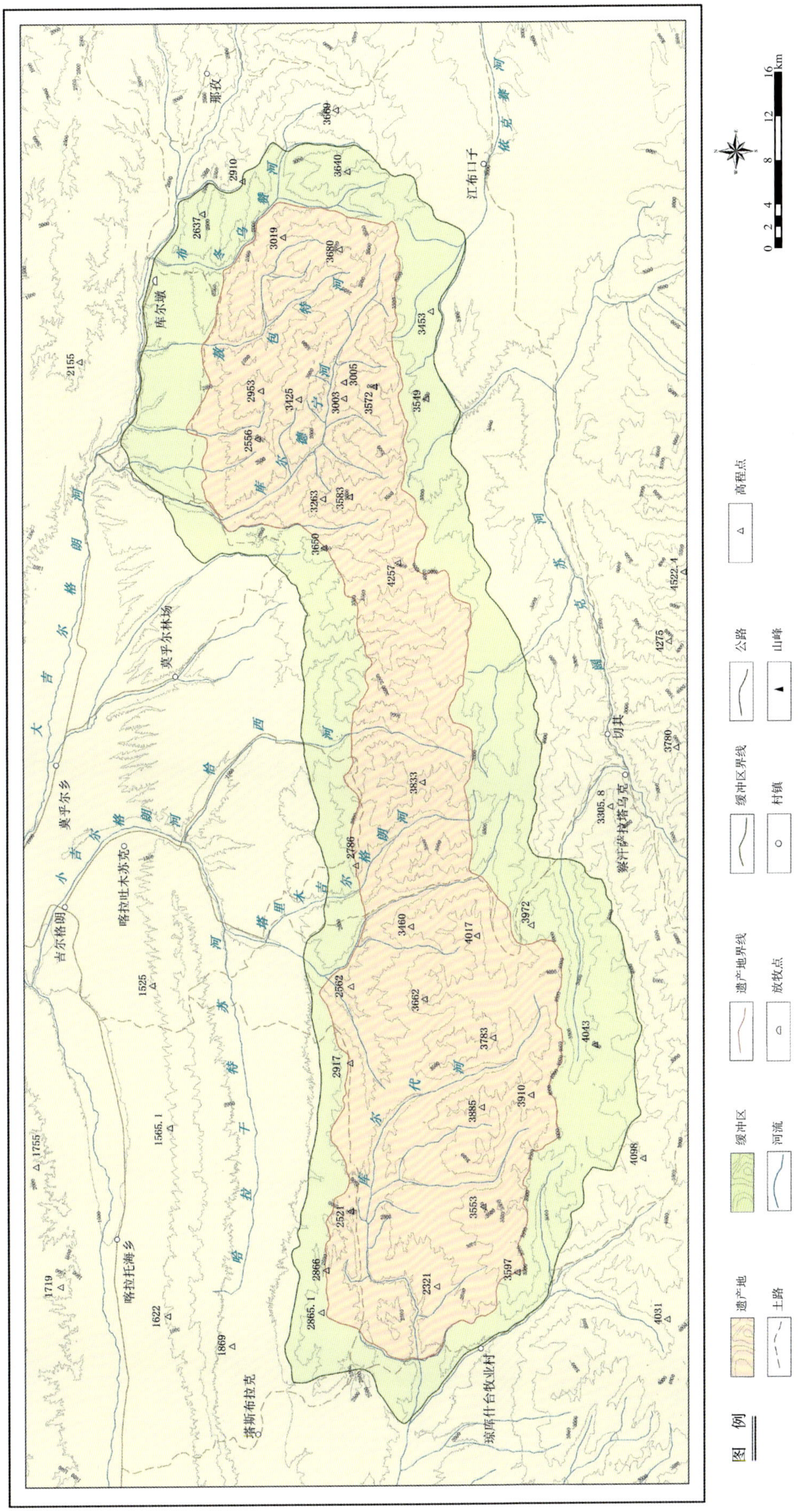

图例

遗产地 缓冲区 遗产地界线 缓冲区界线 公路 高程点

土路 河流 放牧点 村镇 山峰

0 2 4 8 12 16 km

图 3-32 喀拉峻–库尔德宁遗产地位置图

图 3-33 喀拉峻夷平面

流——特克斯河。以降水及季节性积雪融水补给为主，占全年 45%，地下水补给占 31%，冰雪融水占 24%。降水主要集中在夏季，径流量占全年的 55%，春季径流量占全年 37%，冬季占全年 8%。自东向西分布的主要支流有尔博图、库尔德宁、大小莫合尔、恰西、塔里木吉尔尕郎及青布拉克，众多支流加上零星分布的泉水、溪流等组成庞大的水系网。

4）土壤

喀拉峻 – 库尔德宁遗产地有着完整的山地垂直自然带谱，土壤类型随着海拔的变化呈有规律的带状分布。海拔从高到低分布有高山草甸土（2 800~3 500 m）、亚高山草甸土（1 800~2 800 m）、山地灰褐色森林土（1 500~2 600 m）、山地黑钙土（1 400~1 800 m）、山地栗钙土 5 个类型。以山地淋溶灰褐色森林土、高山草甸土、亚高山草甸土和山地灰褐色森林土为主。土壤表层绝大部分为中性偏酸，腐殖质积累过程明显，土壤有机质含量高，表层土壤富含氮、磷、钾等元素。

3.2.2 地质构造

1）构造背景

喀拉峻 – 库尔德宁遗产地位于西天山褶皱带东端与南天山褶皱带中段，

由一系列背斜和复向斜以及隆起与断陷共同构成，包括特克斯凹陷带、那拉提隆起带等。遗产地内断裂构造相当发育，主要断裂为那拉提山脊深断裂、那拉提山北麓深断裂和特克斯河峡谷深断裂。

2）地层岩性

出露最古老的地层是元古代的地层，分布在恰西至吉尔尕朗一带，以千枚岩、片岩、大理岩化灰岩为代表。古生代志留系、石炭系和新生代古近系及第四系广泛分布于遗产地。

3.2.3 地貌特征

喀拉峻－库尔德宁遗产地地处比依克－那拉提山北麓，由绵延近百公里的山地北坡组成，是天山山系二、三级夷平面分布最典型地区。最高峰喀班巴依峰位于遗产地南界，海拔 4 257 m。山体近东西走向，平均海拔 3 000 m。山顶处于亚高山带，多平坦浑圆，二级夷平面分布广且保存较好。中生代地层覆盖于古生界之上，形成起伏和缓的地形，下伏古生界，三级夷平面发育。

3.2.4 生物生态

喀拉峻－库尔德宁遗产地位于向西开口伊犁谷地，气候温暖湿润。遗产地库尔德宁是天山降水量最丰沛的地区。独特的自然生态和地理环境，为野生动植物创造了适宜的生存条件，成为许多古老残遗物种的避难所，生物资源和特有种丰富，是天山生物多样性的关键区域。

喀拉峻－库尔德宁遗产地库尔德宁分布着高大密集的雪岭云杉（*Picea schrenkiana*）原始森林，是天山雪岭云杉集中分布区与起源地。雪岭云杉是第三纪古老树种，全世界仅分布在天山北坡，是天山特有种，有着 4 000 万年的演化历史，是现代天山形成和生物演化历史的活化石。

喀拉峻－库尔德宁遗产地海拔 1 450 m 左右的河谷山地中，分布着大面积野果林，有众多第三纪残遗物种，集中保存着苹果、核桃、杏和李等世界广泛栽培果树的野生近缘种，也是濒临灭绝的野生欧洲李在世界上唯一的起源地和分布区。

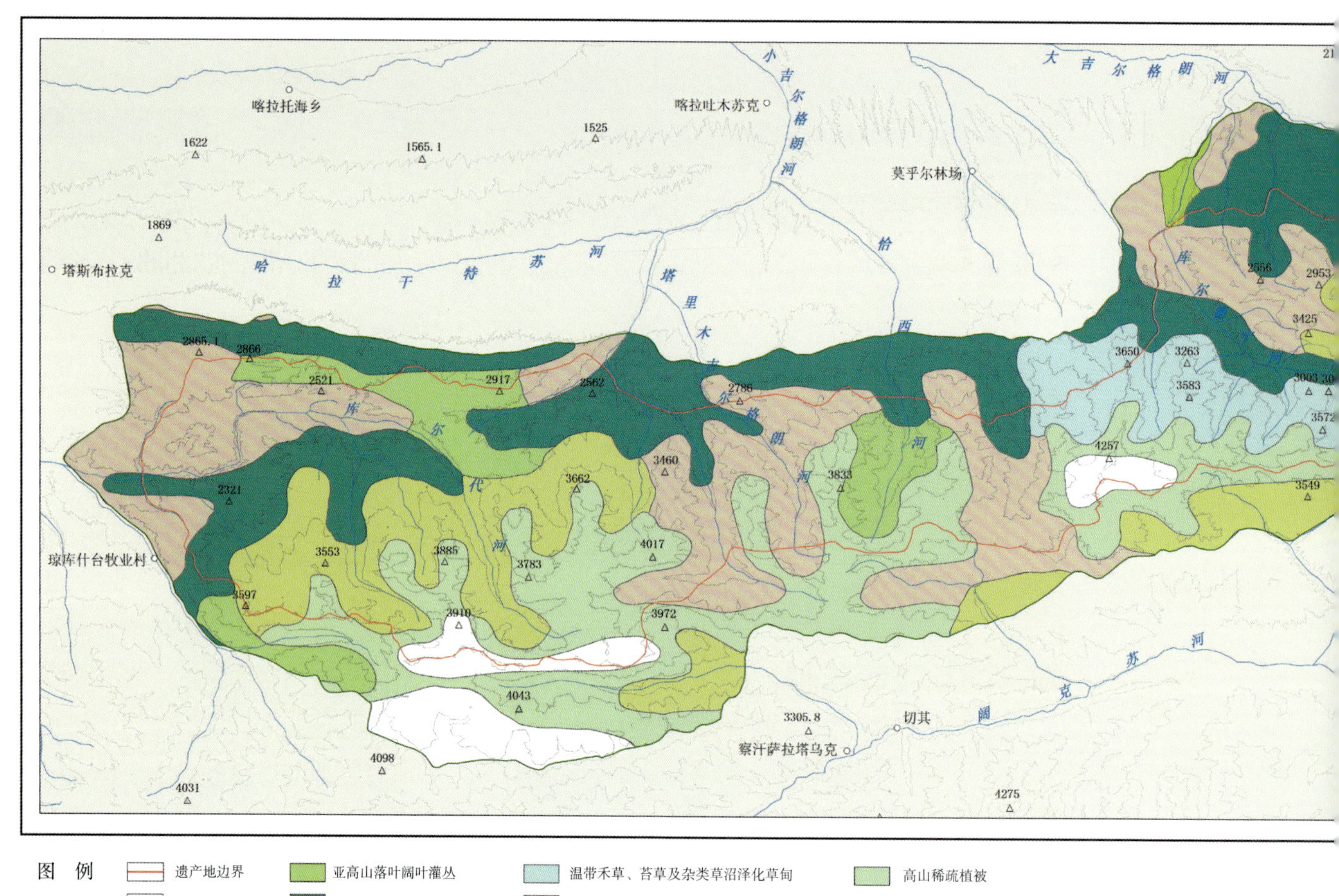

图 3-34 喀拉峻–库尔德宁遗产地植被类型示意图

1）植物

● 植物区系特征

喀拉峻–库尔德宁遗产地地处亚欧大陆腹地，多种植物区系在这里交汇。自然环境几经变迁，给各个植物区系的接触、混合、特化提供了有利条件，因而过渡性明显，是多种植物的集中分布区。据初步调查，喀拉峻–库尔德宁遗产地共有维管束植物 92 科 467 属 1 594 种，植物种数相对贫乏，但多样性相对丰富。其中被子植物有 1 558 种，占该地区维管束植物种数的 97.74%，处于绝对优势地位。温带属性是喀拉峻–库尔德宁遗产地植物区系的基本特点，其中，北温带分布及其变型是最多的，有 185 属，其次为旧世界温带分布及其变型，有 79 属，再次为地中海区、西亚至中亚分布及其变型，有 61 属。喀拉峻–库尔德宁遗产地植物物种与地中海、中亚、西亚交流相对较多，与东亚和北美洲交流很少。该区没有中国特有分布属，但有特有种分布。

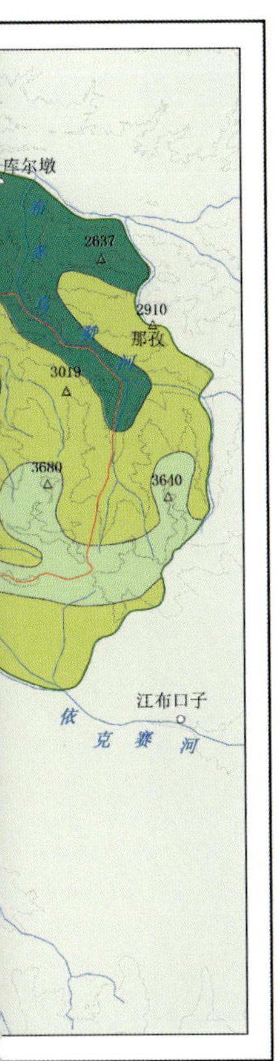

图 3-35　喀拉峻亚高山草甸

● 植被类型

根据《中国植被》的分类方法，喀拉峻－库尔德宁遗产地自然植被有8个植被型、17个植被亚型和39个群系。代表性植被类型有高山垫状植被、高寒草甸、亚高山草甸、山地常绿针叶林、山地落叶阔叶林、旱生常绿针叶灌丛和山地真草原等（图 3-34）。

高寒草甸由高山杂类草草甸（Form. *varii herbae*）、薹草、禾草及杂类草草甸（Form. *Carex* spp.，*Poa* spp.，*varii herbae*）和嵩草及杂类草草甸（Form. *Kobresia* spp.，*varii herbae*）构成，是这一区域面积较大的植被类型。

山地草甸植被发育良好，从低山区到高山区均有草甸分布。喀拉峻片区为天山山地草甸的主要代表。

由雪岭云杉群系（Form. *Picea schrenkiana*）组成的温带山地常绿针叶纯林占据了这一区域 1 500~1 600 m 中山带的阴坡，成为中亚山地植被垂直带结构中的独特景观带。林带内外分布着山地落叶阔叶林天山桦群系（Form.

图 3-36　库尔德宁针阔混交林

图 3-37　库尔德宁野苹果林

Betula tianschanica）和欧洲山杨群系（Form. *Populus tremula*）。由密叶杨群系（Form. *Populus densa*）在河谷河漫滩内构成河谷落叶阔叶林。

由新疆野苹果、野杏和野胡桃群系（Form. *Malus sieversii*、*Armenica vulgris*、*Juglans regia*）所构成的中亚山地野果林，构成了落叶阔叶林中最有景观和科学价值的组成部分。

常绿针叶灌丛主要由欧亚圆柏（Form. *Juniperus sabina*）群系和新疆方枝柏（Form. *Juniperus pceudosabina*）群系构成。

山地真草原以针茅（*Stipa* spp.）和羊茅（*Festuca* spp.）为主要建群种和优势种，分布带较狭窄。

山地（中山）草甸与常绿针叶林及高山植被交错分布，由禾草及杂类草草甸（Form. *Festuca* spp.，*varii herbae*）及高草杂类草草甸（Form. *varii herbae*）构成，分布面积最大。

高山植被主要以垫状植被簇生囊种草群系（Form. *Thylacospermum caespitosum*）为主，也是这一区域的主要植被类型之一。多成片状与高寒草甸及山地（中山）草甸混合分布于 2 800~3 600 m 的山地森林线以上至雪线附近的砾质陡坡上。

● 植被分布规律

喀拉峻 – 库尔德宁遗产地地形复杂，土壤类型多样，气候垂直差异明显，植物种类繁多，植被类型丰富，从低山到高山，呈现不同的植被分布格局和规律，形成了典型的中亚山地植被垂直带谱，但同时又具有一定的独特性，表现为：

图 3-38　喀拉峻森林草原

——野果林构成独立的山地落叶阔叶林垂直带，在山地景观中据有显域植被地位，使山地植被表现出海洋性山地植被垂直带谱的特征，是喀拉峻－库尔德宁遗产地山地植被垂直带结构的一个显著特色。

——山地草甸植被较为发育，从低山区到高山区均有草甸分布。

——山地草原带较狭窄，荒漠草原被由蒿类植物为建群种的草原化荒漠所取代。

● 植物物种

初步统计，喀拉峻－库尔德宁遗产地有维管束植物 1 594 种，分属 92 科 457 属（表 3-5）。

表 3-5　喀拉峻－库尔德宁遗产地维管束植物统计

门类	科数	属数	种数	占总种数的百分比 / %
蕨类植物	11	14	27	1.69
裸子植物	3	3	9	0.57
被子植物	78	450	1 558	97.74
总计	92	467	1 594	100

● 珍稀濒危物种、特有种

喀拉峻－库尔德宁遗产地维管束植物中，有 12 种列入国际自然保护联盟濒危物种红皮书 IUCN（2010），如胡桃（*Juglans regia*）、野杏（*Armeniaca vulgaris*）、小叶白蜡（*Fraxinus sogdiana*）、天山花楸（*Sorbus tianschanica*）、欧亚圆柏（*Juniperus sabina*）等。有 10 种列入濒危动植物种国际贸易公约保护物种 CITES（2010）附录Ⅱ，如阴生红门兰（*Orchis umbrosa*）、珊瑚兰（*Corallorhiza trifida*）。10 种列入国家重点保护野生植物名录，新疆维吾尔自治区重点保护野生植物名录（第一批）的保护级别Ⅰ级收录 23 种、Ⅱ级收录 6 种。此外，喀拉峻－库尔德宁遗产地还分布有天山山橐吾（*Ligularia tianshanica*）、草原顶冰花（*Gagea stepposa*）等 38 种天山特有植物物种，还有准噶尔山楂（*Crataegus songorica*）、天山槭（*Acer semenovii*）、樱桃李（*Prunus sogdiana*）等残遗种。

2）动物

● 动物区系特征

喀拉峻－库尔德宁遗产地位于植物群落和野生动物区系东西交汇处，加

图 3-39　胡桃（*Juglans regia*）

图 3-40　野杏（*Armeniaca vulgaris*）

图 3-41 欧亚圆柏（*Juniperus sabina*）

图 3-42 天山花楸（*Sorbus tianschanica*）

图 3-43 准噶尔山楂（*Crataegus songorica*）

图 3-44 天山槭（*Acer semenovii*）

图 3-45 小叶白蜡（*Fraxinus sogdiana*）

图 3-46 阴生红门兰（*Orchis umbrosa*）

图 3-47　天山橐吾（*Ligularia tianshanica*）

图 3-48　草原顶冰花（*Gagea stepposa*）

图 3-49　珊瑚兰（*Corallorhiza trifida*）

图 3-50　樱桃李（*Prunus sogdiana*）

上其在干旱区特殊的“湿岛”效应，形成了丰富动物地理区划上属古北界、中亚亚界、天山亚区、北天山山地生物地理省。广布种和中亚型区系成分为主，全北型、高地型和东洋型渗透其中，表明其动物区系具有北方起源的特征（表 3-6）。

表 3-6 喀拉峻－库尔德宁遗产地陆生脊椎动物区系成分分析表

类别	古北型（U）	全北型（C）	东北型（M）	中亚型（D）	高地型（P）	喜拉雅-横断山型（H）	东洋型（W）	广布种（O）
合计	64	33	2	51	9	2	7	55

● 动物物种

喀拉峻－库尔德宁遗产地共有野生脊椎动物 223 种，其中鱼类 21 种，两栖类 5 种，爬行类 15 种，鸟类 123 种，哺乳类 59 种，隶属于 29 目 66 科 156 属，占新疆天山遗产地野生脊椎动物种 40.5%（表 3-7）。

表 3-7 喀拉峻－库尔德宁遗产地野生脊椎动物统计

门类	目数	科数	种数	占种数的百分比 / %
鱼类	3	5	21	9.4
两栖类	2	3	5	2.2
爬行类	3	7	15	6.7
鸟类	15	34	123	55.2
哺乳类	6	17	59	26.5
合计	29	66	223	100

● 珍稀濒危物种

喀拉峻－库尔德宁遗产地属于中国生物多样性关键区域重要组成部分，是多种珍稀濒危动物物种的重要栖息繁衍地，拥有各类珍稀濒危动物 55 种，隶属 14 目 20 科 38 属。其中，IUCN 物种红色名录（2010）收录 144 种，如高山兀鹫（*Gyps himalayensis*）、长耳鸮（*Asio otus*）、大杜鹃（*Cuculus canorus*）、粉红椋鸟（*Sturnus roseus*）、草原旱獭（*Marmota bobak*）、草原蝰（*Vipera ursinii*）、白肩雕（*Aquila heliaca*）、乌雕（*Aquila clanga*）、猎隼（*Falco cherrug*）、蓝胸佛法僧（*Coracias garrulus*）、香鼬（*Mustela altaica*）、虎鼬（*Vormela peregusna*）、水獭（*Lutra lutra*）、雪豹（*Panthera uncia*）、盘羊（*Ovis ammon*）、伊犁鼠兔（*Ochotona iliensis*）等。《濒危野生动植物种国际贸易公约》CITES（2010）附录I收录5种、附录II收录3种，国家重点保护野生动物名录（1988）I级、II级收录50种。《中国生物物种红色名录》（2006）收录48种。喀拉峻–库尔德宁遗产地珍稀濒危野生动物以鹰科（*Accipitridae*、隼科（*Falconidae*）、鸱鸮科（*Strigidae*）、犬科（*Canidae*）、鼬科（*Mustelidae*）、猫科（*Felidae*）、鹿科（*Cervidae*）和牛科（*Bovidae*）等大中型野生食肉鸟兽和草食动物组成，说明该遗产地动物生活型较特殊，食物链组成完整，生态环境具有多样性，物种栖息生存的环境具有较强的选择性，不同种、种群和群落间相互制约与协调，保持着较原始状态的物种均匀分布格局。

● 特有种

喀拉峻–库尔德宁遗产地拥有15种天山特有野生动物，包括鱼类4种、两栖类1种、爬行类3种、哺乳类7种，如伊犁鼠兔（*Ochotona iliensis*），对中国乃至世界野生动物物种遗传基因科学研究和温带干旱区荒漠山地野生动物关键类群系统进化研究具有重要意义。

图 3-51 高山兀鹫（*Gyps himalayensis*）

图 3-52　大白鹭（*Egretta alba*）

图 3-53　苍鹭（*Ardea cinerea*）

图 3-54　长耳鸮（*Asio otus*）

图 3-55　雕鸮（*Bubo bubo*）

图 3-56　大杜鹃（*Cuculus canorus*）

图 3-57　灰鹤（*Grus grus*）和蓑羽鹤（*Anthropoides virgo*）

图 3-58　粉红椋鸟（*Sturnus roseus*）

图 3-59　雪豹（*Panthera uncia*）

图 3-60　草原旱獭（*Marmota bobak*）

3.2.5　自然景观

喀拉峻 – 库尔德宁遗产地拥有天山美学价值最高的景观资源，从高山草甸、亚高山草甸、云杉纯林、云杉阔叶混交林、野果林、低山草甸到山地草原各种生物景观类型丰富多样，景观组合大气秀美。

图 3-61　库尔德宁之晨

图 3-62　河谷林–山地草甸–云杉林

图 3-63　野果林

图 3-64　森林草原

图 3-65　野果林-山地草甸-云海

3.2.6 在新疆天山系列遗产中的价值

（1）喀拉峻－库尔德宁遗产地是新疆天山生物多样性最丰富的区域，是中亚野果林的重要组成部分以及野苹果、野核桃、欧洲李等物种起源地和集中分布区，是全球雪岭云杉的适宜生境区与起源地。

（2）库尔德宁片区是 Global 200 Ecoregions 111“中亚山地草原与林地生态区”中天山针叶林生物区的最典型代表；喀拉峻片区是天山山地草原草甸生物区的最典型代表。

（3）喀拉峻－库尔德宁遗产地拥有天山美学价值最高的生物景观资源。生物多样性、地貌多样性和气候多样性造就了景观美学多样性，使遗产地成为温带干旱区山地综合自然景观美的最突出代表。

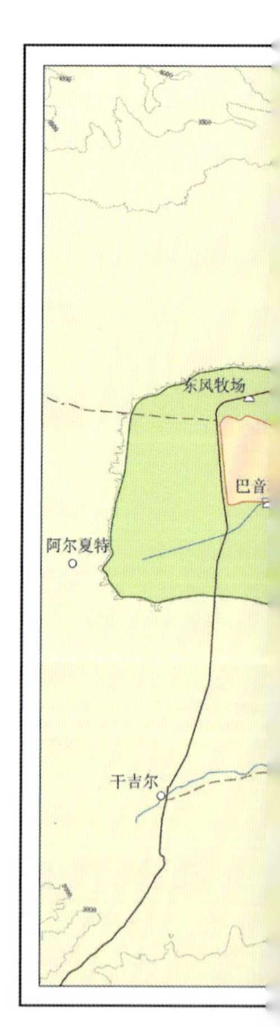

图 例

3.3 巴音布鲁克

表 3-8 巴音布鲁克遗产地主要特征

地区	和静县，新疆维吾尔自治区
中心地理坐标	42°47'53"N 84°09'50"E
遗产地面积	109 448 hm²
缓冲区面积	80 090 hm²

图 3-66 巴音布鲁克遗产地位置

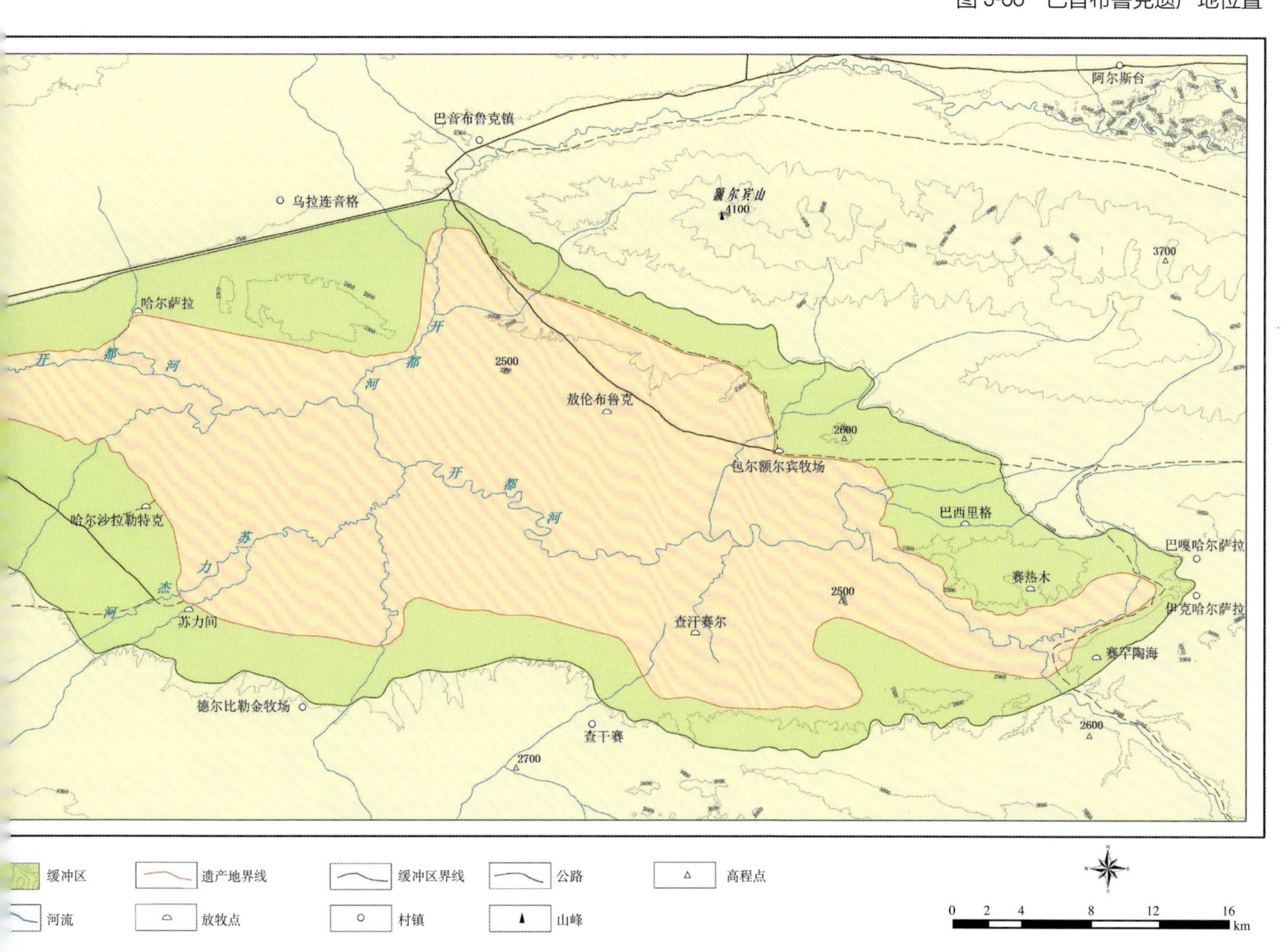

3.3.1 自然地理

1）地理位置及地形地势

巴音布鲁克遗产地位于新疆天山的中部，地处中天山，总体地势较平缓，西部略高，最高海拔 2 600 m，最低点 2 390 m，相对高差 210 m。遗产地位于尤尔都斯盆地底部沼泽地，发源于艾尔宾山的开都河从西向东横穿中部。

2）气候

遗产地四面环山，属温带大陆性干旱气候，夏季凉爽短暂，冬季寒冷漫长，无霜期极短。全年平均气温 – 4.6℃，极端高温 28.3℃，极端低温 – 48.1℃。年平均降水量 276 mm，降雨集中在 6~8 月，占全年 50%~70%；降雪集中于 1~3 月，年平均降雪为 70.5 mm。年蒸发量 1 128 mm，平均相对湿度 69%。

3）水文

遗产地属于开都河流域，为开都河上游汇水区。水源补给以冰雪融水和降雨为主，局部地区有地下水补给，四周雪山形成的无数大小河流汇入开都河中，九曲十八弯的河道沿岸形成了大约 1 000 km^2 的沼泽草地和湖泊。

图 3-67　大尤尔都斯盆地河曲

4）土壤

遗产地发育了以高山盆地沼泽土为主的土壤，由于地貌和水分条件的变化，还发育了其他类型的土壤。高山盆地泥沼泽土，主要分布在泉水溢出带和终年积水处；高山盆地泥碳沼泽土分布在中部沼泽地明水区和河流泛滥区；高山盆地草甸沼泽土分布在与泥炭沼泽土相邻而地势稍高的地段；高山盆地草甸土分布于沼泽与草原的交接带及中部低洼地中；草甸草原土分布在遗产地边缘地带。

3.3.2 地质构造

1）构造背景

遗产地所在的尤尔都斯盆地位于西天山地槽褶皱带东端与南天山地槽褶皱带中段，地质构造上属于山间断陷。三叠纪时开始沉降；白垩纪处于隆起剥蚀阶段；晚第三纪又开始陷落，盆地逐次扩大；第四纪遭受不同冰期的冰川作用，逐渐演变成今天的地貌。

2）地层岩性

基岩由泥盆系及石炭系的石灰岩、泥岩、变质岩及火成岩组成。古生代泥盆系、石炭系地层大量出露，中生代地层零星出露；新生代新近系地层有少量分布，上部为苍棕色、褐黄色山麓河流相碎屑岩，下部为河湖相红色砂质泥岩、

图 3-74　沼泽湿地

图 3-75　天鹅戏水

沿岸的沼泽草地和众多相互串联的高山湖泊湿地，湖水潆回如带、清澈见底，水中生长着大量水生植物，绿草如茵，雪岭冰峰倒映湖中，形成神奇迷离、风光诱人的河曲沼泽自然景观，是新疆天山河曲沼泽景观的集中体现，被评为中国最美六大沼泽湿地之一。

2）野生动物

举世闻名的“天鹅湖”位于遗产地中部，连绵的雪岭，耸入云霄的冰峰，构成了天鹅湖的天然屏障。泉水、溪流和天山雪水汇入湖中，水丰草茂，食料丰足，气候凉爽湿润，非常适宜于多种水鸟尤其是天鹅的繁衍生息。每年 4 月，上万余只天鹅、小天鹅、疣鼻天鹅和雁鸥等珍禽鸟类，从印度和非洲南部起程，飞到巴音布鲁克繁衍生息。到 10 月至 11 月离开，居留期长达 8 个月。天鹅、湖水、天光、云影和山峰融成一片极为壮观的景致。

3.3.6 在新疆天山系列遗产中的价值

（1）巴音布鲁克遗产地是天山大型山间盆地的典型代表；

（2）巴音布鲁克遗产地是温带干旱区高寒湿地生态系统的典型代表；

（3）巴音布鲁克遗产地是天山河曲沼泽景观美的最典型代表；

（4）巴音布鲁克遗产地是中国最大的天鹅繁殖地，也是全球野生天鹅繁殖的最南限。

3.4 博格达

表 3-12 博格达遗产地主要特征

地区	阜康市、乌鲁木齐市，新疆维吾尔自治区
中心地理坐标	43° 50'00"N 88° 17'12"E
遗产地面积	38 739 hm^2
缓冲区面积	41 547 hm^2

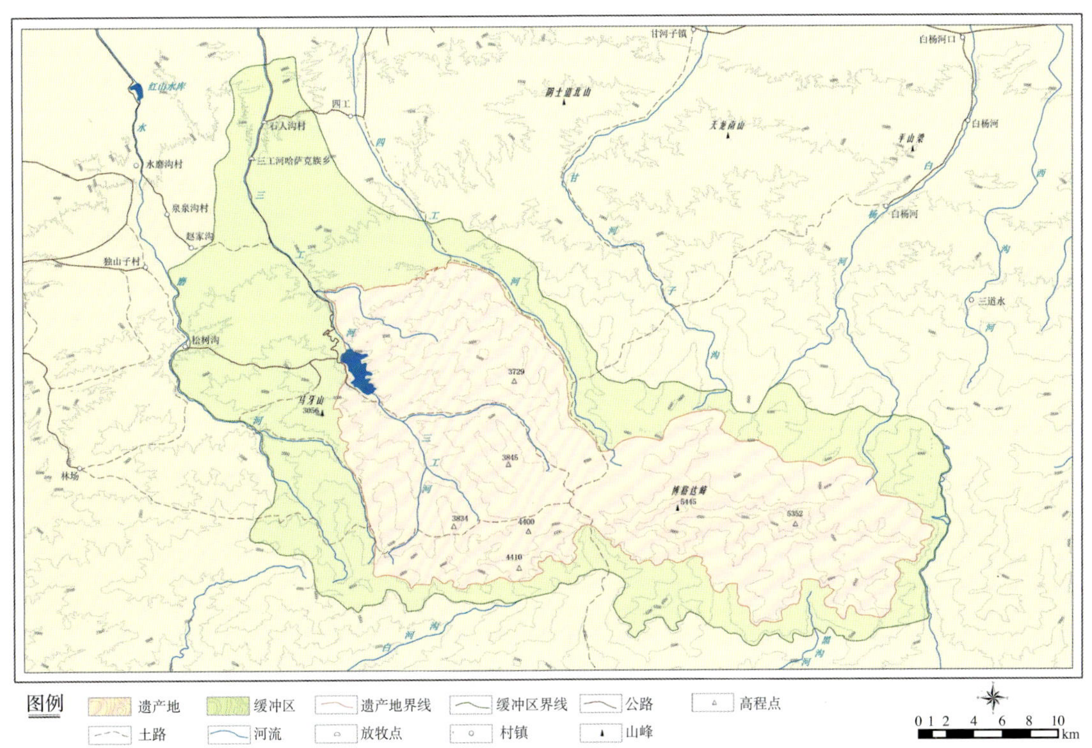

图 3-76　博格达遗产地位置图

图 3-77　博格达区域地形地势

3.4.1 自然地理

1）地理位置及地形地势

博格达遗产地位于新疆天山的东部，地处北天山，总体地势由北向南逐渐抬高，海拔在 1 380~5 445 m，最大相对高差达 4 065 m。北部海拔 1 600~2 600 m 之间的中山区受河谷侵蚀，切割较深，地形复杂，局部岩石裸露；南部为东西向展布的博格达山。

2）气候

博格达遗产地地处典型的大陆性温带气候带，是干旱荒漠中心的“湿岛”。大部分区域位于天山北坡，属于大西洋气流和北冰洋气流的迎风坡，气候较湿润。由于山体受屏障效应影响，并没有表现出温带大陆性气候的特点，而表现为冬暖夏凉，降水充沛，积雪较深，无大风天气，无明显的春、秋季，冷暖季几乎等长的气候特点。年平均气温 2.55 ℃，最热月（7月）平均气温15.9 ℃，最冷月（1月）平均–12.4 ℃，极端最高气温28.4 ℃，极端最低气温–28.2 ℃。年平均无霜期98.4天，相对湿度70%~85%。年均降水量 443.9 mm，多集中在4~9月；年平均蒸发量 1 439 mm。

3）水文

博格达遗产地地表水主要发源于博格达峰冰川，博格达峰区现代冰川共有 113 条，面积 101.42 km^2，冰储量 18.4 × 108 m^3，是天然的高山固体水库、众多河流的发源地。三工河是遗产地的主干水系，河流全长 60 km，流域总面积 310 km^2。河水主要由冰雪消融水、大气降水和泉水补给。年均径流量 4 969 × 10^{4}m^3，月均最高径流量约 991 × 10^4 m^3（8 月）。三工河上游源头自东而西有大东沟、将军沟、马路沟三条支流，均沿着古冰川槽谷发育，汇合后注入天池。遗产地内有大小湖泊 12 个，其中 10 个为小型高山冰蚀湖。天池位于三工河上游，湖面海拔 1 910 m，最大湖深达 105 m，总面积 2.48 km^2，水深达 102m，蓄水量 1.6 × 10^8 m^3。

4）土壤

博格达遗产地分布自上而下有高山原始土壤（3 300~3 700 m）、高山草甸土（2 900~3 300 m）、亚高山草甸土（2 700~2 900 m）、灰褐色森林土（1 650~2 700 m）、山地栗钙土（1 400~1 650 m）、山地棕钙土（1 380~1 400 m）等六个土壤类型。其中三种土壤的表层部分为中性偏酸外，其他土壤为中性偏碱。土壤有机质含量高，表层土壤富含氮、磷、钾等元素。

3.4.2 地质构造

1）构造背景

博格达遗产地地质构造体系属阴山－天山纬向构造带，由北天山褶皱带的博格达复背斜组成，主构造线近东西向分布。

2）地层岩性

古生代石炭系以浅海相碳酸盐岩、火山碎屑岩、陆源碎屑岩为主，厚度达 6 300 m，分布广泛，占博格达地区的 60% 以上，岩性由灰岩、砂岩、闪长玢岩、凝灰岩、火山角砾岩等组成，极富刚性，抗风化力强，地势明显突出高起，形成高大山结和脊状山梁，表现为冰雪覆盖的高山带与峡谷、古冰川遗迹组成的中山带。中新生代地层分布在山地南、北两坡，为河流、湖泊、沼泽相碎屑岩，岩性为灰绿色、黄绿色粉砂岩、砂岩、泥岩和煤层，以及红色砂质泥岩、红色砂岩、砾岩、粉砂岩夹石膏夹层等，表现为低山丘陵地貌景观。山前平原区堆积了巨厚的第四纪粉砂、细砂、砾石等冲洪积倾斜平原和沙漠。

3.4.3 地貌特征

（1）山地与平原高差悬殊。博格达山脉因构造断块作用突出于周围的群

图 3-78 天山天池地形地势

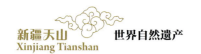

山之上，成为天山主脉东段以及准噶尔盆地南东缘最引人注目的“地标”。博格达主峰海拔 5 445 m，天池 1 900 m，相对高差达 3 545 m。

（2）山地梯级层状地貌显著。博格达山地受断裂构造与断块差异性抬升及剥夷作用，发育三级夷平面，海拔分别是 4 000 m、2 800~3 200 m 和 1 600~2 200 m。

（3）气候地貌具有明显的地带性分布规律。受气候垂直地带性与水平地带性影响，地貌类型组合自高向低依次是现代冰雪高山、冰缘亚高山、流水侵蚀中山、半干燥和干燥剥蚀低山、冲洪积倾斜平原、冲积平原和风沙地貌。

（4）受断裂构造控制，水系呈放射状发育。以博格达峰为中心，依次分布有四工河、三工河、水磨沟河和白杨沟等河流；山间谷地、河流走向均沿断裂构造发育。

图 3-79　博格达遗产地植被类型示意图

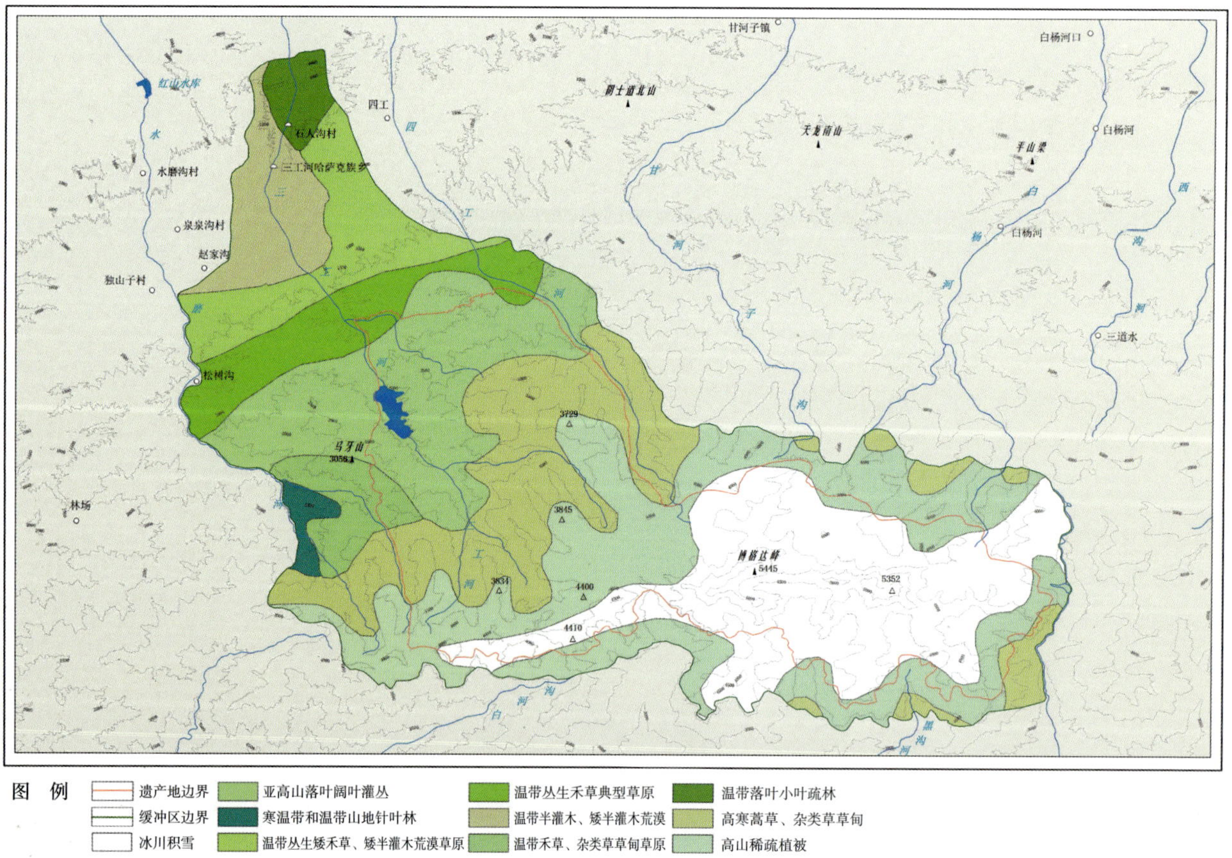
甘河子镇
白杨河口
红山水库
阴士道北山
四工
石人沟村
三工河哈萨克族乡
水磨沟村
天龙南山
羊山梁
白杨河
泉泉沟村
赵家沟
独山子村
三道水
松树沟
马牙山
3056
3729
3845
3834
4400
4410
林场
博格达峰
5445
5352
图 例
遗产地边界
缓冲区边界
冰川积雪
亚高山落叶阔叶灌丛
寒温带和温带山地针叶林
温带丛生矮禾草、矮半灌木荒漠草原
温带丛生禾草典型草原
温带半灌木、矮半灌木荒漠
温带禾草、杂类草草甸草原
温带落叶小叶疏林
高寒蒿草、杂类草草甸
高山稀疏植被

3.4.4 生物生态

1）植物

● 植物区系特征

温带属性是博格达遗产地植物区系的基本特点，在中国种子植物分布区类型的 15 个类型和 31 个变型中，博格达遗产地分布有 12 类，14 个变型，其中属于世界分布的有 50 属 239 种，属于泛热带分布的有 22 属，其余的均属于温带性质类型。该区植物物种与地中海、中亚和西亚交流相对较多，与东亚和北美洲交流很少。

● 植被类型

根据《中国植被》的分类方法，博格达遗产地自然植被有 8 个植被型、18 个植被亚型和 27 个群系。山地常绿针叶林中的雪岭云杉群系是主要代表群系。主要植被类型有高山垫状植被、高山草甸、亚高山草甸、山地常绿针叶林、草甸草原和温性（真）草原（图 3-79）。

这一区域的植被类型从高到低呈明显的谱带状分布格局：

图 3-80 博格达山石堆稀疏植被

图 3-82　天池雪岭云杉林

高山垫状植被分布在海拔 3 200~3 700 m（阳坡 3 750 m），主要以垫状植被簇生囊种草群系（Form. *Thylacospermum caespitosum*）、二花委陵草群系和四蕊山梅草群系为主，在乱石堆中，分布有雪莲群系和虎耳草群系等高山石堆稀疏植被。成片状分布于 3 000~3 600 m 之间雪线附近的砾质陡坡，或与高寒草甸交错分布，分布面积占 50% 以上。

高山草甸分布于海拔 2 900~3 200 m，由线叶嵩草群系（Form. *Kobresia capillifolia*）、薹草及杂类草草甸（Form. *Carex* spp.，*varii herbae*）和禾草及杂类草草甸（高山五花草甸）（Form. *Festuca* spp.，*varii herbae*）构成。分布面积较大。群落中多为低矮薹草及小而鲜艳的花朵的毛茛科、蓼科、菊科、报春花科、龙胆科和玄参科等多年生杂类草组成。

亚高山草甸分布于海拔 2 700~2 900 m，植物以种类组成复杂、分布面积较大为特点。主要种类有老鹳草、雨衣草、金莲花、一枝蒿和薹草等。

山地常绿针叶林的主体是雪岭云杉群系（Form. *Picea schrenkiana*），分布在 1 700~2 800 m 之间的中山带的阴坡，其下部常与山地草甸草原相交错。

草甸草原主要分布于这个区域以西的山地，处于高寒草甸和常绿针叶林带

图 3-81　博格达峰湿地草甸

图3-83　白杨沟亚高山草甸

图 3-84　博格达山地草原

之间，或真草原和山地草甸之间，有时部分与温性草原接合，形成了连续的片状分布带。主要建群植物为真旱生和中旱生针茅类禾草，群落中常混生有杂类草。

温性草原分布在常绿针林带下方，以针茅群系（Form. *Stipa capillata*）为主。

● 垂直自然带

博格达遗产地是新疆天山北坡垂直自然带的最典型代表，也是全球温带干旱区山地垂直带的最典型代表。博格达峰北坡在 80 km 的水平距离内，海拔从 700 m 升至 5 445 m，发育了 7 个完整的垂直自然带，自上而下分别为：冰雪带（3 700~5 445 m）、高山甸状植被带（3 300~3 700 m）、高山草甸带（2 900~3 300 m）、亚高山草甸带（2 700~2 900 m）、山地针叶林带（1 650~2 700 m）、山地草原带（1 100~1 650 m）、温带荒漠带（700~1 100 m）。其中博格达遗产地在不到 30 km 的水平距离内，海拔从 1 380 m 升至 5 445 m，拥有 6 个垂直自然带（图 3-85）。植被垂直带谱的完整性和典型性在如此小的水平距离中体现实属罕见，对于研究山地生态系统生物群落演替具有突出的全球意义。

● 植物物种

博格达遗产地共有野生维管束植物 76 科 432 属 1 134 种，被子植物占该地区维管束植物种数的 97.45%（表 3-13）。

表 3-13　博格达遗产地野生维管束植物统计

门　类	科 数	属 数	种 数	占总种数的百分比 / %
蕨类植物	6	8	18	1.59
裸子植物	3	3	10	0.88
被子植物	67	421	1 106	97.53
总　计	76	432	1 134	100

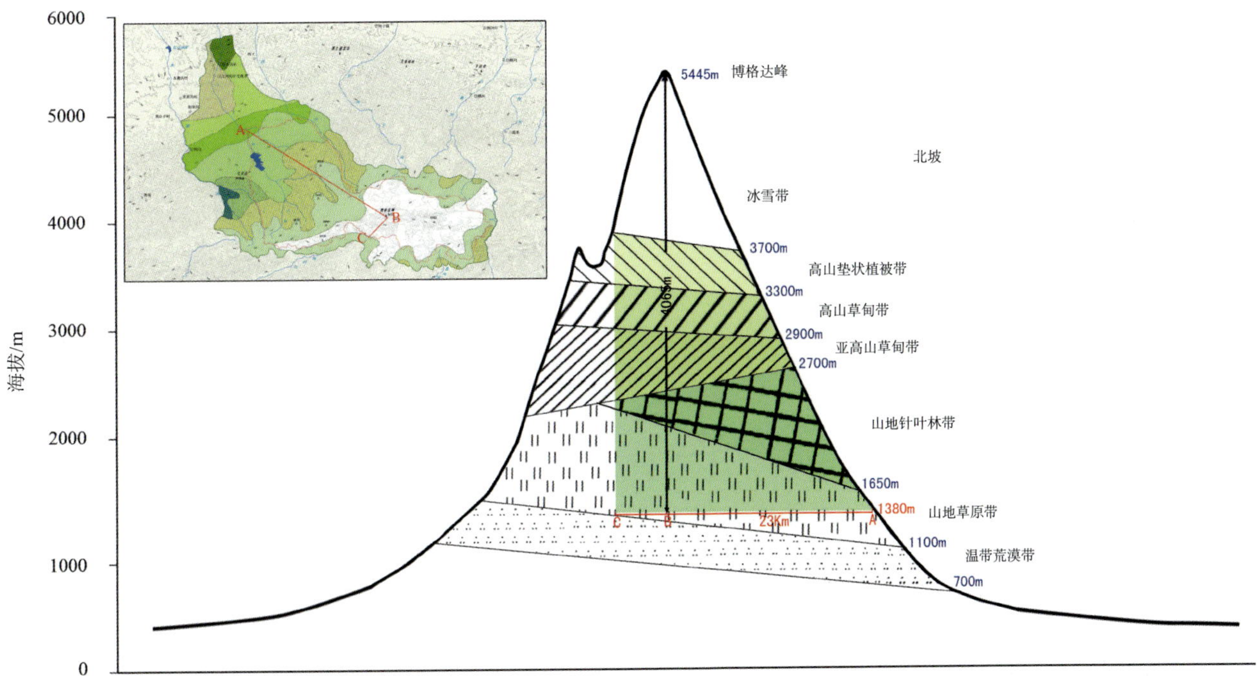

图 3-85 博格达遗产地垂直自然带谱

● 珍稀濒危物种、特有种

野生维管束植物中，有 8 种列入 IUCN 物种红色名录（2010），如天山桦（*Betula tianschanica*）、高山勿忘草（*Myosotis alpestris*）、新疆方枝柏（*Juniperus pseudosabina*）、西伯利亚落叶松（*Larix sibirica*）等；6 种列入《濒危野生动植物种国际贸易公约》CITES（2010）附录Ⅰ、附录Ⅱ、附录Ⅲ，如小斑叶兰（*Goodyera repens*）、堪察加鸟巢兰（*Neottia camtschatea*）。此外本遗产地共有天山特有种 27 种，如博格达山棘豆（*Oxytropis bogdoschanica*）、阜康阿魏（*Ferula fukangensis*）、博乐绢蒿（*Seriphidium borotalense*）、新疆麻花头（*Serratula rugosa*）、天山雪莲（*Saussurea involucrata*）等。博格达遗产地还分布有大量的第三纪残遗成分，是该区域山地常绿针叶林、山地落叶阔叶林、荒漠河岸林、落叶阔叶灌丛、荒漠等植被类型的建群种或重要组成者，如雪岭云杉（*Picea schrenkiana*）、光果甘草（*Glycyrrhiza glabra*）、新疆天门冬（*Asparagus neglectus*）、天山花楸（*Sorbus tianschanica*）、膜果麻黄（*Ephedra przewalskii*）等。

图 3-86　西伯利亚落叶松（*Larix sibirica*）

图 3-87　新疆方枝柏（*Juniperus pseudosabina*）

图 3-88　新疆天门冬（*Asparagus neglectus*）

图 3-89　光果甘草（*Glycyrrhiza glabra*）

图 3-90　天山桦（*Betula tianschanica*）

图 3-91　高山勿忘草（*Myosotis alpestri*）

图 3-92 小斑叶兰（*Goodyera repens*）

图 3-93 堪察加鸟巢兰（*Neottia camtschatea*）

图 3-94 博格达山棘豆（*Oxytropis bogdoschanica*）

图 3-95 阜康阿魏（*Ferula fukangensis*）

图 3-96 博乐绢蒿（*Seriphidium borotalense*）

图 3-97 新疆麻花头（*Serratula rugosa*）

图 3-98 天山雪莲（*Saussurea involucrata*）

2）动物

● 动物区系特征

分析该区的动物分布型可见，179 种陆栖脊椎动物中，古北型和全北型占所有分布型的近 60%，广布型、中亚型与高地型也占有相当比重（表 3-14）。

表 3-14 博格达遗产地陆生脊椎动物区系成分

门 类	广布种（O）	古北型（U）	全北型（C）	中亚型（D）	高地型（P）	东北型（M）
两栖类	–	–	–	1	–	–
爬行类	–	–	–	2	–	–
鸟 类	21	41	45	23	13	1
哺乳类	6	3	12	9	2	
总 计	27	44	57	35	15	1

● 动物物种

博格达遗产地有各类脊椎动物 25 目，56 科，181 种，分属鱼类 1 目，2 科，2 种；两栖类 1 目，1 科，1 种；爬行类 1 目，2 科，2 种；鸟类 16 目，38 科，144 种；兽类 6 目，13 科，32 种。各类昆虫 18 目，121 科，414 属，668 种（表 3-15）。

表 3-15 博格达遗产地已知脊椎动物

门类	目数	科数	种 数	占总种数的百分比 / %
鱼类	1	2	2	3.57
两栖类	1	1	1	1.79
爬行类	1	2	2	3.57
鸟类	16	38	144	67.86
兽类	6	13	32	23.21
合计	25	56	181	100

● 珍稀濒危物种

有 127 种动物物种列入 IUCN 物种红色名录（2010），如猞猁（*Lynx lynx*）、狍（*Capreolus capreolus*）、赤嘴潜鸭（*Netta rufina*）、赭红尾鸲（*Phoenicurus ochruros*）等；5 种列入《濒危野生动植物种国际贸易公约》CITES（2010）附录Ⅰ、附录Ⅱ、附录Ⅲ。

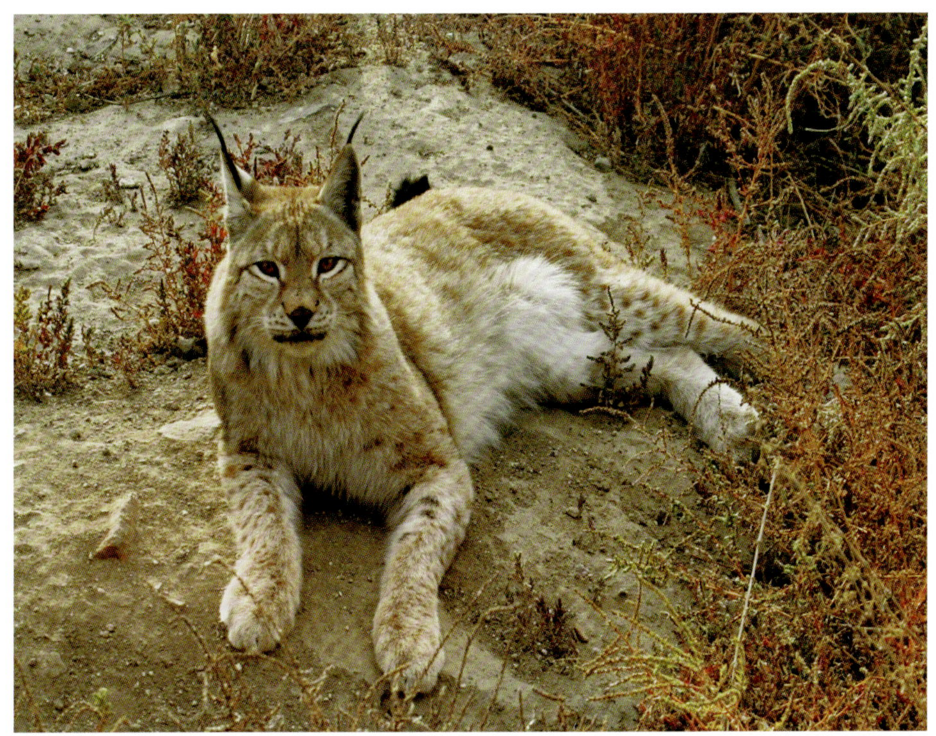

图 3-99　猞猁（*Lynx lynx*）

图 3-100　狍（*Capreolus capreolus*）

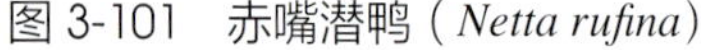

图 3-101　赤嘴潜鸭（*Netta rufina*）

图 3-102　赭红尾鸲（*Phoenicurus ochruros*）

图 3-103　天山马鹿（*Cervus elaphus songaricus*）

图 3-104　天山棕熊
（*Ursus arctos isabellinus*）

3.4.5　自然景观

1）高山湖泊

博格达遗产地拥有冰湖、天池、东西小天池和三条河流等代表性水域景观，其中天池是典型的高山湖泊，由雪山、森林、河流、湖泊、草甸共同构成一幅引人入胜的高山湖泊画卷，是新疆天山水域风光的集中体现。

图 3-105　天山天池

图 3-106　博格达黑沟冰川

图 3-107　马牙山石林

2）地貌景观

博格达遗产地拥有极为丰富的地貌景观。海拔 3 500 m 以上的高山地带，冰川地貌发育，冰川 U 型谷、角峰、刃脊、石海、石河、倒石堆等与冰川融为一体。马牙山东侧石林或单个出露，或群簇分布，错落有致，形态万千，造型各异，形成典型的石林景观。

3）生物景观

博格达遗产地动植物资源丰富，种类繁多，包含 6 个山地垂直自然景观带。

图 3-108　层林尽染

3.4.6　在新疆天山系列遗产中的价值

（1）博格达遗产地是北天山主峰博格达峰所在区，在很短的水平距离内，具有天山北坡典型的山地垂直自然带，是全球温带干旱区山地垂直带的最典型代表，被列入联合国人与生物圈保护区。

（2）博格达遗产地南北毗邻全球极端干旱的吐鲁番盆地和准噶尔盆地，是中温带极端干旱气候条件下山岳冰川的典型代表，并成为干旱区气候变化最敏感的指示器，是研究生物及植被对温带干旱区气候变化响应的最理想区域。

（3）博格达遗产地是新疆天山高山湖泊景观的典型代表之一，拥有以著名的冰川堰塞湖天池为突出代表的大小湖泊 12 个，其中 10 个为高山冰蚀湖。

4 列入理由

4.1 满足的遗产标准

根据《世界遗产操作指南》所定义的世界遗产标准，新疆天山基于满足标准（vii）、（ix）而列入《世界遗产名录》。

• 标准（vii）：具有极好的自然奇观或非同寻常自然美和美学重要性的区域。

• Criterion (vii): contain superlative natural phenomena or areas of exceptional natural beauty and aesthetic importance.

• 标准（ix）：是反映陆地、淡水、海岸、海洋生态系统和动植物群落正在进行的、重要的生态和生物演化过程的杰出范例。

• Criterion (ix): be outstanding examples representing significant ongoing ecological and biological processes in the evolution and development of terrestrial, fresh water, coastal and marine ecosystems and communities of plants and animals.

4.1.1 标准 (vii): 具有极好的自然奇观或非同寻常自然美和美学重要性的区域

Criterion (vii): contain superlative natural phenomena or areas of exceptional natural beauty and aesthetic importance.

位于中亚腹地、远离海洋并被广阔沙漠所包围的新疆天山展现了世界上最具代表性的温带干旱区山地综合自然景观，具有显著的景观多样性，展示了独特的自然美。东西向延伸的新疆天山巍然横亘于准噶尔荒漠和塔里木荒漠之间，形成了“两漠夹一山”独特的自然地理奇观。从西部海拔 7 443 m 的托木尔峰到东部海拔 5 445 m 的博格达峰，绵延的雪山冰峰构成了广袤中亚荒漠壮观而优美的天际线。

新疆天山遗产地之美，不仅在于拥有壮观的雪山冰峰、优美的森林草甸、清澈的河流湖泊、宏伟的红层峡谷，更在于这些自然要素位于广袤荒漠中所展现出的独特景观和自然美。托木尔高耸入云的雪山冰峰与赤烈的红层峡谷相映衬，展现了新疆天山罕见的壮观雄浑之美。喀拉峻－库尔德宁葱茏绵延的森林草甸在不同的地形上镶嵌组合，呈现出变化多样、色彩斑斓的美丽图案。巴音布鲁克草原开阔、河湖纵横，开都河九曲十八弯在大地勾勒出优美的曲线。盆地内绿草如茵，飞鸟翱翔，展现了山间盆地的优美画卷。博格达耸立于荒漠之中，将雪山冰川、湖泊河流、森林草甸浓缩在一起，展现了荒漠中大山所特有的自然美。

新疆天山南坡荒凉裸露的岩石与北坡秀美葱绿的森林草甸相比照，世界上很少有像遗产地这样将反差巨大的炎热与寒冷、干旱与湿润、荒凉与秀美、壮观与精致奇妙的汇集在一起，给人以强烈的视觉冲击。

天山不仅是中国和中亚地区的“天上之山”，也是丝绸之路上的绿色走廊，自古以来，有无数神话传说、诗歌词赋和音乐绘画赞美天山。时至今日，新疆天山仍是中国最具代表的景观名片之一。

4.1.2 标准 (ix)：是反映陆地、淡水、海岸、海洋生态系统和动植物群落正在进行的、重要的生态和生物演化过程的杰出范例

Criterion (ix): be outstanding examples representing significant ongoing ecological and biological processes in the evolution and development of terrestrial, fresh water, coastal and marine ecosystems and communities of plants and animals.

新疆天山遗产地是温带干旱区山地生态系统的典型代表。新疆天山是全球唯一由两大沙漠环绕的巨型山地生态系统，以其“两漠夹一山”的山盆地貌格局、深处内陆的地理位置和干旱大陆性气侯，在全球山地生态系统类型中独具特色。新疆天山山体高大，拥有众多冰川和多条河流，成为干旱区中的巨大水塔，维系着山地－绿洲－荒漠生态系统。遗产地拥有暖温带、温带、寒温带、寒带和极高山永久冰雪带等 5 个气候带以及湿润区、半湿润区、半干旱区和干旱区 4 个干湿区；有 IUCN/SSC 一级生境类型 7 个，主要为森林、草原、灌丛、草地、湿地等，二级生境类型 22 个。遗产地拥有 9 个植被型、25 个植被亚型、82 个群系。

新疆天山遗产地是 Global 200 Ecoregions 111“中亚山地草原与林地生态区”的组成部分，是天山针叶林、天山山地草原草甸和天山山麓干旱草原生态区的典型代表。喀拉峻是新疆天山面积延伸最宽广的山地草甸草原带。库尔德宁是雪岭云杉的集中分布区，也是目前天山唯一以雪岭云杉及其生境为保护对象的保护区。托木尔在南坡发育了大面积的山麓干旱草原，保存了完

好的原生状态。巴音布鲁克则是天山高位山间盆地草原湿地的典型代表。

新疆天山遗产地拥有温带干旱区典型的山地垂直自然带谱，反映了温带干旱区大型山脉生物多样性受海拔、坡向与坡度的水热空间变化影响的分布特征和变化规律，而成为研究全球气候变化下干旱区山地生态系统生物群落演替的杰出范例。托木尔遗产地包含了天山南坡最完整的垂直自然带，从海拔 1 450 m 至 7 443 m，发育了从暖温带荒漠带到冰雪带的 7 个自然带。博格达遗产地包含了天山北坡最典型的垂直自然带，从海拔 1 380 m 至 5 445 m，发育了从山地草原带到冰雪带的 6 个自然带。

新疆天山遗产地是帕米尔 - 天山山地生物地理省生物生态演化过程的杰出代表。遗产地横跨欧亚森林植物亚区和亚洲荒漠植物亚区，植被垂直带谱明显，南北坡差异显著，区系成分多样，突出反映了帕米尔 - 天山山地生物地理省生物群落演变和进化的过程。喀拉峻 – 库尔德宁由于特殊的地理位置和气候条件，成为众多古近纪残遗物种的避难所，保留了大面积的天山野果林，拥有 52 种野生果树，还是野生欧洲李的唯一起源地，也成为天山因气候变化造成的生物进化与演替的重要证据。

遗产地具有显著的生物多样性，是中亚山地残遗物种、众多珍稀濒危物种、特有种的重要栖息地，突出代表了这一典型区域原暖湿植物区系逐步被现代旱生的地中海植物区系所取代的生物进化过程。遗产地是 CI 全球生物多样性热点区“中亚山地”和 IUCN/WWF 植物多样性“中亚山地”的组成部分。遗产地共有维管束植物 106 科 635 属 2 622 种，脊椎动物 36 目 90 科 276 属 550 种。第四纪冰期之前的残遗植物物种 94 种。各类珍稀濒危植物 110 种，珍稀濒危野生动物 367 种。特有植物 118 种，特有动物 22 种。

4.2 突出普遍价值的阐述

4.2.1 概要

1）简要综述

新疆天山是一个系列自然遗产，由 4 个片区组成，遗产地总面积 606 833 hm^2，缓冲区总面积 491 103 hm^2。天山是中亚的巨大山系，天山在新疆境内东西向延伸 1 760 km，主峰托木尔海拔 7 443 m。由于被广袤的准噶尔荒漠（Junggar

Desert）和塔里木荒漠 (Tarim Desert) 包围，气候极端干旱，新疆天山在诸多方面明显有别于世界上其他山脉，展示了独特的自然地理特征。新疆天山是温带荒漠区山地生态系统的杰出代表，遗产地综合反映了天山最具代表性的地貌特征和生态系统，展示了温带干旱区山地综合自然景观美。托木尔 - 汗腾格里山汇是世界上三大山岳冰川集中分布区之一，托木尔拥有天山南坡最完整的垂直自然带谱。喀拉峻 – 库尔德宁是天山特有植被雪岭云杉最集中的分布区，并且包含了大面积的野果林和山地草甸草原。巴音布鲁克是天山高位山间盆地的突出代表，具有典型的高山草甸和高寒湿地生态系统。博格达展现了东部天山的自然特征，拥有天山北坡最典型的垂直自然带谱，并且在短距离内浓缩了雪山、冰川、湖泊、河流、森林、草甸等自然景观。

2）满足标准

标准 (vii)：位于中亚腹地、远离海洋并被广阔沙漠所包围的新疆天山展现了世界上最具代表性的温带干旱区山地综合自然景观，具有显著的景观多样性，展示了独特的自然美。东西向绵延的新疆天山巍然横亘于北侧准噶尔荒漠和南侧塔里木荒漠之间，形成了“两漠夹一山”独特的自然地理奇观。从西部海拔 7 443 m 的托木尔峰到东部海拔 5 445 m 的博格达峰，绵延的雪山冰峰构成了广袤中亚荒漠壮观而优美的天际线。遗产地之美不仅在于拥有壮观的雪山冰峰、优美的森林草甸、清澈的河流湖泊、宏伟的红层峡谷，更在于这些自然要素位于广袤沙漠中所展现出的独特景观和自然美。世界上很少有像遗产地这样将反差巨大的炎热与寒冷、干旱与湿润、荒凉与秀美、壮观与精致奇妙的汇集在一起，给人以强烈的视觉冲击。天山不仅是中国和中亚地区的“天上之山”，也是丝绸之路上的绿色走廊，自古以来，有无数神话传说、诗歌词赋和音乐绘画赞美天山。时至今日，新疆天山仍是中国最具代表的景观名片之一。

标准 (ix)：与其他类似区域相比，新疆天山遗产地是全球温带干旱区正在进行的生物生态演化过程的杰出范例。至少从上新世以来（5 Ma B.P.），遗产地以其“两漠夹一山”的独特山盆地貌格局、深处内陆的地理区位和温带干旱大陆性气侯，较之世界其他区域，更好地保存和展示了温带干旱区大山脉的地貌、生态、生物和景观特征，在全球山地生态系统类型中独具特色，成为温带干旱区山地生态系统的最典型代表。遗产地突出反映了中亚干旱区植被随地貌与气候变化正在发生的演变过程，以其生态系统的独特性和完好的保存状态，是 Global 200 Ecoregions 111“中亚山地草原与林地生态区”中天山针叶林、天山山地草原草甸和天山山麓干旱草原生态区的重要组成部分。遗产地拥有温带干旱区山地典型的垂直自然带谱，突出代表了温带干旱区山地生态系统的空间分布特征和演变规律，成为研究全球气候变化下干旱区山地生态系统生物群落演替的杰出范例。遗产地植被垂直带谱明显，南北坡差异显著，区系成分多样，保留了大面积的天山野果林，是众多古近纪残遗物种的避难所，突出代表了帕米尔 - 天山山地生物地理省生物群落演变和进化的过程。遗产地具有显著的生物多样性，是中亚山地残遗物种、众多珍稀濒危物种、特有种的重要栖息地，突出代表了这一区域由暖湿植物区系逐步被现代旱生的地中海植物区系所取代的生物进化过程。

3）完整性阐述

新疆天山遗产地满足《世界遗产公约操作指南》关于完整性和保护管理方面的要求。遗产地选择了雪峰冰川、河流沼泽、高山湖泊、五花草甸、森林草原和红层峡谷等自然景观最有代表性的连续分布区域及垂直自然带谱和生态系统的完整性，以及珍稀濒危物种栖息地保存最好的区域，有足够大的面积，包含了体现新疆天山独特的美学和生物生态学价值的所有必要因素。遗产地已完成勘界立桩，各组成地及其相关缓冲区的边界在地图上和实地有清楚的标定。遗产地范围就生物生态学和美学价值而言是充分的。管理保障水平足以应对遗产地所面临的主要挑战和威胁。

4）保护管理要求

各组成地均属国家所有，具有国家级或省级保护地位，包括国家级和省级自然保护区、风景名胜区等。它们受到国家和地方相关法律法规保护，从而保障了对突出普遍价值长期的立法、规章、制度和传统保护。根据法律法规，遗产地实施严格保护。

遗产地已建立了从国家到地方的多级管理体系和政府、技术机构、研究机构、社区等多方面的协作机制，具有充分的人员和资金保证。各组成地先后编制了总体规划等保护性技术文件，也制定完成了涵盖四个组成地的综合管理规划，颁布了《新疆维吾尔自治区天山自然遗产地保护条例》，建立了统一的管理机构，进一步加强了新疆天山遗产地的法律保护地位和有效管理。当地社区都知晓世界遗产申报，所有利益相关者也都支持世界遗产的申报，这些将有助于长期的管理。

目前，遗产地和缓冲区存在季节性放牧和遗产监测体系不够完善等问题，今后 5 年将逐步实现遗产地全面禁牧、缓冲区限牧的目标，并建设更为完备的监测体系。

具体而言，新疆天山遗产地具有的突出普遍价值如下：

附件

背景资料

为了实施世界遗产委员会的遗产全球战略，2002 年 12 月，联合国教科文组织（UNESCO）世界遗产中心在哈萨克斯坦阿拉木图召开了“中亚世界自然遗产和混合遗产申报可能性”的地区会议。随后，IUCN 开展了有关中亚地区世界遗产的主题研究，并于 2005 年出版了《中亚地区世界遗产主题研究 – 区域概览》（World Heritage Thematic Study for Central Asia, A Regional Overview）。该工作文件为鉴别中亚地区具有潜在突出普遍价值的世界自然遗产和指导相关国家准备世界自然遗产申报提供了有效的技术支持。

该主题研究报告指出：“中亚地区是一个地域辽阔、生物多样、景观丰富的区域，目前在世界遗产名录中的代表性不足”，“Central Asia is a vast, biodiverse and scenically rich region, currently unrepresented in the World Heritage List”。从生物地理省来看，新疆天山地处 Udvardy 生物地理区划中的“帕米尔 – 天山山地生物地理省”（Pamir–Tian–Shan Highlands），目前尚无世界遗产，是世界自然遗产优先发展区。在世界自然基金会全球 200 生态区中（WWF's Global 200 Ecoregions），包括天山针叶林（Tian Shan montane conifer forests）、天山山地草原草甸（Tian Shan montane steppe and meadows）、天山山麓干旱草原（Tian Shan foothill arid steppe）在内的“中亚山地草原与林地生态区”（Global 200 Ecoregion 111 Middle Asian Montane Steppe and Woodlands），目前尚无世界遗产。在 IUCN/WWF 植物多样性中心体系中，包括天山在内的“中亚山地”（CA3. Mountains of Middle Asia），目前也尚无世界遗产。

另外，在国际保护组织（CI）全球 34 处生物多样性热点地区中，包括天山在内的“中亚山地”（CI22 Mountains of Central Asia）目前也无世界遗产。在国际鸟类保护组织（BIC）划分的 218 处地方鸟类保护区（EBAs）中，“塔克拉玛干沙漠保护区”（Taklimakan Desert）目前也无世界遗产。IUCN 工作文件《世界遗产名录山岳遗产全球概述》（2002）也指出，中亚地区包括了地球上最高和范围广阔的山地及多条大型山脉，至今仍然没有世界遗产地。因此，不论是从区域还是全球角度，新疆天山遗产地以其显著的自然地理特征、代表性的生态系统和生态过程、独特的自然景观和自然美，都可以弥补这一广袤而重要区域在世界遗产名录中的空白和代表性不足。

图 4-1　托木尔

4.2.2　新疆天山遗产地是温带干旱区山地综合自然景观美的典型代表，具有显著的景观多样性，展示了独特的自然美

新疆天山遗产地集中展示了天山的自然美景多样性，是世界上温带干旱区山地综合自然景观的最杰出代表。新疆天山遗产地包括天山最高峰、大型冰川、高位盆地、森林草原、内陆河流、冰碛湖泊、沼泽湿地和红层峡谷等自然美景，展示了极为丰富的地貌景观多样性。新疆天山遗产地发育了以暖温带和温带荒漠为基带的垂直自然带谱，受海拔热量分异影响，发育了暖温带、温带、寒温带、寒带和极高山永久冰雪带；受水分差异影响，从湿润区、半湿润区、半干旱区至干旱区各种气候条件一应俱全。热量水分的不同组合，构成了世界罕见的生物景观类型多样性。生物景观与地貌景观组合以及温带显著的四季变换，更加丰富了新疆天山自然美景多样性。

遗产地大尺度自然景观有完整的山地垂直自然带谱，从冰川雪峰、高山草甸、亚高山草甸、柏类灌木、云杉纯林、针阔混交林、野果林、河谷林、

灌木林到荒漠草原，这种丰富的层次组合，展示了新疆天山雄伟壮观、大气恢宏的自然景观。

中尺度景观雪峰与峡谷辉映，森林与草原镶嵌，草原与灌木交错，灌木与荒漠点缀，各种景观单体马赛克般的组合分布，构成一幅幅艺术图案；受微地形影响，更加丰富了景观组合；白色的雪峰冰川 - 五彩的高山草甸 - 绿色的森林草原 - 红色的峡谷奇景的色彩搭配组合，再加上四季变化以及天象景观影响更加丰富了遗产地自然美景的多样性。

小尺度范围内，雪峰、冰川、森林、草原、峡谷等都独自构成一幅幅精彩胜景，仅托木尔红层峡谷内就有上百组美妙奇景，移步异景，奇巧精致；这种大自然丰富的极致美景、多样的完美组合，反差强烈的色彩搭配，构成全球温带干旱区独一无二的山地自然美景体系，也使新疆天山遗产地成为中国的标志性景观之一。

图 4-2　喀拉峻

图 4-3　库尔德宁

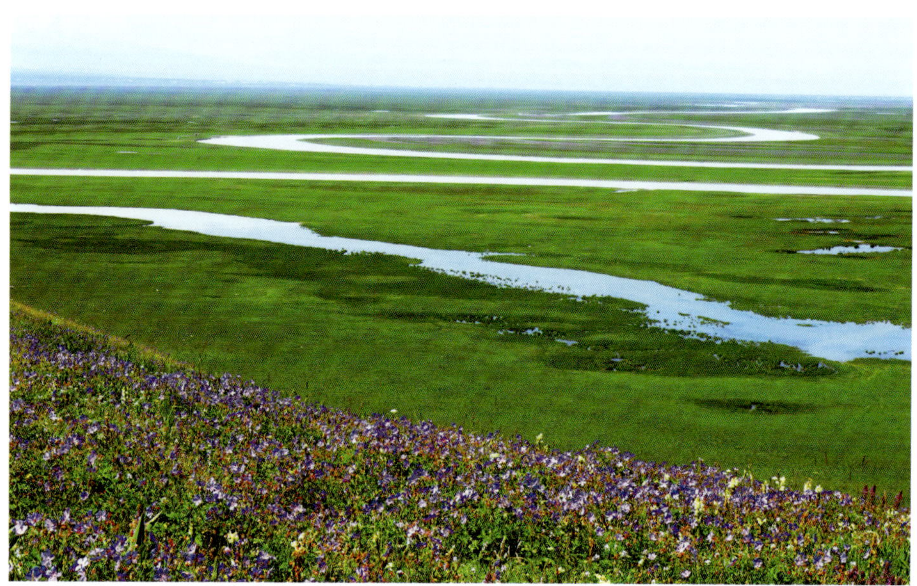

图 4-4　巴音布鲁克

图 4-5　博格达

4.2.3 新疆天山遗产地是温带干旱区山地生态系统的最典型代表，拥有温带干旱区典型的垂直自然带谱，是研究全球气候变化下干旱区山地生态系统生物群落演替的杰出范例

1）温带干旱区山地生态系统的最典型代表

根据 Udvardy(1975) 生物地理系统，遗产地属于 14 个生物群区中的混合山地生态系统。尽管在现有的世界遗产中，山地生态系统和热带湿润森林、热带干旱森林一样，是遗产数量最多的三种生态系统，但以遗产地为最典型代表的温带干旱区山地生态系统在山岳遗产中仍然属于空白区。

新疆天山是全球唯一一个由两大荒漠环绕的巨型山地生态系统，以其"两漠夹一山"的山盆地貌格局、深居内陆的地理区位和温带干旱大陆性气候，在全球山地生态系统类型中独具特色。新疆天山拥有众多冰川和多条河流，成为干旱区中的巨大水塔，支撑着人类赖以生存的绿洲生态系统和众多野生

图 4-6 托木尔群峰冰川

动植物赖以生存的荒漠生态系统。

新疆天山遗产地共有冰川冰储量 481.913 km^3，占整个天山冰川总储量的45.9%，为山地生态系统的形成和演化提供了充沛的水资源保障。遗产地拥有暖温带、温带、寒温带、寒带和极高山永久冰雪带等 5 个气候带以及湿润区、半湿润区、半干旱区和干旱区 4 个干湿区，多样的水分和热量的组合孕育了多样的植被类型，为繁多的野生动植物提供了良好的栖息环境，形成了类型多样的干旱区山地生态系统。有 IUCN/SSC 一级生境类型 7 个，占全球一级生境类型总数的 53.8%，主要生境区有森林、草原、灌丛、草地、湿地，有二级生境类型 22 个。遗产地自然植被有 9 个植被型、25 个植被亚型、82 个群系，是温带干旱区山地生态系统的最典型代表。

2）天山山地针叶林、天山山地草原草甸和天山山麓干旱草原生态区的最典型代表

遗产地位于 Global 200 Ecoregions 111“中亚山地草原与林地生态区”中，以其生态系统的独特性和完好的保存状态，而成为天山山地针叶林、天山山地草原草甸和天山山麓干旱草原生态区的最典型代表。

库尔德宁片区是雪岭云杉的最佳生境区和起源地，也是目前天山唯一以雪岭云杉及其生境为保护对象的 IUCN I 类保护区。

喀拉峻片区所在的比依克山是天山二级、三级夷平面发育最典型性的区域，遗产地所在的喀拉峻大草原正好位于海拔 2 200 ～ 2 400 m 的广阔的三级夷平面，使其成为新疆天山面积延伸最宽广的山地草甸草原带。南北宽约 25 km，东西长 40 km，总面积达 1 000 km^2，被联合国粮农组织的专家认为是世界上少有的第一流的天然草场，喀拉峻片区则是其中保存最为完好和保持原生状态的高山草甸分布区。

托木尔遗产地垂直高差近 6 000 m，因西来的湿润气流受山体阻隔，南面又受强烈干旱与炎热的塔里木盆地影响，在南坡发育了大面积的山麓干旱草原，垂直幅度达 1 200 m，又位于 IUCN I 类保护区托木尔峰国家级自然保护区，基本未受到人类干扰，保存了完好的原生状态。

3）典型的垂直自然带谱

新疆天山遗产地拥有温带干旱区典型的山地垂直自然带谱，托木尔、博格达遗产地分别代表了干旱区暖温带和温带山地的垂直自然带谱，反映了温

图 4-8　库尔德宁山地针叶林

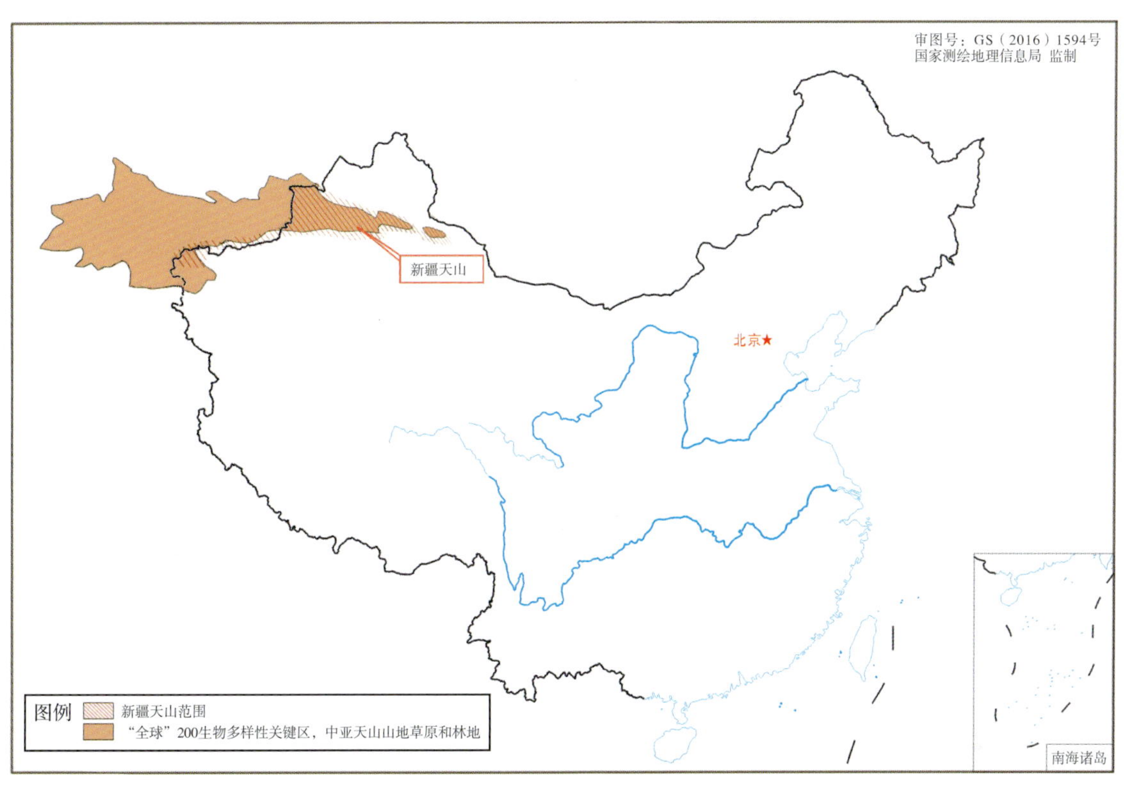

图 4-7　中亚山地草原与林地生态区示意图

图 4-9　喀拉峻草甸草原

带干旱区山地生物多样性受海拔、坡向与坡度的水热空间变化影响的分布特征和变化规律。其中托木尔遗产地在 70 km 的水平距离内，海拔从 1 450 m 升至 7 443 m，垂直高差近 6 000 m，垂直自然带自上而下依次为冰雪带、高山垫状植被带、高山草甸带、亚高山草甸带、山地草原带、温带荒漠草原带和暖温带荒漠带；博格达遗产地在不到 30 km 的水平距离内，海拔从 1 380 m 升至 5 445 m，垂直高差近 4 100 m，垂直自然带自上而下依次为冰雪带、高山垫状植被带、高山草甸带、亚高山草甸带、山地森林带和山地草原带。遗产地山地垂直自然带谱在如此小的水平距离内得到完整集中展现，在全球范围内具有唯一性，是研究全球气候变化下干旱区山地生态系统生物群落演替的杰出范例。

图 4-10　托木尔山麓干草原

4.2.4　新疆天山遗产地是帕米尔－天山山地生物地理省生物生态演化过程的杰出代表

新疆天山气候从炎热湿润—温暖湿润—寒冷干旱演变，植被经历了从热带森林—亚热带森林—草原类型的演化。中生代以来，新疆天山分布着银杏区系为代表的乔木层、下部为苏铁目的常绿灌木构成的森林，其后发展为由种子蕨构成的更为茂盛的热带森林。古近纪以被子植物为优势和裸子植物（部分松柏类）构成的亚热带森林分布广泛。中新世至上新世，气候从湿润向干旱演变，在上新世 - 更新世期间，气候进一步从温暖向寒冷演变，植被由森林逐渐演化成草原类型。古近纪，尤其是上新世以后，由于山体隆升和盆地封闭，古地中海逐步退却，气候变得更加干旱，原暖湿植物区系逐步被现代旱生的地中海植物区系所取代，古地中海时期占优势的热带蕨类森林逐渐被旱生植物（如麻黄科和藜科植物）所替代。遗产地的生物在中生代末期随着地球的进化而发生深刻变化，并同重大地质历史事件密切相联系，使遗产地成为大量残遗种类的避难所。

遗产地属于泛北极植物区，跨欧亚森林植物亚区和亚洲荒漠植物亚区两个亚区，在欧亚森林植物亚区中属于天山地区，在亚洲荒漠植物亚区中属于中亚西部地区和中亚东部地区。遗产地是荒漠地区富含山地植物的地区，有植物 2 622 种，植被垂直带谱明显，南北坡差异显著，区系成分多样。高山带多为环北极—高山成分，一些垫状的植物种显示出天山地区和喜马拉雅高山在区系发生性上的联系；森林植物以云杉和落叶松为主体；灌丛和草甸植物多是北方成分和北温带或欧、亚温带分布属中的特有种；山地草原和草甸草原则由欧亚草原、中亚或西伯利亚成分组成；荒漠植物中小灌木和半木本植物占优势，藜科、菊科、柽柳科、蒺藜科、麻黄科和蓼科植物为大科，有单属科和单种属多，古老和残遗的物种多，新疆野苹果是中亚地区的代表特有种。分布于遗产地的生物很多是古近纪，甚至是白垩纪的残遗—古地中海干热环境下生物的后裔，突出代表了帕米尔 - 天山山地生物地理省生物群落演变和进化的过程。

喀拉峻 – 库尔德宁遗产地特殊的地貌格局，使其避免了第四纪冰川覆盖，并以其丰富的降水量、特有的冬季逆温层和免于寒潮侵袭的地形，而成为众多古近纪残遗物种的避难所，保留了大面积的具有海洋性落叶阔叶林特征的天山野果林，拥有 52 种野生果树，如野苹果、野杏、野核桃等，还是野生欧洲李的唯一起源地，成为重要的种质基因库，也成为天山因气候变化造成的生物进化与演替的重要证据。

图 4-11　新疆野苹果（*Malus sieversii*）

图 4-12　欧洲李（*Padus avium*）

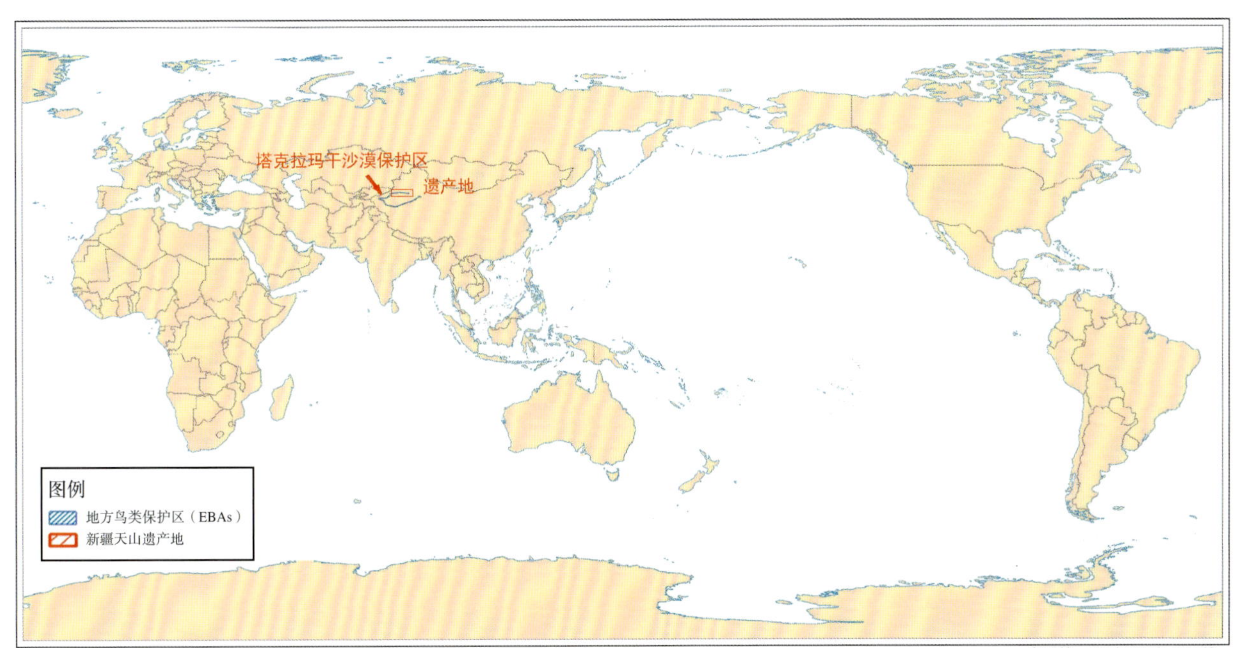

图 4-13 塔克拉玛干沙漠保护区（EBAs）示意图

4.2.5 新疆天山遗产地具有显著的生物多样性，是中亚山地残遗物种、众多珍稀濒危物种、特有种的重要栖息地

新疆天山遗产地位于国际保护组织（CI）全球 34 处生物多样性热点地区中的“中亚山地”和 IUCN/WWF 植物多样性中心体系中的“中亚山地”。另外托木尔遗产地还位于国际鸟类保护组织（BIC）218 处地方鸟类保护区（EBAs）中的“塔克拉玛干沙漠保护区”。

1）显著的生物多样性

遗产地是帕米尔 - 天山山地生物地理省物种较为丰富的生境区域。共有维管束植物 106 科 635 属 2 622 种，野生脊椎动物 36 目 90 科 276 属 550 种，包括 102 种哺乳类、370 种鸟类、32 种爬行类、6 种两栖类、40 种鱼类动物。

2）残遗物种

遗产地是欧亚大陆腹地第四纪冰期气候波动过程中重要的生物避难所，保留了第四纪冰期之前的残遗植物物种 94 种，占遗产地野生维管束植物种类总数 3.59%。

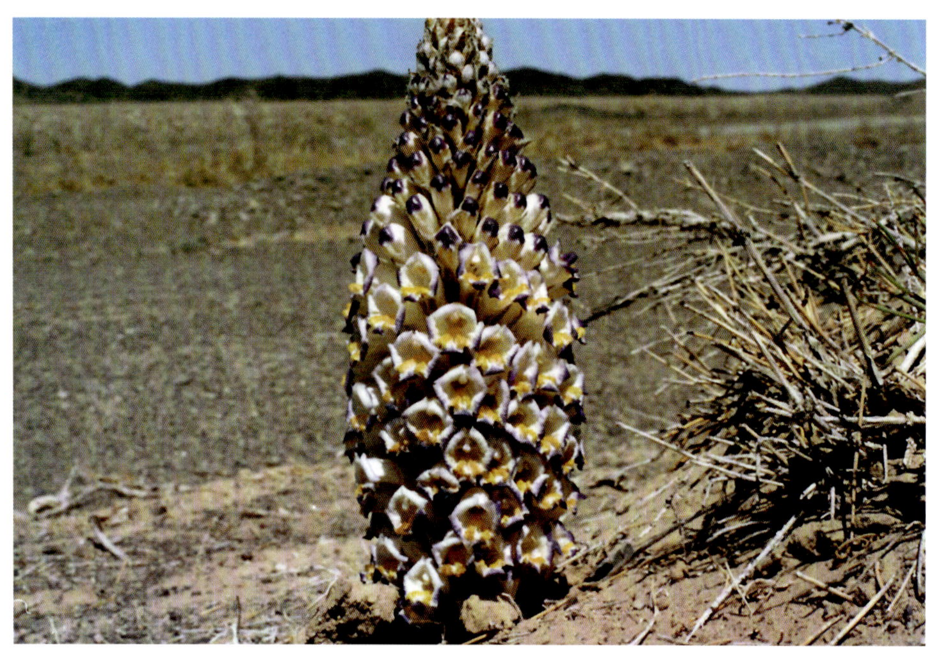

图 4-14　肉苁蓉
（*Cistanche deserticola*）

图 4-15　天山雪莲
（*Saussurea involucrata*）

3）珍稀濒危物种

遗产地有各类珍稀濒危植物 110 种，其中，IUCN 物种红色名录（2010）收录 18 种，《濒危野生动植物种国际贸易公约》CITES（2010）收录 16 种；有各类珍稀濒危野生动物 367 种，其中，IUCN 物种红色名录（2010）收录动物物种 355 种，《濒危野生动植物种国际贸易公约》CITES（2010）附录 I 收录 10 种，附录 II 收录 47 种。

4）特有种

遗产地共有新疆特有植物物种 118 种，占遗产地野生维管束植物种类总数 4.50%；共有新疆特有动物物种 22 种，占遗产地脊椎动物种类总数的 4%。

4.3 对比分析

根据实施《保护世界文化与自然遗产公约》的操作指南，世界自然遗产地应与类似地区和满足相同标准的遗产地进行对比。按照 IUCN 世界自然遗产类别，新疆天山遗产地属于山岳遗产，因此需要跟已经列入世界遗产名录的山岳遗产、亚洲干旱区其他大型山脉、境外天山和列入世界自然遗产预备清单的天山保护地进行对比，以证明新疆天山系列遗产地在生态系统、生态过程以及景观美学方面具有全球突出的普遍价值。

4.3.1 与已列入世界遗产名录的山岳遗产对比

截至 2011 年 7 月，全球共有 183 项世界自然遗产和 28 项双遗产列入世界遗产名录。依据 IUCN 工作文件《世界遗产名录山岳遗产全球概述》（2002），山岳遗产应符合以下三条标准：①保护区相对高差至少要达到 1 500 m；②保护区面积至少为 10 000 hm^2；③属于 IUCN Ⅰ - Ⅳ保护区。该文件列出了 55 个已列入世界遗产名录的山岳遗产，加上近年来新列入的山岳遗产，目前世界上共有 65 项山岳遗产。它们展示了最重要的自然现象和自然美（标准 vii）、地质过程（标准 viii）、生态与生物过程（标准 ix）及生物多样性（标准 x），因而具有突出普遍价值。

天山是全球七大山系之一，新疆天山全长 1 760 km，就山岳遗产而言，新疆天山遗产地属于大型山岳遗产，因而列入世界遗产名录的小型山岳遗产不具可比性。大型山岳遗产中，新疆天山遗产地位于亚欧大陆腹地温带干旱荒漠区，地处寒带、亚热带和热带的大型山岳遗产在综合自然地理特征、生物多样性、生态系统以及自然景观方面迥然不同，与新疆天山遗产地不具可比性。新疆天山遗产地拟以标准（vii）和标准（ix）列入《世界遗产名录》，以其他标准列入遗产名录的山岳遗产，不具可比性。经过筛选，65 项山岳遗产中可与新疆天山遗产地对比的山岳遗产有 13 项（表 4-1）。

表 4-1　与新疆天山遗产地对比的13项山岳遗产

序号	遗产地	满足标准	主要美学特征	重要生物生态特征
1	冰川国家公园	(vii) (viii)	冰川国家公园具有突出的自然美，峰峦叠嶂，冰川湖泊星罗棋布，其中包括长达160 km的阿根廷湖。在其源头，三川汇流奔涌注入奶白色的冰水之中，在这个过程中水流将硕大的冰块冲到湖里，冰块撞击如雷声轰鸣，蔚为壮观	
2	加拿大落基山脉公园	(vii) (viii)	加拿大落基山区域的七大公园形成了一道亮丽的风景线。崎岖的山峰、冰原、冰川、高山草甸、湖泊、瀑布、广阔的喀斯特洞穴群和深切的峡谷分布其间，加拿大落基山公园群以其独特的自然美景每年吸引着成千上万来自世界各地的游客	
3	塔琴希尼阿尔塞克河/克卢恩国家公园/兰格尔圣伊莱亚斯国家公园和冰河湾国家公园	(vii)(viii) (ix)(x)	公园包括极佳的自然景观及独特的自然美景区域。塔琴希尼阿尔塞克河连接着位于育空河和阿拉斯加的现存的世界遗产，导致冰川活动和后冰川时代生态演化持续。区域包含了世界最大的非极地冰川覆盖区，350多条山谷冰川和大约31条涌浪型冰川	本区域是北美地震活动最多的区域,受圣埃利亚斯山控制，也包括英属哥伦比亚省最高点费维乐山。在独特的地质地貌过程众多的区域，费维乐山仍不失其独特性
4	沃特顿冰川国际和平公园	(vii) (ix)	公园包括极佳的自然景观和独特的自然美景区域。横跨美国、加拿大边境，两大公园囊括了壮丽的自然景观，这其中包括了一个作为三大洋的流域分界线的区域	由于处于过渡区域，区域内的冰川及瓦尔顿湖受到了太平洋气候系统的强烈影响。区域具有将山地与草原生物群落联系在一起的生态地理重要性，同时也是南部和北部落基山基因联系的重要纽带，以及野生生物跨越国际边界迁徙和基因流动的重要通道
5	楠达戴维山国家公园和花谷国家公园	(vii) (x)	此处是一处景观独特的高纬度喜马拉雅山谷，一个世纪以来在文学作品中以及被许多著名的登山者和植物学家所提及，在印度神话中其历史更为悠久。其优雅的景观、开满鲜花的高山草甸以及良好的通达性与粗犷的山地原始胜景相得益彰，南达戴维国家公园也因此而著名	楠达戴维山国家公园是喜马拉雅山最壮观的荒野地区之一，其中楠达戴维峰高达7 800 m。没有人类居住在这里，由于交通不便，保持了完好的原生性。这里也是一些濒危哺乳类动物的栖息地，包括雪豹、喜马拉雅麝香鹿和岩羊

资料来源：http://whc.unesco.org/en/list

续表

序号	遗产地	满足标准	主要美学特征	重要生物生态特征
6	萨加玛塔国家公园	(vii)	萨加玛塔是一个特别的地区，全区遍布形态各异的山脉、冰河和深谷,其中珠穆朗玛峰（即世界最高峰）占据了主导地位（海拔8 848 m）。公园里有许多诸如雪豹和小熊猫的稀有物种，同时舍帕斯部落的独特文化更使这一国家公园增加了魅力	
7	蒂瓦希普纳穆–新西兰西南部地区	(vii)(viii)(ix)(x)	该区域包含新西兰最高的山、最长的冰川、最高的森林、最原始的河流和峡谷、最崎岖的海岸线和最深的峡湾和湖泊。温带雨林和高山植物群落是这些重要的生态系统的杰出范例	正在进行的生物过程的显著例子包括大面积的温带雨林、冰川退缩后的植物演替、脊滩上的生物序列、冲积平原上的植物演替、冰湖中德植物生长、超镁铁质土壤的生态型分化、大面积的稍有改动的淡水栖息地、高山系统的多样性、一些特有的高山植物种、持续的进化过程如相互隔离的猕猴桃种群之间的差异
8	勘察加火山	(vii)(viii)(ix)(x)	强烈的地质构造和火山活动形成的绝妙的自然景观包括间歇泉、火山口、温泉等。此外，还有多样的海岸景观和壮观的野生动物群	半岛也像岛屿那样展现了显著的特有种现象，火山活动形成了自然演化的新区域，自然进程不会受到干扰，还拥有大量的原始栖息地
9	金山–阿尔泰山	(x)		阿尔泰地区是动植物物种多样性的重要地区和起源中心，许多动植物物种是稀有的和地方性的。极具特殊意义的是Altaiskiy Zapovednik，其特殊的生物地理价值，是亚欧大陆动植物在不同区域（包括西伯利亚和中亚）相互影响的代表物种。金山区域也包括众多全球濒危物种重要栖息地保护区，有雪豹、阿尔泰盘羊。阿尔泰雪豹种群是向南西伯利亚分散的雪豹个体的核心资源
10	少女峰–阿莱奇峰–比奇峰	(vii)(viii)(ix)	遗产地美妙的景观在欧洲的艺术、文学、登山与高山旅游领域发挥了重要作用。这一区域被认为是全球最值得游览的山地之一，它的美学价值吸引着来自全世界的人们。以艾格尔峰、门希峰和少女峰为中心的阿尔卑斯高地北部山屏的壮观景象景色极佳，南部是阿尔卑斯山壮丽的山峰与河谷及发育其上的欧亚大陆最长的两条冰川	在其海拔范围内和干燥的南部及湿润的北部区域，遗产地营造了良好的高山和亚高山栖息地。在结晶岩基底与碳酸盐岩基底上，多样的生态系统在不受人为地严重干扰的情况下发育良好,在此可以找到植物演化的极好例证，包括阿莱奇森林在上部与下部的林线。全球气候变化在本区域内得到很好的说明，尤其体现在不同冰川退缩速率的变化上，也为植被集群现象提供了新的基底

续表

序号	遗产地	满足标准	主要美学特征	重要生物生态特征
11	黄石国家公园	(vii)(viii)(ix)(x)	黄石国家公园独特之处在于它拥有世界上最大的间歇泉群、黄石河大峡谷、众多的瀑布、大规模的野生生物群	黄石国家公园是世界上北温带保存完好的大型生态系统之一,所有植被都是在没有直接干预的情况下自然进化的。由自然因素闪电引起的火灾通常不去扑灭从而让阶段性的自然效应发生自身作用。公园内的美洲野牛是曾经生活在大平原上的野牛群中唯一野生的至今仍自由驰骋的族群，与公园内其他野生生物构成最好的景点之一
12	云南三江并流保护区	(vii)(viii)(ix)(x)	金沙江、澜沧江和怒江深而平行的峡谷，体现该区域突出的自然特点，三条江的大部分正好处于该区域的边界之外，河谷景观是该区域的主要风景。区域中随处可见高山，其中梅里雪山、白马雪山和哈巴雪山构成了壮观的空中风景轮廓。闽咏卡冰川是一个引人注目的自然景观:海拔高度从卡瓦吉布山（6 740 m）下降到2 700 m，号称是北半球低纬度（28° N）海拔向下延伸最低的冰川。其他典型的地貌包括高山喀斯特地貌（特别是怒江峡谷上方月亮山风景区内的月亮石）和阿尔卑斯式丹霞风化层“龟甲”	三江并流区域中显著的生态过程是地质、气候和地形影响的共同结果。首先，该区域的位置处于地壳运动的活跃区之内，结果形成了各种各样的岩石基层（四种），从火成岩到各种沉积岩包括石灰石、砂岩和砾岩。特殊的地貌范围：从峡谷到喀斯特地貌再到冰峰，这种大范围的地貌和该区域正好处于地壳构造板块的碰撞点有关。另外一个事实就是该区域是更新世时期的残遗种保护区并位于生物地理学的辐合区（即：具有温带和热带要素），为高度生物多样性的演变提供了良好的物理基础。除了地形多样性之外（具有6 000 m几乎垂直的陡坡降），季风气候影响着该区域绝大部分，从而提供了另一个有利的生态促进因素，使得各类古北区的温带生物群落良好发展
13	乌布苏盆地	(ix)(x)		乌布苏湖的闭合盐类湖泊系统，由于其独特的气候和水文体系对于国际自然科学研究具有重要意义。几千年田园诗般的游牧生活使得盆地的自然状况并没有发生改变，因此现在的科学研究项目能够测出乌布苏湖（以及盆地内其他小湖泊）盐化的速率（在正常情况下）。目前，乌布苏湖仍然继续盐化。因为其独特的地球物理和生物特征，乌布苏湖盆地已经成为国际人与生物圈保护区计划（IGBP:International Geosphere- Biosohere Programm：旨在研究全球的变化）研究全球气候变暖现象的观测点

新疆天山遗产地最高海拔托木尔峰 7 443 m，最低海拔 1 380 m，垂直高差达 6 063 m，虽然最高峰低于萨加玛塔国家公园（8 848 m）和南达戴维国家公园（7 817 m），但垂直高差比萨加玛塔国家公园（垂直高差 6 003 m）还要高出 60 m，大于任何一项现有的山岳遗产。与这 13 项山岳遗产相比，新疆天山遗产地垂直高差最大，而且是唯一以温带荒漠为基带的大型山脉，拥有完整的山地垂直自然景观带和丰富的自然景观资源，集中体现了温带干旱区大型山脉南坡的荒凉与北坡的秀美、西段的湿润与东段的干旱、高山的寒冷与大漠的炎热，这种反差极大的自然地理特征造就的集雪峰冰川、河流沼泽、高山湖泊、五花草甸、森林草原、红层峡谷、荒漠戈壁于一体的山地综合自然美景是全球独一无二的。

根据 Udvardy 生物地理区划，新疆天山遗产地地处古北界的帕米尔－天山山地生物地理省。不同的生物地理省代表不同的生态过程和生物多样性特征，相互不可替代，不具可比性。另外，新疆天山遗产地发育了以天山针叶林、天山山地草原草甸和天山山麓干旱草原为主的独特生态系统。其中雪岭云杉为天山山地森林的特有树种，以雪岭云杉群系为主的山地针叶林生态系统是天山山地植被垂直带结构的最重要组成部分，对天山地区的水源涵养、水土保持和山地生态系统的形成和维持起着决定性作用，新疆天山遗产地独特的生态系统为其他山岳遗产不可替代。

【对比结论】

与已列入世界遗产名录的山岳遗产相比，新疆天山遗产地拥有最大的垂直高差，且是唯一以温带荒漠为基带的大型山脉。新疆天山遗产地所在的帕米尔－天山山地生物地理省尚无山岳遗产，其基于特有物种的干旱区山地生态系统和山地垂直自然景观为其他山岳遗产不可替代。

4.3.2 与亚洲干旱区其他大型山脉对比

1）与帕米尔山脉对比

帕米尔高原是由喜马拉雅山、天山、昆仑山、喀喇昆仑山和兴都库什山汇聚而成的巨大山结，最高海拔公格尔峰 7 719 m，基带为荒漠带，地表主要是裸露的石质荒漠和冰碛物，以南北走向的萨雷阔勒岭山脉为界分为东帕米尔和西帕米尔两部分，自然景观有所不同。东帕米尔以平均海拔 6 100 m 而垂直高差不超过 1 000 ～ 1 800 m 的剥蚀高原和垅岗为主，高山寒漠景观发育完整。缺乏森林带，仅在谷底、盆地及干燥的山坡生长着优若藜属的矮小灌木、刺雪属和棘豆属的一些垫状植物，在较湿润的谷底生长有蒿草。西帕米尔以覆盖永久积雪和冰川的高山和狭窄幽深的峡谷为主，冰川地形广泛发育，山高谷深，河流湍急，切割剧烈，垂直高差达 2 000 ～ 3 000 m。植被比东帕米尔丰富，垂直自然带也很明显。高原下部和山谷中是以蒿类为主的荒漠群落，3 200 ～ 3 600 m 为多刺垫状植物群落，3 600 ～ 3 800 m 为棱狐茅、针茅草原地带，3 800 ～ 4 300 m 发育着高山寒漠植物，以上为高山永久积雪带。

塔吉克国家公园是中亚地区也是欧亚大陆最大的高山自然保护区，它的自然景观主要体现在地貌景观方面，最大的特色在于东部广阔的高原和西部峡谷深切的高山（vast high plateaus in the east and rugged terrain with deep gorges in the west）。山地垂直自然带方面，主要发育了冰雪带、高山灌丛带和亚高山草原带。

帕米尔高原在生物多样性、生物地理区系、垂直自然带谱、自然景观和生态区方面明显不同于新疆天山。

• **生物地理区系成分不同**。帕米尔高原由于降水稀少，现代冰川的条数、面积和冰川储量少于新疆天山；其植物多样性也显著低于新疆天山，植物区系成分以北温带分布和旧世界温带分布为主，也不同于新疆天山以北温带分布和地中海、西亚至中亚分布为主的成分。两者分属于不同动物地理区，帕米尔高原位于中亚亚界的青藏区，新疆天山位于中亚亚界的哈萨克区。帕米尔高原动物区系受毗邻南天山山地省的影响，域内动物物种具有天山区系与

图 4-16　帕米尔高原

图 4-17 新疆天山

青藏高原相互过渡的特征，但其由于具备青藏高原动物区系的显著特征而与新疆天山动物种类组成特征差异显著。

• **自然景观不同**。帕米尔高原缺失中亚山地最重要的山地常绿针叶林、高山草甸和山麓干旱草原带，因而帕米尔的高原景观和新疆天山的山地垂直自然景观不具可比性。

• **生态区不同**。在 Global 200 Ecoregion 111“中亚山地草原与林地生态区”中，新疆天山拥有的生态区为天山针叶林、天山山地草原草甸和天山山麓干旱草原生态区，帕米尔高原则为帕米尔高山荒漠和苔原生态区。新疆天山和帕米尔高原属于不同的生态区，拥有不同的生物群落 (communities) 和与之对应的生态过程 (ecological processes)，因而相互不可替代。

2）与阿尔泰山对比

阿尔泰山也是亚洲中部的巨大山系之一，平均海拔 1 000 ～ 3 000 m，最高峰 Mt. Belukha peak 海拔 4 605 m。阿尔泰山在生物地理区系、垂直自然带谱、自然景观和生物地理省方面明显不同于新疆天山。

• **生物地理区系成分不同**。阿尔泰山植物地理区系以西伯利亚分布型、旧世界分布型和泛北极分布型为主。森林生态系统为欧洲 - 西伯利亚泰加林生态系统，主要由西伯利亚落叶松、西伯利亚红松、西伯利亚云杉和西伯利亚冷杉组成，山地针叶林带分布高程较低，寒温性落叶针叶林占有较大比例，欧洲山杨、疣枝桦小叶桦林等阔叶落叶林在森林带中都有占有一定的面积。

新疆天山动物种类组成与阿尔泰山显著不同，新疆天山位于中亚亚界，阿尔泰山位于欧洲–西伯利亚亚界，两者分属不同动物地理区。

• **山地植被垂直带谱不同**。在阿尔泰山，旱生的荒漠和草原垂直带较为发达，中生的森林和草甸植被带相对较窄，上升较高，并发生不同程度的旱化现象，完全不同于新疆天山以雪岭云杉为主的完整带状分布的常绿针叶森林带。相比较，新疆天山山地垂直自然带谱中的亚高山草甸、山地草原草甸和山麓干旱草原得到了更为充分的发育。

• **自然景观不同**。阿尔泰山拥有从温带荒漠草原到冰川的山地垂直自然景观以及数量众多的湿地、河流和湖泊。但山地平均高度远低于新疆天山，且山势较为和缓，冰川条数也相对更少，相比较，新疆天山更为雄伟壮观。阿尔泰山南坡也发育了完整的山地垂直自然景观，但森林带以西伯利亚云杉、疣枝桦、西伯利亚落叶松和刺柏的混交林为主，不同于新疆天山以雪岭云杉为主的森林景观，相互不可替代。

• **生物地理省不同**。根据 Udvardy(1975) 生物地理系统，阿尔泰山处于全球 8 个生物地理界中的古北界（The Palaearctic Realm），属于 193 个生物地

图 4-18　阿尔泰山

理省中的阿尔泰山地生物地理省（Altai Highlands），属于 14 个生物群区中的混合山地生态系统（mixed mountain syetem）。在世界自然基金会全球 200 生态区中，阿尔泰山位于 Global 200 Ecoregion 79“阿尔泰 - 萨彦山地森林”生态区（Altai-Sayan Montane Forests），包括的生态区有阿尔泰山地森林和森林草原（Altai montane forest and forest steppe）、阿尔泰高山草甸和苔原（Altai alpine meadow and tundra），新疆天山位于 Global 200 Ecoregion 111“中亚山地草原与林地生态区”（Middle Asian Montane Steppe and Woodlands）。阿尔泰山和新疆天山位于不同的生物地理省和 Global 200 Ecoregions 中不同的生态区，有着截然不同的生物多样性类型（patterns of biodiversity）和生态过程（ecological processes），因而不具可比性。

3）与喀喇昆仑山对比

喀喇昆仑山长 800 km，宽 240 km，平均海拔超过 6 000 m。共有 19 座山峰超过 7 260 m，是世界山岳冰川分布比较集中的山地。喀喇昆仑山在生物多样性、生物地理区系、垂直自然带谱、自然景观和生物地理省方面明显不同

图 4-19　新疆天山

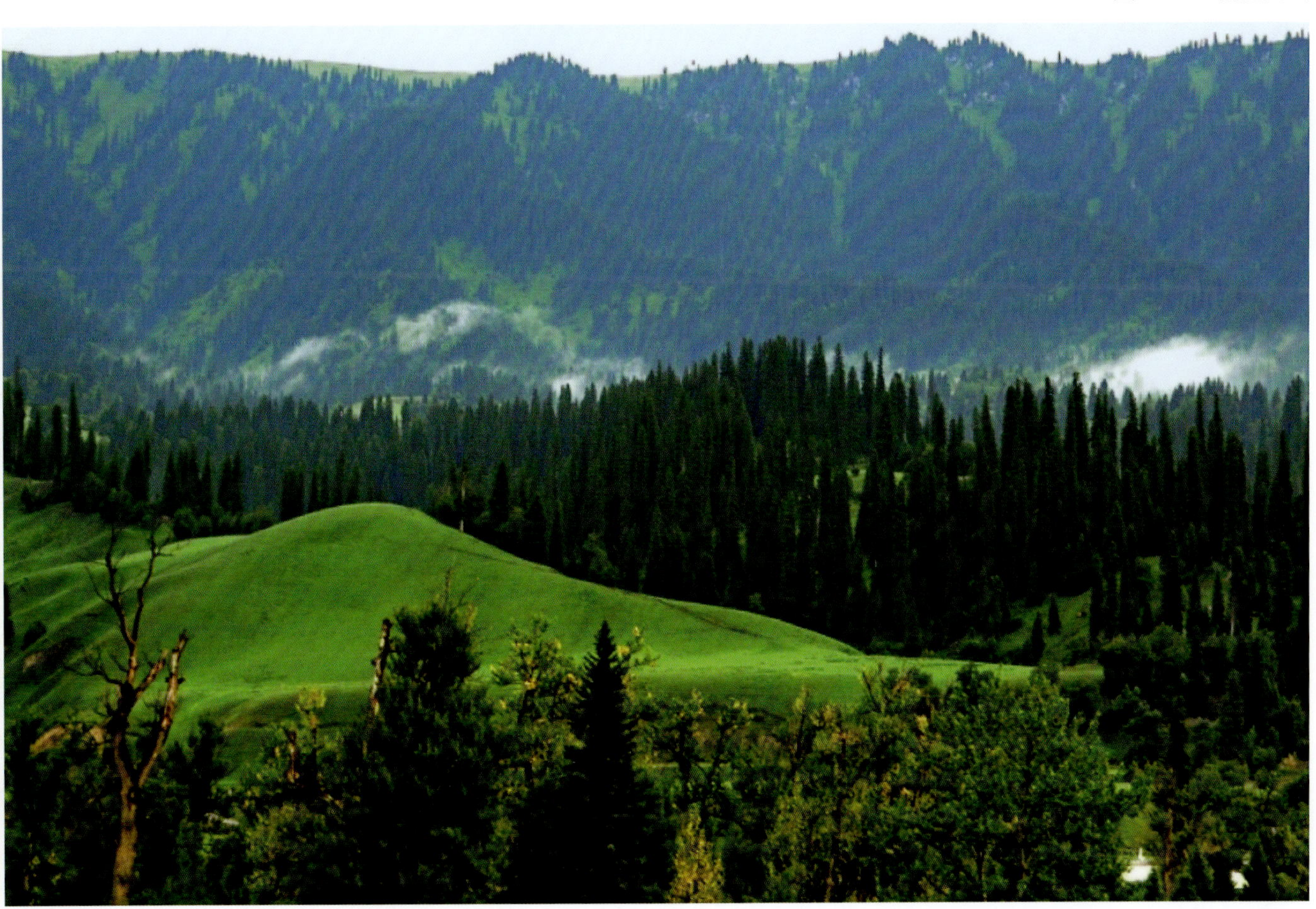

于新疆天山。

• **植物种类稀少**。喀喇昆仑山气候干旱，植物种类贫乏，野生维管束植物种类不到 1 000 种，大多数种、属分布海拔为 3 500 ～ 4 000 m。

• **生物地理区系成分不同**。喀喇昆仑山植物区系地理成分以中亚成分为主，其次为青藏高原成分。优势种差异显著，新疆天山以地带性连续分布的雪岭云杉为主，喀喇昆仑山以隐域性斑块状分布的昆仑方枝柏为主。喀喇昆仑山代表性动物为野牦牛、藏羚羊、岩羊、藏野驴等高地型物种，新疆天山具代表性的动物种类有马鹿、盘羊、北山羊等北方型物种，两者动物地理区系成分差异巨大。

• **山地植被垂直带谱不同**。喀喇昆仑山植物的垂直分带仅限于北坡和西坡，为山地草原带占最大幅度的旱生性植被垂直带谱，缺乏亚高山森林带和草甸带，垂直自然带自上而下为冰雪带—高山灌丛、草甸带—亚高山草原带—山地草原带—山地荒漠带。

• **自然景观不同**。喀喇昆仑山属于典型的高寒荒漠景观，与新疆天山的

图 4-20　喀喇昆仑山

图 4-21 新疆天山

山地垂直自然景观截然不同。

• **生物地理省不同**。根据 Udvardy（1975）生物地理系统，喀喇昆仑山处于全球 8 个生物地理界中的古北界（The Palaearctic Realm），属于 193 个生物地理省中的西藏生物地理省（Tibetan），属于 14 个生物群区中的寒冬荒漠/半荒漠（cold-winter deserts and semi deserts）。喀喇昆仑山和新疆天山位于不同的生物地理省，属于不同的生物群区，不具可比性。

4）与昆仑山对比

昆仑山东西绵亘 2 500 km，宽 130～200 km，平均海拔 5 500～6 000 m。昆仑山在生物多样性、生物地理区系、垂直自然带谱、自然景观和生物地理省方面明显不同于新疆天山。

• **植物种类稀少**。昆仑山几乎完全不受印度洋和太平洋季风的气候影响，气候干旱，降水稀少。只有 100 多种高等植物，大多为低矮小半灌木类。

• **生物地理区系成分不同**。在植物地理区系成分上，中亚成分占显著地位，其次为青藏高原成分，缺少古老的残遗类群。昆仑山野生动物以高原特有物种野牦牛、藏羚羊、岩羊、藏野驴等大型有蹄动物为代表，在动物地理区划上归属中亚亚界青藏区，而新疆天山在动物地理区划上归属中亚亚界哈萨克区，两者动物区系属性显著不同。

• **山地植被垂直带谱不同**。昆仑山发育了强度荒漠化的超旱生型的山地植被垂直带谱，垂直自然带自上而下为高寒荒漠带—高山灌丛、草甸带—亚高山草原带—山地荒漠草原带—山地荒漠带。

• **自然景观不同**。昆仑山属于典型的荒漠草原景观，与新疆天山的山地垂直自然景观截然不同。

• **生物地理省不同**。根据 Udvardy(1975) 生物地理系统，昆仑山处于全球 8 个生物地理界中的古北界（The Palaearctic Realm），属于 193 个生物地理省中的西藏生物地理省（Tibetan），属于 14 个生物群区中的寒冬荒漠 / 半荒漠（cold-winter deserts and semi deserts）。昆仑山和新疆天山位于不同的生物地理省，属于不同的生物群区，不具可比性。

5）对比结论

与亚洲干旱区其他大型山脉相比，新疆天山被两大荒漠环绕，屏障作用显著，造成南北坡的巨大差异，其相对高差和干湿差别最大，因而植被类型最为丰富，垂直自然带谱最为完整。新疆天山和这些大型山脉或位于不同的生物地理省，或属于不同的生物群区，或属于不同的生态区，生物区系有显著差异，因而垂直自然带谱和生物生态演替过程截然不同。新疆天山以丰富的景观多样性及独特的自然美明显区别与其他山脉。

图 4-22　昆仑山

图 4-23　新疆天山

4.3.3　与境外天山部分对比

1）哈萨克斯坦北天山

哈萨克斯坦境内的北天山包括三个保护区（Altyn-Emel National Nature Park, Ile-Alatau National Nature Park, Alma-Atinskiy Zapovednik），最高峰 Mt Talgar peak 海拔 4 951 m，从高山地带一直延伸到海拔 1 000 m 的半荒漠区，垂直高差接近 4 000 m，发育了完整的山地垂直自然带谱。包括温带荒漠带（1 000 ～ 1 300 m）；由草原、混交林和针叶林组成的山地森林草原带（1 300 ～ 2 600 m）；亚高山草甸带（2 600 ～ 3 000 m）；高山草甸带（3 000 ～ 3 600 m）；冰雪带（3 600 ～ 4 951 m），包括 300 多条冰川，冰川面积 300 多平方千米，其中最大的冰川长 6 km。IUCN 工作文件《中亚地区世界遗产主题研究 - 区域概览》（2005）认为，哈萨克斯坦北天山作为一个整体，具有成为世界自然遗产的潜力，价值在于拥有丰富的生物多样性、大量的珍惜濒危物种和数量众多的地方特有植物。

2）哈萨克斯坦、吉尔吉斯斯坦和乌兹别克斯坦西天山

西天山跨越哈萨克斯坦、吉尔吉斯斯坦和乌兹别克斯坦三个国家，包括7个保护区，海拔从1 110 m升至4 247 m，垂直高差接近3 200 m，发育了三个主要的植被带，包括Mountain Turanian-type semi-savanna，森林/灌丛带和高山草甸带。西天山突出的景观资源包括地貌景观、水体景观、野果林、山地草原、亚高山五花草甸和高山草甸等。IUCN工作文件《中亚地区世界遗产主题研究——区域概览》（2005）认为，西天山作为一个整体，具有成为世界自然遗产的潜力，价值在于拥有优美的马赛克景观和帕米尔-天山山地生物地理省内大型动物的大量群体和数量众多的地方特有植物。

3）新疆天山遗产地与北天山、西天山的对比分析

新疆天山遗产地和北天山、西天山在生物多样性、植被类型和垂直带谱方面具有相似性，但北天山和西天山的价值在于拥有丰富的珍稀濒危物种和数量众多的特有物种，而新疆天山遗产地则在更大范围内更好的代表了温带干旱区山地生态系统的特征。

• 整体上，北天山和西天山在长度、高度和规模上均不如新疆天山遗产地（表4-2）。

表 4-2 新疆天山遗产地和北天山、西天山的主要地理特征

名称	新疆天山遗产地	北天山*	西天山*
经度	79°~89° E	74°~79° E	69°~72° E
纬度	41°~45° N	43°N~45°N	41°~43° N
海拔	1 380~7 443 m	1 000~4 951 m	1 100~4 227 m

*资料来源：http://whc.unesco.org/en/tentativelists/；中亚地区世界遗产主题研究——区域概览（2005）

• 新疆天山遗产地更加深入欧亚大陆腹地，且南北两面被塔里木和准噶尔两大荒漠夹持，气候更为干旱。遗产地共有冰川冰储量481.913 km^3，占整个天山冰川总储量的45.9%，为干旱区山地生态系统的形成和演化提供了充沛的水资源保障。

• 新疆天山遗产地拥有暖温带、温带、寒温带、寒带和极高山永久冰雪带等5个气候带以及湿润区、半湿润区、半干旱区和干旱区4个干湿区，发

育了种类更为丰富的野生动植物（表 4-3），形成了类型更为多样的山地生态系统。与北天山和西天山相比，新疆天山遗产地在大尺度范围内，更好地代表了干旱荒漠区山地生态系统。

表 4-3　新疆天山遗产地和北天山、西天山的野生动植物种类

名称		高等植物	脊椎动物				
			哺乳类	鸟类	爬行类	两栖类	鱼类
新疆天山遗产地		2 622	102	370	32	6	40
北天山*	Altun Emel	634	70	155	25	4	28
	Ele Alatau	1 200	47	148	10	2	8
	Alma-Atinskii	950	–	–	–	–	–
西天山*		1 100	42	240	9	2	5

*资料来源：中亚地区世界遗产主题研究——区域概览（2005）

• 新疆天山遗产地和北天山、西天山拥有类型相似的自然景观资源和山地垂直景观，但新疆天山整体规模上更加雄伟壮观。同时新疆天山独特的“两漠夹一山”的地理格局造就了南北两侧截然不同的自然景观，北坡秀美、南坡荒凉；受山体走向和盛行风系的影响，新疆天山西段湿润、东段干旱；在 6 000 多米的巨大垂直高差内发育了从雪峰冰川到荒漠的完整的山地垂直自然景观，高山寒冷、大漠炎热。

4）对比结论

与境外天山相比，新疆天山系列组成地从托木尔到博格达东西跨越了 800 km，南北跨越了 400 km，涵盖了天山的主峰区，是天山现代冰川发育中心，北天山、西天山在冰川条数、冰川面积和冰储量方面与新疆天山遗产地不具可比性。

• 新疆天山遗产地东西跨度、垂直高差、南北坡差异最大，形成了整个天山景观单体最丰富、景观类型最多的区域，其自然景观的显著差异和视觉上的巨大反差是北天山和西天山所不可比的。其中托木尔的雪峰冰川和红层峡谷景观，以及巴音布鲁克的高海拔大型湿地河曲景观为为北天山、西天山所不可替代。

北天山和西天山的价值在于拥有丰富的珍稀濒危物种和数量众多的特有

物种，而新疆天山遗产地则在更大范围内更好地代表了温带干旱区的山地生态系统。尤其是博格达遗产地更加深入荒漠腹地，被沙漠所包围，展示了极度干旱条件下的山地生态系统，更突出地代表了温带干旱区山地生态系统的特征，为北天山和西天山所不可替代。

4.3.4 与周边国家列入世界遗产名录的天山保护地对比

周边国家有 5 处保护地列入世界遗产名录（表 4-4）。

表 4-4　5项列入世界遗产名录的天山保护地

名称	国家	标准	面积／hm^2 海拔／m	经纬度	主要生物生态特征	景观美学特征
Western Tien-Shan	吉尔吉斯斯坦	(X)	面积：146 584 海拔：1 000~4 247	41° 36'~41° 53'N 70° 28'~71° 56'E	7个垂直自然带，分布典型的有森林带、亚高山草甸带和高山草甸带。其中森林带主要植被为河谷小叶林、落叶阔叶林、野果林和针叶林	主要景观有草原、森林、草甸、雪峰、瀑布、峡谷，溪流。河谷地貌发育，陡崖、峭壁与山间盆地交织
Western Tien-Shan	哈萨克斯坦	(X)	面积：315 287 海拔：800~4 200	42° 10'~42° 30'N 75° 15'~70° 55'E	5个垂直自然带：荒漠带、真草原带、落叶松森林带、高山草甸带和冰雪带	典型的荒漠山地垂直自然景观
Northern Tyan-Shan	哈萨克斯坦	(X)	面积：30 000 海拔：1 400~3 600	42° 48'~43° 19'N 76° 30'~77° 50'E	4个垂直自然带：低山半荒漠带、山地草原带、亚高山草甸带和高山草甸带	山地草原、森林与山前平原构成的自然美景
"Altyn-Emel" National Park	哈萨克斯坦	(X)	海拔：1 200~2 500	79° 00'N, 43° 05'E	森林带广布	大西洋暖湿气流影响下的植被
Mountains of the Western Tien Shan	乌兹别克斯坦	(X)	面积：35 700 海拔：1 100~4 000	42° 32'N, 70° 14'E	3个垂直自然带：山地草原带、落叶针叶和山地小叶林混交森林带和高山草甸带	以草甸和野果林混交森林为主要自然美景

资料来源：http://whc.unesco.org/en/tentativelists/

● 新疆天山遗产地是干旱荒漠区山地生态系统的最典型代表

与其他 5 处保护地相比，新疆天山遗产地拥有种类更为丰富的野生动植物（表 4-5），更好地代表了温带干旱区的山地生态系统。

表 4-5　列入世界遗产名录天山保护地的动植物种类

名称	高等植物	脊椎动物				
		哺乳类	鸟类	爬行类	两栖类	鱼类
新疆天山	2 622	102	370	32	6	40
吉尔吉斯斯坦 Western Tien-Shan	676	35	157	7	2	3
哈萨克斯坦 Western Tien-Shan	2 000	42	238	9	2	2
哈萨克斯坦 Northern Tyan-Shan	1 200	47	148	10	2	8
哈萨克斯坦 “Altyn- Emel” National Park	634	70	155	25	4	28
乌兹别克斯坦 Mountains of the Western Tien Shan	1 186	44	230	16	2	–

资料来源：http://whc.unesco.org/en/tentativelists/

● 新疆天山遗产地在短距离拥有温带干旱区最典型的山地垂直自然带谱

新疆天山遗产地是天山南坡和天山北坡垂直自然带的最典型代表，其中托木尔遗产地在 70 km 的水平距离内，海拔从 1 450 m 升至 7 443 m，垂直高差近 6 000 m，发育了 7 个完整的垂直自然带；博格达遗产地在不到 30 km 的水平距离内，海拔从 1 380 m 升至 5 445 m，垂直高差近 4 100 m，拥有 6 个完整的垂直自然带。山地垂直自然带谱在如此小的水平距离内得到集中展现，在全球范围内具有唯一性。

其他 5 处保护地中，哈萨克斯坦 State National Natural Park "Altyn-Emel"，海拔在 3 000 m 以下，垂直高差有限。哈萨克斯坦 Western Tien-Shan（800～4 200 m）、Northern Tyan-Shan（1 400 ～ 3 600 m）和乌兹别克斯坦 Mountains of the Western Tien Shan（1 100 ～ 4 000 m）均发育了 4 个垂直自然带。吉尔吉斯斯坦 Western Tien-Shan 也发育了 7 个垂直自然带，垂直高差 3 000 m，相比较，新疆天山遗产地垂直高差巨大，自然带分布更为宽广，其山地垂直自然带谱更具代表性。

与其他 5 处保护地相比，新疆天山遗产地在很短的水平距离内拥有巨大的垂直空间，发育了温带干旱区最典型的山地垂直自然带谱，更突出地代表了帕米尔 - 天山山地生物地理省空间上的生物演替规律。

4.3.5 对比分析综合结论

根据上述对比分析，新疆天山遗产地在全球范围内具有以下独特性：

（1）天山是世界上最大的独立纬向山系，新疆天山是全球唯一被世界两大荒漠包围的巨大山脉，遗产地“两漠夹一山”的独特地理格局是全球独一无二的；

（2）遗产地高达 6 063 m 垂直高差和反差极大的自然地理特征造就的温带干旱区山地综合自然美景是全球无与伦比的；

（3）遗产地是帕米尔 - 天山山地生物地理省生物生态演化过程的最杰出代表；

（4）遗产地是温带干旱区山地生态系统的最典型代表；

（5）遗产地是研究全球气候变化下干旱区山地生态系统生物群落演替的杰出范例；

（6）遗产地在短距离内拥有温带干旱区最典型的山地垂直自然带谱，在全球范围内具有唯一性。

4.4 完整性

4.4.1 法律地位

遗产地土地属国家所有，同时各个组成地都具有“国家级自然保护区”“国家级风景名胜区”和“自治区级风景名胜区”等保护性命名，因此遗产地受到中华人民共和国宪法、国家风景名胜区条例、国家自然保护区条例等法律法规的保护。

● 《中华人民共和国宪法》

第九条：矿藏、水流、森林、山岭、草原、荒地、滩涂等自然资源，都属于国家所有；有法律规定属于集体所有的森林和山岭、草原、荒地、滩涂除外。国家保障自然资源的合理利用，保护珍贵的动物和植物。禁止任何组织、或者个人用任何手段侵占或者破坏自然资源。

● 《中华人民共和国自然保护区条例》

第二十六条：禁止在自然保护区内进行砍伐、放牧、狩猎、捕捞、采药、开垦、烧荒、开矿、采石、挖沙等活动；但是，法律、行政法规另有规定的除外。

● 《中华人民共和国风景名胜区条例》

第二十四条：风景名胜区内的景观和自然环境，应当根据可持续发展的原则，严格保护，不得破坏或者随意改变。风景名胜区管理机构应当建立健全风景名胜资源保护的各项管理制度。风景名胜区内的居民和游览者应当保护风景名胜区的景物、水体、林草植被、野生动物和各项设施。

4.4.2 边界及范围

新疆天山系列遗产地由托木尔、喀拉峻－库尔德宁、巴音布鲁克和博格达四个遗产地组成，每个遗产地都有明确的遗产地和缓冲区边界。边界大部分以山脊线、河流、海拔或植被带为划分依据，并参考了现有保护性命名的区域边界，包括“人与生物圈保护区”“国家级自然保护区”“国家级风景名胜区”等，对于原有不能完整涵盖遗产价值的保护区进行了扩充，以保证遗产价值的完整性。各遗产地已完成勘界立桩，在实地有明确划定的与遗产地和缓冲区界线一致的边界，并实施严格保护。

1）遗产地边界确定的原则

各遗产地的边界范围界定参照了以下原则：

• 保证新疆天山遗产地美学价值和生物生态价值的完整性，选择雪峰冰川、河流沼泽、高山湖泊、五花草甸、森林草原、红层峡谷和荒漠戈壁等自然景观最有代表性的连续分布区域，垂直自然带谱和生态系统的完整性以及珍稀濒危物种栖息地的完整性保存最好的区域。

• 尽量保证遗产地自然地理单元的完整性，遗产地边界尽可能与山脊、山谷、河流或者某一高程的等高线保持一致。

• 参考现有保护地的边界范围，尽可能与其保持一致。

2）缓冲区边界确定的原则

各遗产地的紧邻区域都设有缓冲区，缓冲区的边界范围界定参照了以下原则：

- 对遗产地具有缓冲作用的外围自然区域。
- 对遗产地景观具有衬托意义的前景区域，不包含潜在的大气和水污染源。
- 缓冲区保证有足够的宽度。

3）托木尔遗产地和缓冲区边界描述

■ 遗产地边界

托木尔遗产地范围包括了托木尔地区的主要冰川和天山南坡垂直自然带谱分布最典型的区域。

• 东侧边界主要以冰川外缘作为划定依据，沿温宿与拜城县界向南经过乌库尔冰川冰舌下缘、木扎尔特河河谷西侧山脊线、土格别里奇冰川冰舌下缘、穹科孜巴依冰川冰舌外缘等冰川雪线外缘，绕过布日格乐克村、巴依勒克阿塔行政村和博孜墩柯尔克孜族自治乡后，沿喀拉尤勒滚河河谷至河流峡谷出口处。

• 南侧边界由喀拉尤勒滚河峡谷出口处沿托木尔山体山脚线向西，跨过台兰河后沿科契卡尔巴西冰川、托木尔苏冰川等冰川南侧山体雪线、冰舌外缘和山脊线至中、吉两国边境线。

• 西侧边界为中哈、中吉国界线。

• 北侧边界为温宿县与昭苏县县界（哈尔克他乌山山脊线）。

■ 缓冲区边界

• 东侧边界沿木扎尔特河西侧山体雪线及冰川外缘向南，经过喀拉尤勒滚河支流河谷，沿喀啦尤勒滚河东侧 2 ~ 3 km 向南至喀拉尤勒滚河峡谷出口处。

• 南侧边界距遗产地南侧边界 2 ~ 3 km，基本与遗产地南侧边界走向一致，沿植被带分界线及山体山脊线向西到达中吉边境线。

• 西侧为冰川覆盖的高海拔地区，且为中哈、中吉国境线，故西侧无缓冲区。

• 北侧边界距遗产地边界 5 ~ 10 km，沿主要冰川外缘山脊线向东，依次横穿萨依卡勒河、艾勒曼特河、敦都果勒河、夏特河至夏特草甸地区。

• 东北侧主要沿木扎尔特冰川北、东、南三侧雪线、冰舌外缘以及与其他冰川的分界线（山脊线）到达木扎尔特河河谷。

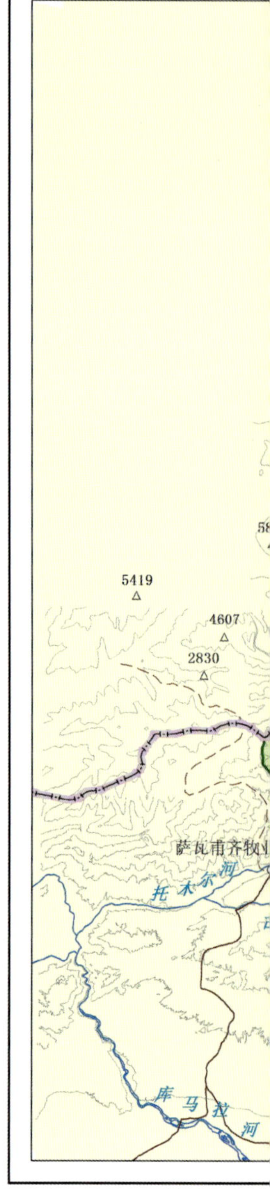

图例

4）喀拉峻-库尔德宁遗产地和缓冲区边界描述

■ 遗产地边界

喀拉峻 – 库尔德宁遗产地区域涵盖了草原、草甸生态系统保存最为完好的区域，并涵盖了原始生境保存最为完好的雪岭云杉分布区。

• 东侧边界沿博图河西侧河岸向南，到达和静县与巩留县县界处（42º59'38"N，83º05'50"E）。

• 南侧边界为和静县与巩留县县界（那拉提山山脊线），沿库尔代河及其

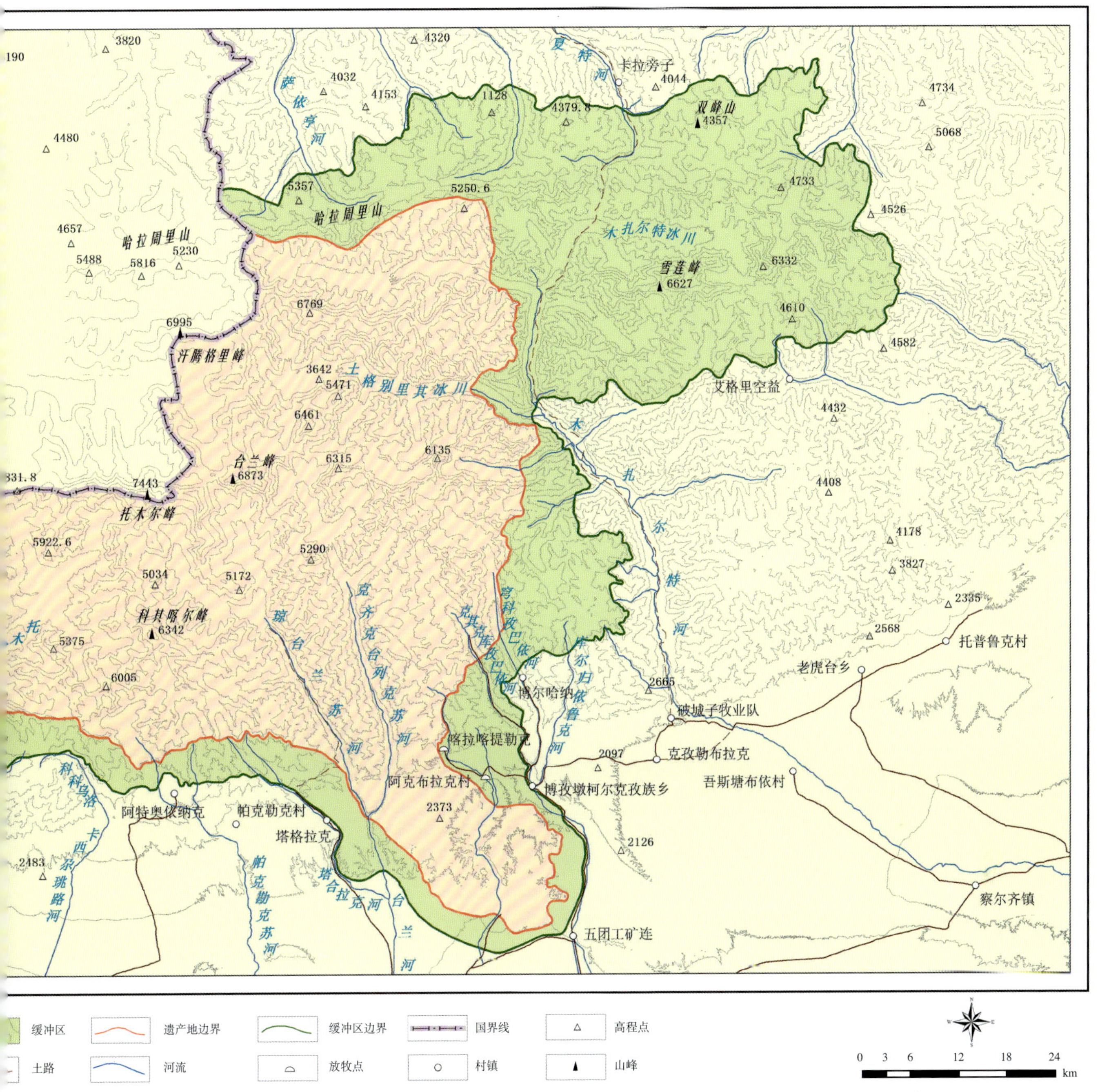

图 4-24　托木尔遗产地和缓冲区边界

支流源头雪山山脊线向西，至琼库什台河西侧山峰雪岭云杉林下林缘线。

• 西侧边界沿科仁巴依萨依河谷向北与喀拉峻大草原北侧雪岭云杉林线相连，向南沿科克布拉克河谷及雪岭云杉林右缘线至塔斯布拉克河源头雪山山脊线。

• 北侧边界沿喀拉峻大草原北侧雪岭云杉林南缘向东，沿雪岭云杉林下林缘线向东到达博图河河岸西侧。

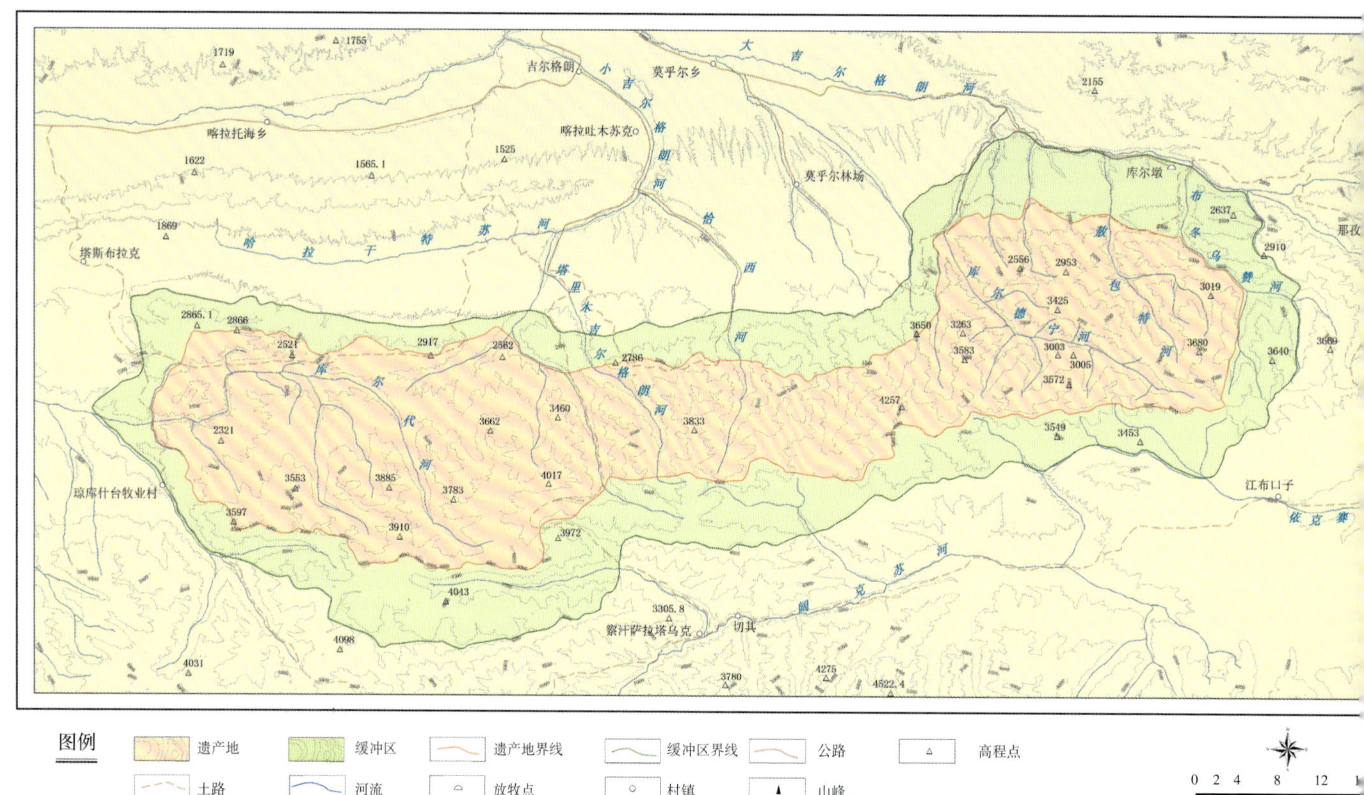

图 4-25　喀拉峻-库尔德宁遗产地和缓冲区边界

■ 缓冲区边界

缓冲区将遗产地核心区均囊括其中。

• 东侧边界沿新源县与巩留县界河吉尔尕朗河南侧河岸，其支流阿恩巴河西侧河岸、博图河支流河岸西侧向南，跨过巩留县与和静县交界处（43º00'07"N，83º08'46"E）沿山脊线至依克赛河河谷。

• 南侧边界沿依克赛河及阔克苏河支流北侧河岸、巩留县县界、塔里木吉尔尕朗河河谷南侧山脊线、阔克苏河北侧山体山脊线向西，至琼库什台河河岸东侧。

• 西侧边界沿琼库什台河岸东侧及山脊线、库尔代河支流河岸东侧向北，至喀拉俊草原北侧雪岭云杉下林缘线。

• 北侧边界沿雪岭云杉下林缘线向东，依次跨过小吉尔尕朗河、恰西河、克什莫胡尔乌赞，库尔墩河至吉尔尕朗河流西侧河岸。

5）巴音布鲁克遗产地和缓冲区边界描述

■ 遗产地边界

巴音布鲁克遗产地涵盖了高寒湿地生态系统保存最为完好的区域，遗产地边界与巴音布鲁克国家级自然保护区大尤尔都斯盆地部分边界一致。

• 遗产地边界在 42º39'29" ～ 42º58'26"N 和 83º43'5" ～ 84º36'18"E 之间，按湿地的自然地理边界划分，东侧沿 2 400 m 等高线开都河及湿地南缘，西侧沿湿地边缘的 217 国道；北侧沿 2 400 m 等高线的湿地北缘。

■ 缓冲区边界

缓冲区边界在 42° 37'19" ～ 42° 59'31"N 和 83° 38'56" ～ 84° 38'2"E 之间，西北和西南侧边界沿 2 500 m 等高线，东南侧沿 2 800 m 等高线的山脊线，东北侧沿 2 700 m 等高线划分缓冲区边界。

6）博格达遗产地和缓冲区边界描述

博格达遗产地范围包括博格达地区的主要冰川和天山北坡垂直自然带谱分布最典型的区域。

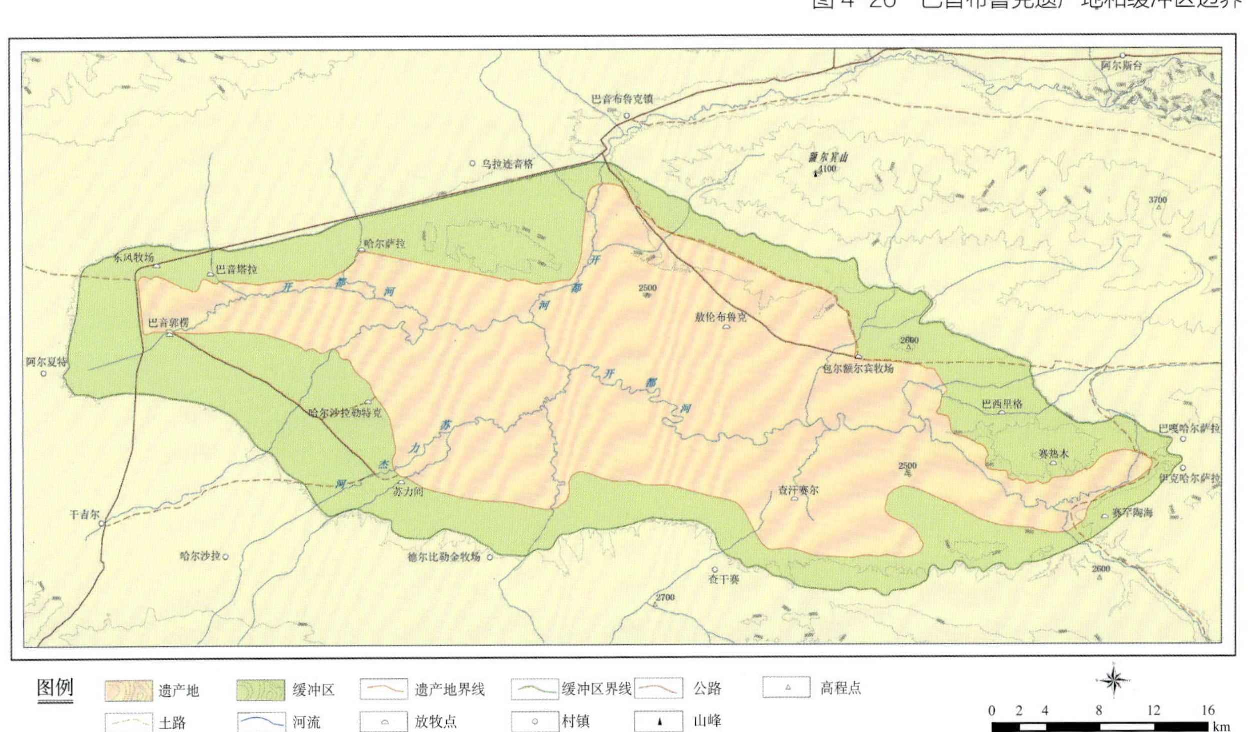

图 4-26　巴音布鲁克遗产地和缓冲区边界

■ 遗产地边界

• 东侧边界由四工河西岸保护站起，沿四工河西侧岸线向南，后沿博格达冰川北侧外缘雪线及天山天池风景名胜区边界及 3 800 m 等高线（博格达冰川东侧雪线外缘）向南。

• 南侧边界沿 3 800 m 等高线（冰川雪线外缘）向东到达水磨沟河源头乌鲁木齐市与阜康市交界处（43°45'30"N，88°28'08"E）。

• 西侧边界沿水磨沟河东侧支流河谷、马牙山南、东侧雪岭云杉树林线、天池西岸和省道 111 东侧向北到达河流交汇处（43°56'06"N，88°06'30"E）。

• 北侧边界沿三工河河道路向东，到达四工河西岸保护站。

■ 缓冲区边界

• 东侧边界沿天山天池风景名胜区东侧边界、冰川外围约 3 km 山脊线及阿克苏河向南到达坐标点（43°44'1"N，88°29'47"E）。

• 南侧边界由坐标点（43°44'01"N，88°29'47"E）沿阿克苏河西侧山脊线及 3 300 m 等高线（高山稀疏植被自然带边界）向西，到达天山天池风景名胜区边界（43°44'49"N，88°06'40"E）。

图 4-27　博格达遗产地和缓冲区边界

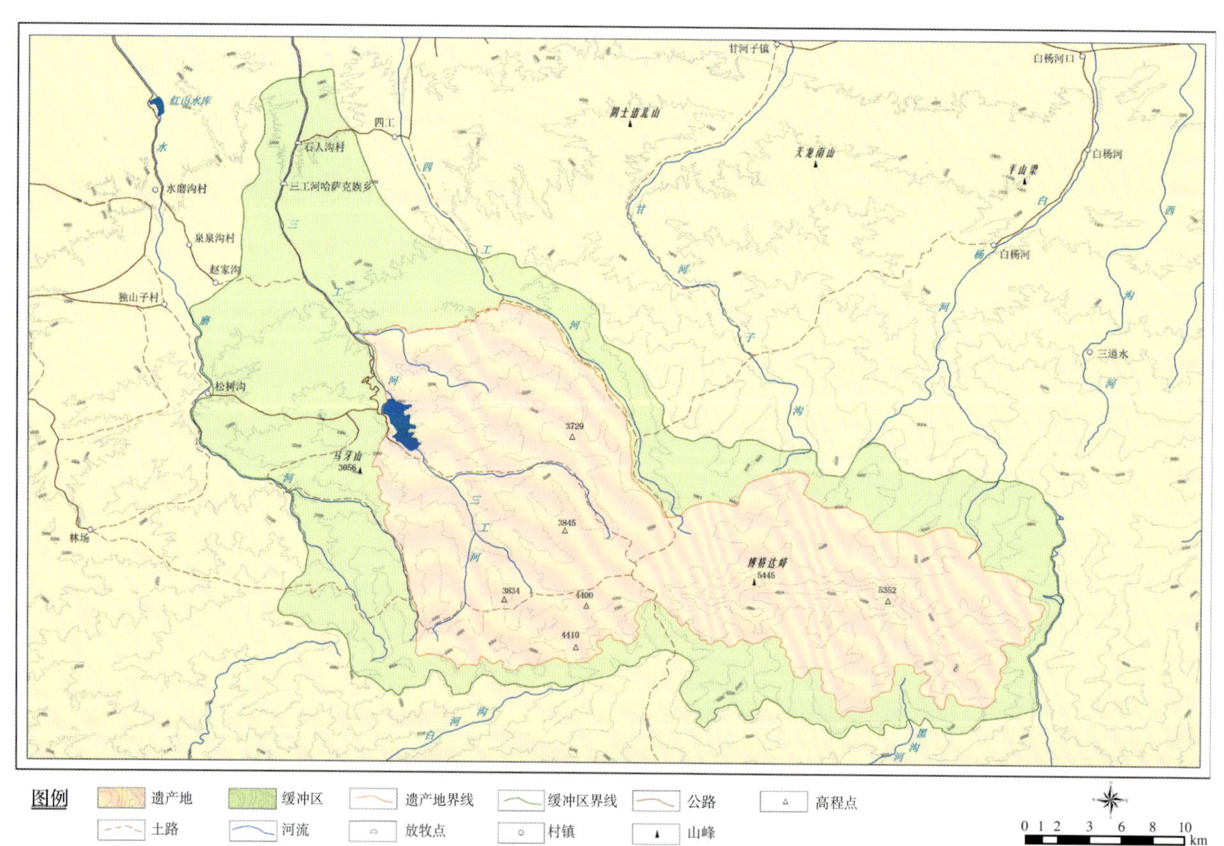

• 西侧边界与天山天池风景名胜区西侧边界一致，由乌鲁木齐市和阜康市交界处（43º44'49"N，88º06'40"E）沿山脊线向北至水磨河东侧河岸，沿水磨河东侧河岸向北至坐标点（43º56'59"N，88º00'41"E），后折向东北，沿风景名胜区边界至坐标点（44º04'02"N，88º03'00"E）。

• 北侧边界与天山天池风景名胜区北侧边界一致，沿北纬 44ºN 向东至坐标点（44º04'50"N，88º05'28"E）。

4.4.3 面积及相关要素

遗产地总面积 606 833 hm^2，缓冲区总面积 491 103 hm^2，其中面积最小的遗产地也超过了 38 000 hm^2。遗产地绝大部分区域都为无人区，保持了原始的自然环境，足以保障维系生态系统自然演化并确保大范围自然区域内现代冰川及古冰川遗迹、综合自然景观、生物生境区和珍稀濒危物种得到良好保护。同时，遗产地均有国家级或省级保护性命名，遗产地未涵盖的自然带通过缓冲区（均有国家级或省级保护地）使其自然属性得以有效保护，可以依据现有保护条例、法令对遗产地及缓冲区进行严格的保护管理，确保自然遗产价值的完整性。

在划入遗产地的范围内，包含了体现新疆天山独特的美学和生物生态学价值的所有必要因素。

（1）各遗产地的自然景观基本涵盖了雪峰冰川、河流沼泽、高山湖泊、五花草甸、森林草原、红层峡谷、荒漠戈壁等最美的地貌、水体和生物要素，完整地展现了遗产地独特的温带干旱区山地综合自然景观美。

（2）各遗产地分别是天山南坡和北坡山地垂直自然带的最典型代表和残遗物种的最重要避难所，是最能反映温带干旱区山地生物多样性演化与分布变化规律的区域，保证其反映温带干旱区生态系统及动植物群落演变、发展的生理和生态过程的要素得到最完整的保护。

（3）各遗产地是温带干旱区生物多样性和原生的生物生境保护最好的区域，是温带干旱区主要动植物区系的重点分布区，是温带干旱区许多濒危物种的重要栖息地，能够保证遗产地生态环境的完整性和生物多样性得到最好的保护，能够有效保证遗产地生物和生态系统的自然演化。

5 遗产保护与管理

5.1 保护状况

1）遗产地属于国家级和省级保护地，受到国家法律法规的保护

新疆天山各遗产地具有不同保护属性，分别为国家级自然保护区、国家级风景名胜区、自治区级风景名胜区等（详见 5.4.1），相应受到《中华人民共和国宪法》《中华人民共和国森林法》《中华人民共和国环境保护法》《中华人民共和国自然保护区条例》《风景名胜区条例》和《新疆天山自然遗产地保护管理条例》等法律法规的保护（详见 5.4.2）。

2）遗产地建立了完善的管理体制和管理机构，具有充分的人员和资金保证

遗产地建立了国家、自治区、地州和遗产地四级管理体系，政府设立了自然保护区管理局、风景名胜区管理委员会作为派出机构，在遗产地行使政府的管理权限和职能，对自然遗产资源实施统一管理，遗产地的保护管理工作在人力、物力和财力等方面得到了有效保障（详见 5.5）。

3）遗产地编制了管理规划，划定了明确的实地边界，并建立了相应的监测体系

各遗产地先后编制了《巴音布鲁克国家级自然保护区总体规划》《西天山国家级自然保护区总体规划》《托木尔峰国家级自然保护区总体规划》《天山天池风景名胜区总体规划》等保护性技术文件，划定了明确的保护范围，并标立了桩界。为进一步严格保护和合理利用自然遗产资源，遗产地又编制了《新疆天山世界自然遗产地保护与管理规划》，确定了遗产地保护管理的总体目标，划分了合理的保护分区，依据遗产价值的重要性实施分级保护，提出了详尽的保护管理措施，建立了相应的监测体系（详见 6.1），对遗产地的地质地貌遗迹、生态过程和生物多样性、环境质量、自然灾害和游客实施长期动态监控，并建立了遗产地监测档案。

总体而言，新疆天山遗产地由于地势险峻，交通封闭，绝大部分属于无人区，核心区域尚无人为活动，因而较好保持了原始的自然状态。加之健全的法律保障、科学的保护规划、高效的管理机制，遗产地的生态系统、垂直自然带谱、生物多样性、濒危物种及栖息地、地质遗迹与地貌景观等遗产资源保存完整。因此，遗产地的完整性和突出普遍价值得到完好保持。

5.2 遗产影响因素

20 世纪 90 年代以来遗产地周边旅游业和畜牧业的发展，给遗产地生态环境和生物多样性保护带来了一定的潜在威胁。但近年来，遗产地管理部门加强了管治力度，采取了一系列强有力的保护措施，在一定程度上减轻了人类活动的不利影响。目前，影响遗产地的因素主要有以下方面。

5.2.1 发展压力

遗产地内没有工矿企业和水利工程。由于畜牧业的发展，遗产地边缘区域和缓冲区内原始植被和野生动物栖息地曾受到一定程度的干扰。但随着生态移民、核定载畜量限牧、全面禁牧工程和国家草原生态保护补助奖励机制的实施，这种状况已经出现了明显的改观。遗产地内除了必要的保护管理站点和监测设施外，目前还没有其他的基础设施建设。

5.2.2 环境压力

随着全球气候变暖，遗产地内现代冰川和世界其他地方的冰川一样，消融和退缩的趋势不断增大。遗产地至今未受外来物种入侵，但林业有害生物局部影响到遗产地的植被和生态系统，今后应进一步加强检疫工作，杜绝林业有害生物的入侵。自从被纳入国家级自然保护区、国家风景名胜区等保护体系以来，各遗产地在减缓草场退化、控制水土流失、禁止乱砍滥伐等方面取得了显著成效。但随着旅游业的发展，游客人数的增加为博格达遗产地的缓冲区带来一定的生态环境压力，遗产地管理机构采取了一系列调控措施：限制游客数量、规模和停留时间；制定条例和规章约束游客行为，加强生态保护宣传教育工作；引入环保区间车，限制外来车辆进入；垃圾集中回收运往缓冲区外处理，完善了污水处理系统，有效控制了各类污染源。目前，遗产地尚无大气和水污染。

5.2.3 自然灾害及风险应对

针对遗产地可能存在的主要自然灾害，管理部门制定了相应的应对措施。

（1）建立了地质灾害监测预警系统，加强了地质灾害重点地区的监测和防范，制订了具体有效的地质灾害防治措施，明确了地质灾害监测、预防的组织机构和责任制度。同时加强了突发地质灾害处理的综合指挥能力，提高了紧急救援反应速度和协调水平，将可能突发的地质灾害对人员、财产和环境造成的损失降至最低程度。

（2）建立了森林火灾预警系统，组建了森林消防专业队伍，落实了保护站和社区共管组织的护林防火目标责任制。加强了对专职和兼职护林防火人员的定期培训，提高了防火知识和灭火技术等方面的业务素质。游览区风险地段设置了警示牌和防护设施，有专人巡视检查。根据管理和保护的需要，配备、补充了防火救火设备。根据森林火灾的严重性、可控性、影响范围等因素，分级设定和启动应急预案，明确责任人及其指挥权限。

（3）加强了森林病虫害的监测和防治研究，配备了相关专业技术人员，专职开展森林病虫害发生、发展动态规律的监测预报工作。采用生物防治为主，化学防治、物理防治为辅的综合防治办法，对森林病虫害进行预防和治理。加强了进入缓冲区的外来种苗、木材的检查检疫，防止森林病虫害的入侵。

5.2.4 旅游压力

旅游业的发展给遗产地和缓冲区的自然资源和生态环境保护带来了一定压力。目前托木尔遗产地内没有发展旅游业，缓冲区边缘地带开展了少量的旅游活动。喀拉峻－库尔德宁和巴音布鲁克遗产地仅有少量游客进入遗产地和缓冲区。博格达遗产地内有少量的徒步探险旅游，大众观光旅游活动主要在缓冲区内开展，旅游旺季部分热点景区游客过于集中，出现环境容量饱和或超载现象。在博格达和喀拉峻－库尔德宁遗产地的缓冲区内，旅游服务设施和基础设施建设在局部区域产生了不同程度的生态破坏和景观视觉干扰等，旅游活动在一定程度上威胁到了遗产地内野生动物迁徙及栖息地的保护。近年来，遗产地管理机构实施了分区保护和游客疏导分流措施，将游客量控制在环境承载力范围之内；对影响生态环境和景观完整性的建筑物进行拆迁改造，并实施了一系列生态修复工程；制定并实施了保护和管理的法律、法规，做到有法可依、有章可循。通过采取以上措施，有效缓解了旅游业所带来的生态环境压力。

5.2.5 遗产地及缓冲区居民数量

遗产地和缓冲区无常住居民，每年 6 ～ 9 月份，牧民进入遗产地和缓冲区进行季节性放牧活动。遗产地总面积 6 068.33 km^2，2010 年，进入遗产地的季节性牧民有 4 446 人，人口密度小于 1 人 /km^2；缓冲区总面积 4 911.03 km^2，进入缓冲区的季节性牧民有 12 735 人，人口密度小于 3 人 /km^2。

表 5-1 遗产地人口分布概况（2010年）

区域	遗产地面积 / hm^2	遗产地人口单位	遗产地人口密度 / (人 / km^2)	缓冲区面积 / hm^2	缓冲区人口单位	缓冲区人口密度 / (人 / km^2)	平均密度 / (人 / km^2)
托木尔	344 828	1 361	0.4	280 120	5 445	1.9	1.1
喀拉峻 - 库尔德宁	113 818	996	0.9	89 346	3 313	3.7	2.1
巴音布鲁克	109 448	1 872	1.7	80 090	2 602	3.2	2.4
博格达	38 739	217	0.6	41 547	1 375	3.3	2.0
合计	606 833	4 446	0.7	491 103	12 735	2.6	1.6

5.3 所有权

根据《中华人民共和国宪法》第九条：矿藏、水流、森林、山岭、草原、荒地、滩涂等自然资源，都属于国有，即全民所有；国家保障自然资源的合理利用，保护珍贵的动物和植物。新疆天山遗产地属于中华人民共和国国家所有。

遗产地的自然资源、游览设施、公共设施和基础设施的行政管理权属国家所有，由各地人民政府管理；遗产地内的林地（国营林场）、草场（牧民承包）等使用权属于国家或集体所有；民居建筑及附属设施属个人所有，服务设施属企业所有，各项权属清晰。

5.4 保护性命名

5.4.1 保护性命名

目前各遗产地均具有国家级和自治区级保护性命名，包括国家级自然保护区、国家级风景名胜区、国家地质公园、自治区级自然保护区和自治区级风景名胜区等（表 5-2）。对照 IUCN 保护地类别，各遗产地分别属于 IUCN Ⅰ类、Ⅱ类或Ⅲ类保护区（表 5-3）。

表 5-2 新疆天山遗产地保护性命名

<table>
<tr><th colspan="2">遗产地</th><th>保护性命名及通过日期</th></tr>
<tr><td colspan="2">托木尔</td><td>托木尔峰国家级自然保护区，2003年，中华人民共和国国务院批准</td></tr>
<tr><td rowspan="2">喀拉峻－库尔德宁</td><td>库尔德宁</td><td>西天山国家级自然保护区，2000年，中华人民共和国国务院批准</td></tr>
<tr><td>喀拉峻</td><td>喀拉峻风景名胜区，2009年，新疆维吾尔自治区人民政府批准</td></tr>
<tr><td colspan="2">巴音布鲁克</td><td>巴音布鲁克国家级自然保护区，1986年，中华人民共和国国务院批准</td></tr>
<tr><td colspan="2">博格达</td><td>天山天池国家级风景名胜区，1982年，中华人民共和国国务院批准
世界人与生物圈保护区，1990年，联合国教科文组织批准
天山天池国家森林公园，1994年，中华人民共和国国家林业局批准
天山天池国家地质公园，2009年，中华人民共和国国土资源部批准</td></tr>
</table>

表 5-3 新疆天山遗产地保护属性与相对应的IUCN保护区类别

<table>
<tr><th>保护属性</th><th>遗产地</th><th>IUCN保护区类别</th></tr>
<tr><td rowspan="3">国家级自然保护区</td><td>托木尔</td><td rowspan="3">Ⅰa
(Strict Nature Reserve)</td></tr>
<tr><td>库尔德宁</td></tr>
<tr><td>巴音布鲁克</td></tr>
<tr><td>国家级风景名胜区</td><td>博格达</td><td>Ⅱ
(National Park)</td></tr>
<tr><td>自治区级风景名胜区</td><td>喀拉峻</td><td>Ⅲ
(Natural Monument)</td></tr>
</table>

5.4.2 保护管理的法律依据

5.4.2.1 保障遗产地保护地位的主要法律法规条款

表 5-4 保障遗产地法律地位的法律条款

名称	修订时间	颁布机关
中华人民共和国宪法修正案	2004	全国人民代表大会
中华人民共和国森林法	1998	全国人民代表大会常务委员会
中华人民共和国草原法	2002	全国人民代表大会常务委员会
中华人民共和国水法	2002	全国人民代表大会常务委员会
中华人民共和国野生动物保护法	2004	全国人民代表大会常务委员会
中华人民共和国环境保护法	1989	全国人民代表大会常务委员会
中华人民共和国自然保护区条例	1994	中华人民共和国国务院
风景名胜区条例	2006	中华人民共和国国务院
中华人民共和国野生植物保护条例	1996	中华人民共和国国务院
新疆维吾尔自治区自然保护区管理条例	2008	新疆维吾尔自治区人大常委会
新疆维吾尔自治区野生植物保护条例	2006	新疆维吾尔自治区人大常委会
新疆维吾尔自治区实施《〈中华人民共和国野生动物保护法〉办法》	2004	新疆维吾尔自治区人大常委会
新疆维吾尔自治区天山自然遗产地保护条例	2011	新疆维吾尔自治区人大常委会
托木尔峰自然保护区管理规定	1985	阿克苏地区行政公署
天山天池风景名胜区保护管理条例	2010	昌吉州人大常委会

5.4.2.2 主要相关法律法规提要

● 《中华人民共和国宪法》

第九条：国家保障自然资源的合理利用，保护珍贵动物和植物。禁止任何手段侵占或破坏自然资源。

第二十二条：国家保护名胜古迹、珍贵文物和其他重要历史文化遗产。

第二十六条：国家保护和改善生活环境和生态环境，防治污染和其他公害。国家组织和鼓励植树造林，保护林木。

● 《中华人民共和国森林法》

第十九条：地方各级人民政府应当组织有关部门建立护林组织，负责护林工作；根据实际需要在大面积林区增加护林设施，加强森林保护；督促有林的和林区的基层单位，订立护林公约，组织群众护林，划定护林责任区，配备专职和兼职护林员。

第二十条：国务院林业主管部门和各省、自治区、直辖市人民政府，应当在不同自然地带的典型森林生态区、珍稀动物和植物生长繁殖的林区、天然热带雨林等具有特殊保护价值的林区，划定自然保护区，加强保护管理。

第二十一条：地方各级人民政府应当切实做好森林火灾预防和扑救工作。

第二十四条：对自然保护区以外的珍贵树木和林区内具有特殊价值的植物资源，应当认真保护；未经省、自治区、直辖市林业主管部门批准，不得采伐和采集。

● 《中华人民共和国草原法》

第四十二条：国家实行基本草原保护制度。下列草原应当划为基本草原，实施严格管理：（四）对调节气候、涵养水源、保持水土、防风固沙具有特殊作用的草原；（五）作为国家重点保护野生动植物生存环境的草原。

第四十三条：国务院草原行政主管部门或者省、自治区、直辖市人民政府可以按照自然保护区管理的有关规定在下列地区建立草原自然保护区：（一）具有代表性的草原类型；（二）珍稀濒危野生动植物分布区；（三）具有重要生态功能和经济科研价值的草原。

第五十五条：除抢险救灾和牧民搬迁的机动车辆外，禁止机动车辆离开道路在草原上行驶，破坏草原植被；因从事地质勘探、科学考察等活动确需离开道路在草原上行驶的，应当向县级人民政府草原行政主管部门提交行驶区域和行驶路线方案，经确认后执行。

● 《中华人民共和国野生动物保护法》

第六条：各级政府应当加强对野生动物资源的管理，制定保护、发展和合理利用野生动物资源的规划和措施。

第八条：国家保护野生动物及生存环境，禁止任何单位和个人非法猎捕或者破坏。

第九条：国家对珍贵、濒危的野生动物实行重点保护。国家重点保护的野生动物分为一级保护野生动物和二级保护野生动物。国家重点保护的野生动物名录及其调整，由国务院野生动物行政主管部门制定，报国务院批准公布。

● 《中华人民共和国环境保护法》

第十七条：各级人民政府对具有代表性的各种类型的自然生态系统区域，珍稀、濒危的野生动植物分布区域，重要的水源涵养区域，具有重大科学文化价值的地质构造、著名溶洞和化石分布区、冰川、火山、温泉等自然遗迹，以及人文古迹、古树名木，应当采取措施加以保护，严禁破坏。

第十九条：开发利用自然资源，必须采取措施保护生态环境。

第二十三条：城乡建设应当结合当地自然环境的特点，保护植被、水域和自然景观，加强城市园林、绿地和风景名胜区的建设。

● 《中华人民共和国水法》

第五条：国家保护水资源，采取有效措施，保护自然植被，种树种草，涵养水源，防治水土流失，改善生态。

● 《中华人民共和国自然保护区条例》

第四条：国家采取有利于发展自然保护区的经济、技术政策和措施，将自然保护区的发展规划纳入国民经济和社会发展计划。

第十八条：自然保护区可以分为核心区、缓冲区和实验区。自然保护区内保存完好的天然状态的生态系统以及珍稀、濒危动植物的集中分布地，应当划为核心区，禁止任何单位和个人进入；除依照本条例第一十七条的规定经批准外，也不允许进入从事科学研究活动。核心区外围可以划定一定面积的缓冲区，只准进入从事科学研究观测活动。缓冲区外围划为实验区，可以进入从事科学试验、教学实习、参观考察、旅游以及驯化、繁殖珍稀、濒危野生动植物等活动。原批准建立自然保护区的人民政府认为必要时，可以在自然保护区的外围划定一定面积的外围保护地带。

● 《风景名胜区条例》

第二十四条：风景名胜区内的景观和自然环境，应当根据可持续发展的原则，严格保护，不得破坏或随意改变。风景名胜区管理机构应当建立健全风景名胜资源保护的各项管理制度。风景名胜区内的居民和游览者应当保护风景名胜区的景物、水体、林草植被、野生动物和各项设施。

第二十五条：风景名胜区管理机构应当对风景名胜区内的重要景观进行调查、鉴定，并制定相应的保护措施。

● 《中华人民共和国野生植物保护条例》

第九条：国家保护野生植物及其生长环境。禁止任何单位和个人非法采集野生植物或者破坏其生长环境。

第十一条：在国家重点保护野生植物物种和地方重点保护野生植物物种的天然集中分布区域，应当依照有关法律、行政法规的规定，建立自然保护区。

第十四条：野生植物行政主管部门和有关单位对生长受到威胁的国家重点保护野生植物和地方重点保护野生植物应当采取拯救措施，保护或者恢复其生长环境，必要时应当建立繁育基地、种质资源库或者采取迁地保护措施。

● 《新疆维吾尔自治区自然保护区管理条例》

第六条：自然保护区发展规划应当纳入当地国民经济和社会发展计划，按照以保护为主、保护与利用相结合的原则，加强自然保护区的保护工作，防止生态环境和自然资源遭受破坏。

第十二条：有关自然保护区行政主管部门可以根据自然保护区自然资源情况，将其划分为核心区、缓冲区和实验区，并予以公告；未分区的，应当按照国家有关核心区和缓冲区的规定管理。

● 《新疆维吾尔自治区野生植物保护条例》

第四条：对野生植物资源坚持以保护恢复为主、积极发展和合理利用的方针。

第十二条：县级以上人民政府野生植物行政主管部门应当根据野生植物生物学特性和资源生长情况，确定野生植物禁采期和禁采区；在野生植物资源遭受严重破坏的区域，实行封育保护，每次封育期限不得少于 3 年。

第十四条：在国家和自治区重点保护野生植物物种、珍稀濒危野生植物物种的天然分布区，应当依照有关法律、法规的规定建立自然保护区；在其他区域，可以根据实际情况建立国家和自治区重点保护野生植物保护点或者设立保护标志。

《新疆维吾尔自治区实施〈中华人民共和国野生动物保护法〉办法》（第二次修订）

第十一条：自治区人民政府应当在国家和自治区重点保护的野生动物主要栖息繁衍地区和水域，划定自然保护区。

第十五条：各级人民政府在重点保护的野生动物受到自然灾害威胁时，应当及时采取拯救措施。

第十七条：禁止猎捕、捕杀国家和自治区重点保护的野生动物。因科学研究、驯养繁殖、展览或者其他特殊情况，需要捕捉、捕捞国家一级重点保护的野生动物的，必须经自治区野生动物行政主管部门审核，报国务院野生动物行政主管部门批准，由自治区野生动物行政主管部门办理特许猎捕证。

● 《新疆维吾尔自治区天山自然遗产地保护条例》

第十一条：天山自然遗产地的范围应当按照充分体现自然遗产价值、有效保护和展示自然遗产的原则划定。自然遗产地内对有代表性的自然生态系统区域、濒危野生动植物物种的天然集中分布区域、具有重大科学文化价值的地质构造、化石分布区、冰川等自然遗迹和历史遗迹区域，应当划定生态保护区、自然景观保护区、自然遗迹保护区、历史遗迹保护区等功能区域；功能区域内部，应当明确禁建区、限建区和展示区。天山自然遗产地周围紧靠遗产地边界的重要景观区域，以及在功能上对天山自然遗产及其保护至关重要的区域应当划定缓冲区。天山自然遗产所在地的天山自然遗产管理机构应当在自然遗产地和缓冲区周边设立界桩、界碑。

第十九条：在天山自然遗产地禁建区内，禁止进行任何建设活动，但是，配置必要的研究监测和安全防护设施除外。天山自然遗产地限建区内，可以建设与自然遗产保护有关的设施。天山自然遗产地展示区内，可以建设与游览观光、文化娱乐等活动有关的公共服务设施和管理设施。

● 《托木尔峰自然保护区管理规定》

第二条：核心保严禁采伐、狩猎、垦殖、开矿、挖土、挖药、采集等一切影响动植物生长繁殖的活动。

第四条：核心区内要进一步加强对狩猎枪支、猎具的清理。任何单位或个人，未经自然保护区管理部门同意，不得擅自将狩猎枪支和猎具带入保护区内。

● 《天山天池风景名胜区保护管理条例》

第二十五条：禁止在天池景区内实施下列行为：（一）开山、采石、采沙、取土、开矿、开荒、修坟立碑等破坏景观、设施、植被、地形地貌的活动；（二）修建储存爆炸性、易燃性、放射性、毒害性、腐蚀性物品的设施；（三）向水体排放、倾倒废水、废渣等污染物，在水体清洗容器或车辆；（四）砍伐林木，猎捕野生动物，采挖野生药材；（五）在景物或者设施上刻划、涂污；（六）乱扔垃圾；（七）在禁火区内吸烟、生火、燃放烟花爆竹；（八）在指定地点以外的区域烧香点烛；（九）强行或者以诱骗方式向游客兜售物品、提供服务；（十）擅自搭棚、设摊、设点、扩面经营；（十一）逃逸门票；（十二）损坏景观、设施、扰乱公共秩序的其他行为。

5.5 保护措施实施方式

5.5.1 管理体系

新疆天山遗产地已建立了从国家到地方的多级管理体系和政府、技术机构、研究机构、社区等多方面的协作机制（图 5-1）。遗产地由中国国家住房和城乡建设部统一管理；新疆维吾尔自治区人民政府成立申报世界自然遗产工作领导小组，申报世界自然遗产工作领导小组办公室设在自治区住房和城乡建设厅，直接对口国家住房和城乡建设部世界遗产管理机构，统一协调各遗产地之间保护管理的交流与合作；遗产地所在的阿克苏地区、伊犁哈萨克自治州、巴音郭楞蒙古自治州、昌吉回族自治州政府设立世界遗产申报管理办公室对各遗产地进行保护管理；各遗产地所在的自然保护区或风景名胜区管理机构，直接负责遗产地保护管理工作的实施。同时遗产地依托地方职能部门、监测机构及科研院所和高等院校，加强对遗产地的监测、科学保护和管理，再加上原住居民自然保护传统和当地乡规民约保护，形成自上而下、多部门协作、功能完善的协作机制，确保遗产地保护管理体系有条不紊地运行。

5.5.2 管理机构

新疆天山遗产地的保护管理主要涉及国家，自治区，地、州和遗产地四级管理机构。

1）国家层面管理机构

中华人民共和国住房和城乡建设部主要负责指导新疆天山世界自然遗产的申报、保护和规划的监督管理、遗产地定期监测；负责新疆天山遗产地内国家级风景名胜区的总体规划审查、重大建设项目审批和保护状况的监督管理。

2）自治区级管理机构

新疆维吾尔自治区申报世界自然遗产领导小组办公室代表自治区人民政

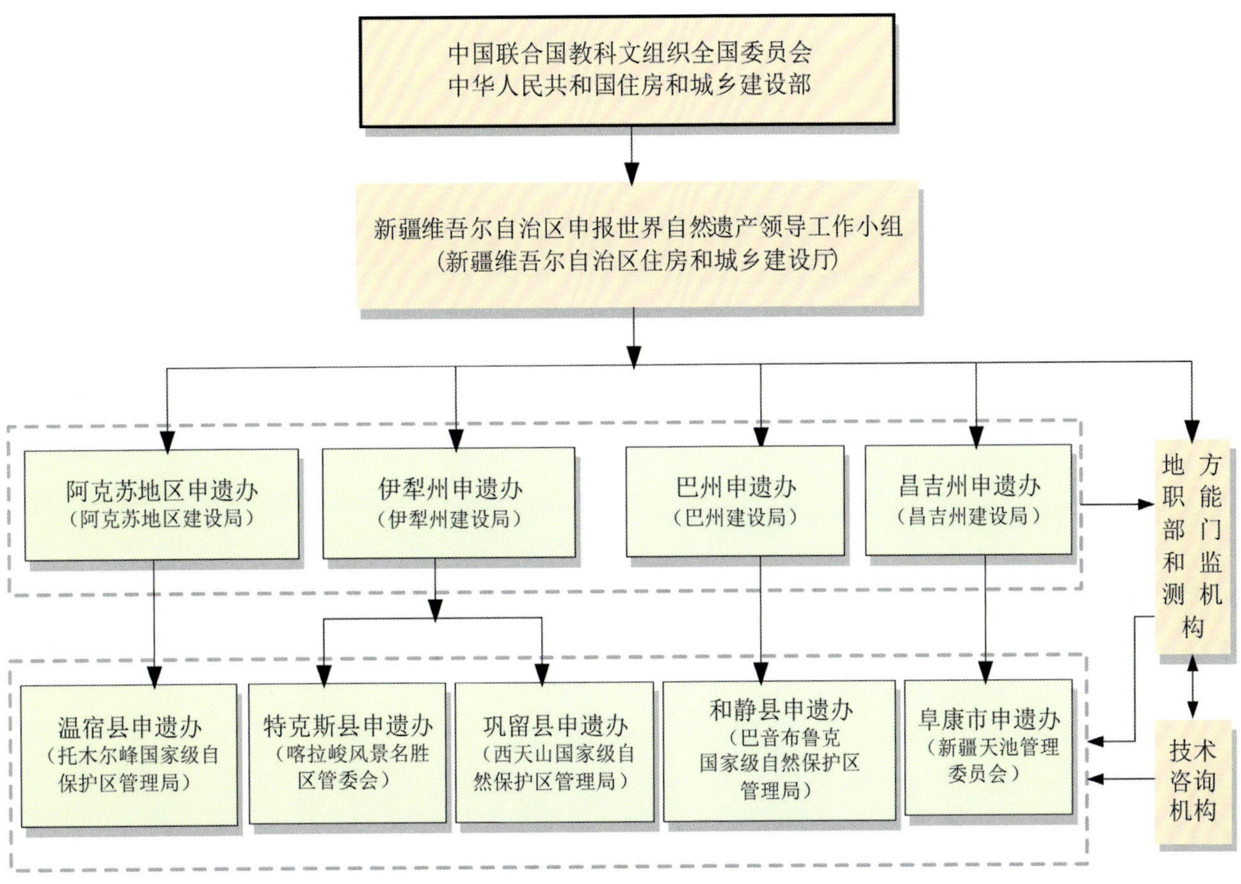

图 5-1　新疆天山遗产地管理体系框架图

府，负责遗产地内风景名胜区保护管理规划的编制、审查及报批工作；行使新疆天山世界自然遗产申报和今后世界自然遗产管理的行政管理权，统一管理、组织实施和监督各遗产地的各项保护管理工作；组织遗产管理人员的培训，负责各遗产地之间协调、交流与合作。

3）地、州管理机构

遗产地所在地、州申报世界自然遗产领导小组办公室代表地、州人民政府，具体负责遗产地保护管理和科研监测工作的实施、规划开发和建设等。

4）遗产地管理机构

遗产地所在县、市申报世界自然遗产领导小组办公室代表县、市人民政府直接管理各遗产地所在的风景名胜区管委会或自然保护区管理局，具体负责遗产地的资源环境监测、保护与执法队伍管理、遗产地法规与规划的实施等，并设立数字监管中心、科研中心，以加强遗产地的科学保护和管理，直接负责遗产地保护管理工作的实施。

5.5.3 保护内容

各遗产地已制定的相关规划从不同角度和层面对遗产地保护与管理提出了具体规定和要求，针对遗产地内各遗产价值构成要素提出以下保护内容：

（1）地质遗迹保护：地质剖面、褶皱、断裂、古生物化石等地质遗迹。

（2）地貌保护：古冰川遗迹、现代冰川地貌、峡谷地貌、红层地貌、山地夷平面地貌等。

（3）水体保护：天然河道、湖泊、沼泽湿地。

（4）生物多样性及栖息地保护：珍稀濒危动植物物种、地方特有种、残遗物种及其原始自然生境。

（5）自然美景保护：雪峰冰川、河流沼泽、高山湖泊、五花草甸、森林草原、红层峡谷、荒漠戈壁等温带干旱区山地综合自然景观。

（6）污染控制：严格控制遗产地及缓冲区的大气和水环境质量，防止污染。

5.5.4 分区保护

根据《新疆天山遗产地保护管理规划》，依据保护对象的濒危度、敏感度、分布特征和遗产展示的必要性，将新疆天山遗产地划分为禁建区、限建区和展示区，同时，在遗产地外围设立缓冲区。

1）禁建区

是反映自然遗产地突出普遍价值的核心区域，严格保护遗产地重要的现代冰川及古冰川遗迹、代表性生态系统及其自然演替的生态过程、濒危特有物种及其栖息地。禁建区内的生态系统与自然景观必须维持原始自然状态，仅允许配置必要的科研监测和安全防护设施，禁止除保护管理和科研监测外的非相关人员进入，严禁任何生产建设活动。

2）限建区

是具有较高自然美学价值的区域，可开展观光游览活动以及适度的传统游牧生产活动。严格控制游客规模和活动范围，只允许建设与游览观光活动有关的各项设施，如必要的生态修复、安全防护、游览步道、标识系统、环卫设施、休憩设施等观景服务设施外，不得修建其他任何建筑物，并严格控制建筑的风格、规模、高度、色彩和选址与遗产地自然生态环境相协调；限制环保旅游区间车及保护管理车辆以外的机动车进入本区；允许原住居民进行对遗产价值不构成威胁的放牧活动，并严格控制民居规模。

3）展示区

为社会居民生产与生活，以及保护管理服务站点建设区域。展示区允许原住居民适当利用和进行合理的生产活动，可安置必需的游客服务设施与基础设施，有序控制建设与自然遗产保护有关的设施，并与遗产地风景环境、生态环境相协调。

4）缓冲区

是遗产地外围起保护作用的过渡区域，以维持遗产地生态系统和自然景观的完整性。控制机动交通工具的进入量；控制民居规模，限制过度放牧；全面实行生态恢复，防止水土流失，加强环境整治，禁止建设影响景观、污染环境、破坏生态的项目和设施。

5.5.5 监测

各遗产地建立了较完善的监测体系（详见 6.1），定期或不定期监测遗产地的地质地貌、生态系统、动植物物种、自然环境（环境空气、水环境）、地质灾害、植被更新、游客人数和社区人口数量、经济建设等动态变化过程，为遗产地保护管理工作和科学研究工作提供详实的基础数据信息，更好地保护遗产地的突出普遍价值。

5.5.6 地方传统保护

遗产地悠久的历史文化和延续千年的原始淳朴的游牧风情形成了一道独特的人文风景线。遗产地及周边区域的原住居民与大自然和谐相处，在漫长的生活生产过程中形成了尊重自然、保护环境的各种乡规民约。保护遗产地的地方传统文化，对遗产资源保护具有积极推动作用。

5.6 遗产地所属市、区现有规划

5.6.1 遗产地现有的相关规划

在遗产地制定的相关规划中（表 5-5），从不同角度和层面对遗产地保护与管理提出了具体规定和要求。

表 5-5 遗产地已有相关规划

相关规划	编制机构	通过年份
托木尔峰国家级自然保护区总体规划（2003~2008）	托木尔峰国家级自然保护区管理局	2003
西天山国家级自然保护区总体规划（2003~2012）	西天山国家级自然保护区管理局	2002
喀拉峻草原风景名胜区总体规划（2009~2020）	特克斯县人民政府	2009
巴音布鲁克国家级自然保护区总体规划（2002~2011）	巴音布鲁克国家级自然保护区管理局	2001
天山天池风景名胜区总体规划（2004~2020）	新疆天池管理委员会	2005
天池博格达自然保护区总体规划（2008~2015）	新疆天池管理委员会	2008

5.6.2 相关规划条文内容总结

《托木尔峰国家级自然保护区总体规划》(2003)

该规划于 2003 年制定，并由国家林业局批准实施。规划共有 9 个部分。

• 第一章阐述了规划背景、规划依据和规划期限。

• 第二章阐述了托木尔自然保护区的基本情况。自然保护区总面积 237 600 hm^2，东起木扎尔特河，西止科其卡尔冰川，南临克孜勒布拉克、包孜墩牧场、季格代不拉克到阿托依那克河，北到托木尔峰、台兰峰、琼库孜巴依峰。该章详细描述了保护区的地质地貌、气候、土壤、水文、社会经济状况及历史和法律地位，并对保护区的自然生态质量、管理水平评价和保护价值进行了现状评价。

• 第三章阐述了托木尔自然保护区的保护性质、保护对象、规划目标、保护区功能区划和总体布局。托木尔自然保护区是以保护高山冰川和其下部的森林和野生动植物及其生境为主的综合性高山保护区，主要保护对象为高山冰川、云杉林、雪豹、北山羊、金雕、胡兀鹫、玉带海雕等国家一级保护动物以及各种高等植物、地衣植物、菌类植物及其栖息地。

• 第四章阐述了托木尔自然保护区的规划内容，包括保护管理规划、科研监测规划、宣传教育规划、基础设施规划、社区共管规划、生态旅游规划和多种经营规划。其中保护管理规划针对野生动植物保护、森林防火、病虫害防害做了进一步的详细规划，并提出了具体的保护措施。

• 第五章至第九章阐述了托木尔自然保护区的重点建设工程、投资估算、组织机构与人员配置、实施规划的保障措施和自然保护区的效益评价。

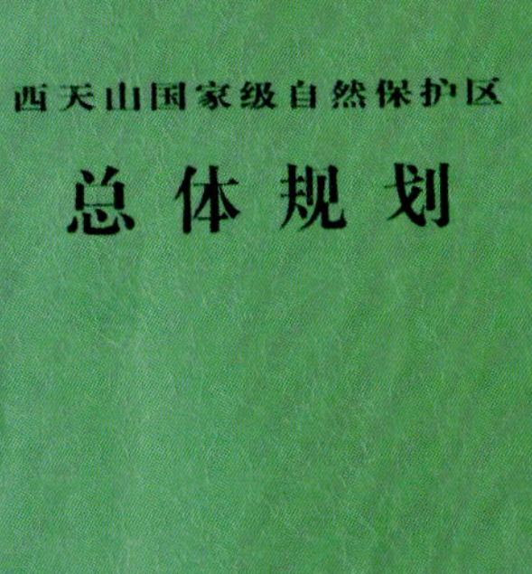

《西天山国家级自然保护区总体规划》(2002)

该规划于2002年制定，并由国家林业局批准实施。规划共有9个部分。

• 第一章阐述了西天山自然保护区总体规划编写的背景、规划依据及规划期限。

• 第二章阐述了西天山自然保护区的基本概况。自然保护区总面积31 217 hm^2，东邻巩留林场大吉尔格郎营林区，西靠巩留林场大莫合营林区，北隔大吉尔格郎河、南依那拉提山脉的分水岭与和静县相邻。详细描述了自然保护区的地质地貌、气候、土壤、水文、生物资源、社会经济状况和历史和法律地位，并对保护区的自然生态质量、管理水平评价和保护价值进行了现状评价，指出了保护区当前存在的主要问题。

• 第三章阐述了西天山自然保护区的保护性质、保护对象、规划目标、保护区功能区划和总体布局。西天山自然保护区属于山地森里生态系统类型的综合自然保护区，主要保护对象为由雪岭云杉及其变种天山云杉组成的山地针叶林和野苹果、野杏组成的山地落叶阔叶林；黑鹳、金雕、白肩雕、雪豹、北山羊、马鹿、盘羊等珍稀濒危野生动物；保护区的高山冰川和库尔德宁等河流。

• 第四章阐述了西天山自然保护区的规划内容，包括保护管理规划、科研监测规划、宣传教育规划、基础设施规划、社区共管规划、生态旅游规划和多种经营规划。其中保护管理规划针对野生动植物保护、森林防火、病虫害防害做了进一步的详细规划，并提出了具体的保护措施。

• 第五章至第九章阐述了西天山自然保护区的重点建设工程、投资估算、组织机构与人员配置、实施规划的保障措施和自然保护区的效益评价。

《喀拉峻草原风景名胜区总体规划》(2009)

该规划于2009年制定，并由新疆维吾尔自治区住房与城乡建设厅批准实施。规划共有15个部分。

• 第一、二部分阐述了喀拉峻草原风景名胜区概况、存在的问题和景源调查与评价，包括区域位置、自然环境、人文环境、旅游发展现状、景源类型与分类、景观特征描述、景观单元评价、评价结果分析。

• 第三至六部分阐述了喀拉峻草原风景名胜区的规划依据、规划原则、规划范围、环境容量和游人控制、旅游客源市场定位与规模预测。风景名胜区北连喀甫萨郎沟，南接穹库什太以南的雪山，西至库克苏河与库尔代河交界处，总面积达220 000 hm^2。

• 第七、八部分阐述了喀拉峻草原风景名胜区的性质、定位、规划目标、规划布局与功能分区。喀拉峻草原风景名胜区是以世界上少有的高山天然优质草原为主体，由高山、森林峡谷、草原、河流组合而成的纯自然景观特征的自治区级风景名胜区。

• 第九部分阐述了保护与培育工程规划。要最大限度地保护风景名胜区生物物种的多样性，加强自然灾害的控制与防范，减少环境的恶化和资源的破坏，使生物物种和自然资源得以永续发展和持续利用。应严格保护，不得破坏或随意改变自然景观的原貌。

• 第十至十五部分阐述了景区与景点及游览线路规划、旅游服务设施规划、基础设施规划、游牧民社会调控规划、经济发展引导规划和分期发展规划。

《巴音布鲁克国家级自然保护区总体规划》(2001)

该规划于2001年制定，并由国家林业局批准实施。规划共有10个部分。

• 第一章阐述了规划背景、规划依据和规划期限。

• 第二章阐述了巴音布鲁克自然保护区的基本情况。自然保护区位于尤路都斯盆地底部沼泽中，总面积136 894 hm^2，分为大尤路都斯盆地沼泽地和小尤路都斯盆地沼泽地及连接它们的开都河河段。该章详细描述了保护区的地质地貌、气候、土壤、水文、社会经济状况及历史和法律地位。

• 第三章对保护区的资源，自然生态质量，管理水平，生态、社会、经济效益和保护价值进行了现状评价，并阐述了保护区的保护价值和保护管理中存在的主要问题。

• 第四章阐述了巴音布鲁克自然保护区的保护性质、保护对象、规划目标、保护区功能区划和总体布局。巴音布鲁克自然保护区是以保护水生和陆栖生物及其生境为主的内陆湿地和水域生态系统类型的自然保护区。

• 第五章阐述了巴音布鲁克自然保护区的规划内容，包括保护管理规划、科研监测规划、宣传教育规划、基础设施规划、社区共管规划、生态旅游规划和多种经营规划。其中保护管理规划针对野生动植物保护、森林防火、病虫害防害做了进一步的详细规划，并提出了具体的保护措施。

• 第六章至第十章阐述了巴音布鲁克自然保护区的重点建设工程、投资估算、组织机构与人员配置、实施规划的保障措施和自然保护区的效益评价。

《天山天池风景名胜区总体规划》(2005)

该规划于 2004 年制订，并由中华人民共和国住房与城乡建设部批准实施。规划共有 15 个部分。

• 第一、二部分阐述了天山天池风景名胜区的规划宗旨、规划依据、规划原则、规划指导思想、规划范围、规划年限以及建设目标。天山天池风景名胜区东至四工河，向西至水磨沟，南面延伸至天山山脊线，北至大平滩煤矿，总面积约 54 800 hm^2。

• 第三、四、五部分阐述了天山天池风景名胜区的景观特征、风景区性质以及分区、结构、布局及环境容量。天山天池风景名胜区是以完整的植物垂直景观带和雪山冰川、高山湖泊为主要景观特征的国家级重点风景名胜区。

• 第六部分阐述了天山天池风景名胜区的保护培育计划，包括分级保护、核心景区保护、天池水质和水源保护、海南淤积治理规划和水土保持规划。采用分类保护为主的方法，辅以分级保护，制定专项保护规划以加强核心景区的保护与管理。生态保护区为特级保护区，禁止游人进入，不允许建设任何建筑设施。重点保护天山天池水质与水源地、以雪岭云杉为建群树种的森林植被及其生物多样性和主要景点及历史遗迹周围的地形地貌。另外，建立环境监测站，定时监测水质、大气、水土流失、淤沙和生物多样性，及时控制，为综合治理以及进一步的保护、管理和规划提供依据。

• 第七至十五部分阐述了天山天池风景名胜区的风景游赏规划、典型景观规划、游览设施规划、基础工程规划、居民社会调控规划、经济发展引导规划、土地利用协调规划、分期建设规划和规划实施措施

《天池博格达自然保护区总体规划》(2008)

该规划于 2008 年制定，并由新疆维吾尔族自治区林业厅批准实施。规划共有 10 个部分。

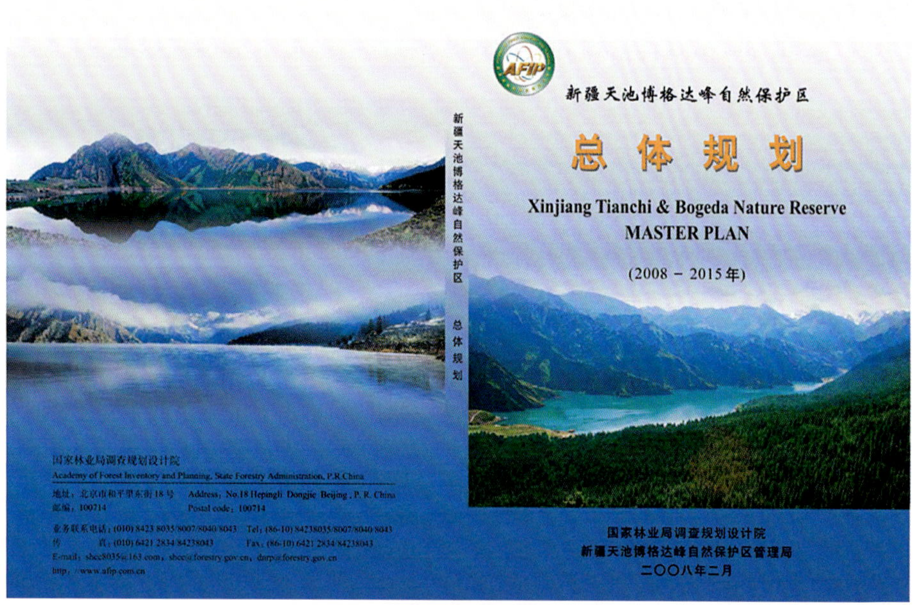
新疆天池博格达峰自然保护区
总体规划
Xinjiang Tianchi & Bogeda Nature Reserve
MASTER PLAN
(2008－2015年)
国家林业局调查规划设计院
新疆天池博格达峰自然保护区管理局
二〇〇八年二月
新疆天池博格达峰自然保护区 总体规划
国家林业局调查规划设计院
Academy of Forest Inventory and Planning, State Forestry Administration, P.R.China
http://www.afip.com.cn

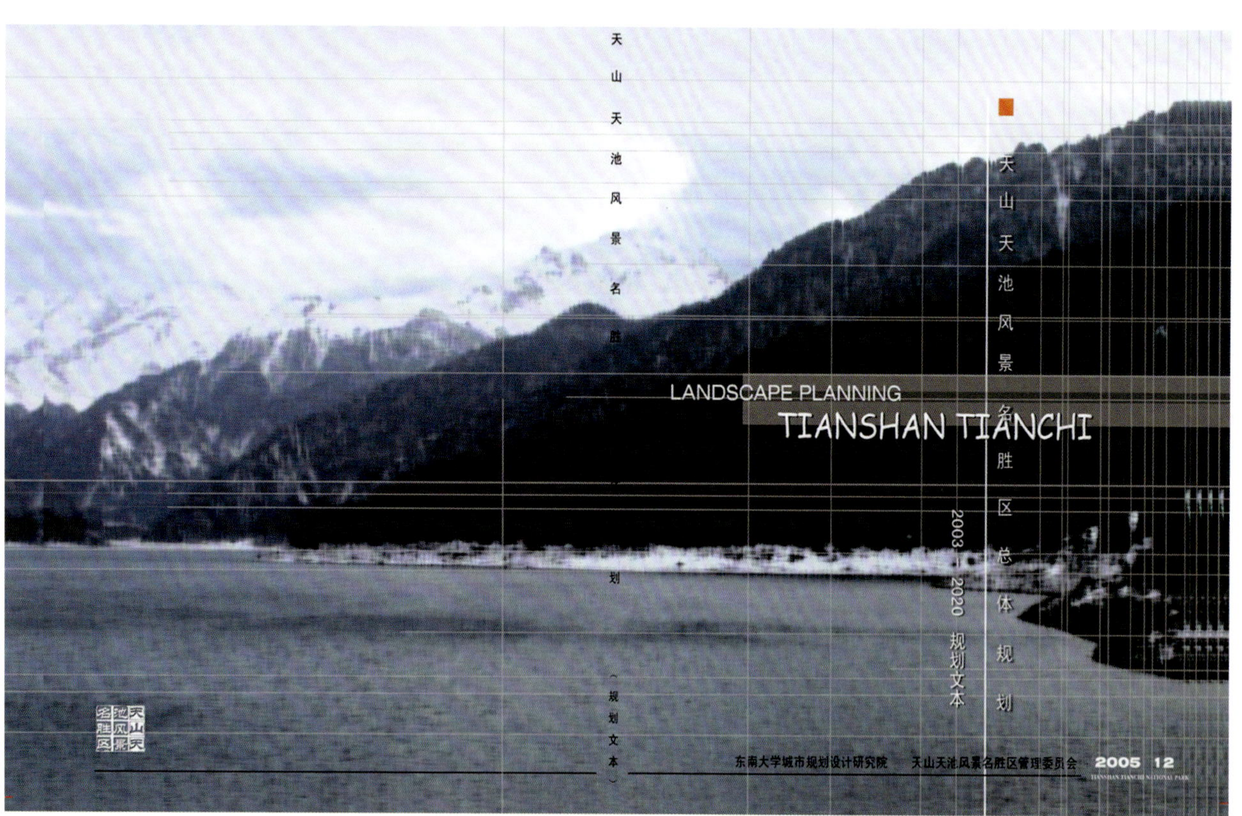
天山天池风景名胜区总体规划
（规划文本）
LANDSCAPE PLANNING
TIANSHAN TIANCHI
2003－2020 规划文本
东南大学城市规划设计研究院
天山天池风景名胜区管理委员会
2005 12

• 第一部分阐述了天池博格达自然保护区规划的背景、规划依据、指导思想和原则、投资估算以及规划期限。

• 第二部分阐述了天池博格达自然保护区的基本概况，包括地理位置与范围（位于新疆维吾尔自治区阜康市南部，博格达峰北麓群山之中，总面积38 069 hm^2）、自然条件、社会经济状况、历史沿革和法律地位。

• 第三部分阐述了天池博格达自然保护区现状和评价，包括资源现状、自然生态质量评价、保护区管理评价、保护区经济评价、保护价值及存在的问题，其中外部威胁因素主要为保护区内人为干扰破坏现象依然存在、偷猎盗伐尚未杜绝，管理中存在保护管理人员不足、科技人员少、技术手段落后、基础设施不完善、公安执法队伍人员不足、缺乏教育与宣传措施等。

• 第四、五部分阐述了天池博格达自然保护区总体布局及规划内容，包括保护区性质、保护对象、规划目标、功能区区划以及总体布局。规划内容包括自然保护与生态恢复规划、科研监测规划、宣传教育规划、基础设施建设规划、社区共管规划、生态旅游规划。

• 第六部分阐述了天池博格达自然保护区的重点建设工程，包括生物多样性保护工程、科研设施和监测工程、宣传教育和培训工程、生态旅游设施工程。

• 第七至第十部分阐述了天池博格达自然保护区的投资估算、组织机构与人员配置、实施规划的保障措施和效益评价。

5.7 遗产管理规划或其他管理体系

5.7.1 遗产地已有的保护与管理规划

根据系列遗产保护管理的要求，已编制了包括所有四个组成地在内的新疆天山遗产地综合保护管理规划（表 5-6）。

表 5-6 新疆天山遗产地保护管理规划

管理规划	编制机构	批准时间
新疆天山遗产地保护管理规划	中国科学院新疆生态与地理研究所	2011年

5.7.2 分析解释

概要：根据系列遗产的保护管理要求，需要编制涵盖所有组成地的综合管理规划，《新疆天山遗产地保护管理规划》由中国科学院新疆生态与地理研究所编制，2011 年经新疆维吾尔自治区人民政府批准实施。该规划共有 16 个部分。

- 第一部分从遗产地概况、遗产地位置和范围、遗产地边界描述、遗产地突出普遍价值和缓冲区概况等几个方面对新疆天山自然遗产地进行了总体阐述。
- 第二部分从遗产地保护管理历史、人类活动类型及影响、保护现状及保护与管理影响因素等方面对遗产地保护管理的现状进行了评价。
- 第三部分阐述了保护与管理规划的制定与实施机构、规划期限、规划依据、规划内容、规划指导思想和规划目标。
- 第四部分阐述了托木尔、喀拉峻 - 库尔德宁、巴音布鲁克和博格达遗产地的管理架构、职员结构，遗产地各职能部门的管理职能以及专业人员配置。
- 第五部分阐述了遗产地财政保障方案，包括遗产地财政来源、遗产地财政支出情况和遗产地财政保障计划。
- 第六部分阐述了遗产地的法律保障，包括现有法律和管理规范、保护与管理法律制定。
- 第七部分从地质遗迹与地貌景观、生物多样性及其栖息地和自然景观方面阐述了遗产地突出普遍价值的保护。
- 第八部分阐述了遗产地的分区保护，包括遗产地保护分区及管理措施、遗产地保护管理站（点）建设和缓冲区的保护与管理。
- 第九部分阐述了遗产地水环境、大气环境、声环境和环境卫生的监测、控制与保护的具体措施。
- 第十部分对遗产地游客管理进行了阐述，包括游客容量分析、旅游发展分析、游客数量控制、游客服务系统与旅游设施、游客安全管理。
- 第十一部分阐述了遗产地的遗产宣传、遗产展示和遗产教育。
- 第十二部分阐述了地方居民参与环境保护和社区发展战略等内容。
- 第十三部分阐述了遗产地的科学研究情况，包括科学研究成果、科学研究计划、科学研究学术研讨会和科普教育管理等内容。
- 第十四部分阐述了遗产地的监测，包括各遗产地衡量保护状况的监测内容、监测指标、目前的监测体系以及完善监测体系的措施。
- 第十五部分阐述了遗产地的保护经费概算和遗产地保护建设投资概算。
- 第十六部分为制定保护管理规划的主要参考文献。

5.7.3　有效实施保护与管理规划或其他管理体系的保障

1）法律保障

中华人民共和国众多法律条文和新疆维吾尔自治区地方性法规条文（详见5.4.2），使遗产地保护与管理做到有法可依，依法保护，为遗产地保护与管理规划的实施提供法律保障；同时，遗产地也制定了专门的遗产保护条例，为遗产地保护与管理规划的实施提供制度保障，做到有法必依、执法必严、违法必究。

2）管理保障

遗产地拥有高素质的管理队伍，从中华人民共和国住房和城乡建设部、国家林业局等至自治区级层面的新疆维吾尔自治区住房和城乡建设厅、林业厅等都有专门管理机构；遗产地也成立了相应的管理机构，如托木尔峰国家级自然保护区管理局、西天山国家级自然保护区管理局、喀拉峻风景名胜区管理委员会、巴音布鲁克国家级自然保护区管理局、新疆天池管理委员会等。各机构分工负责，互相配合，共同管理，为遗产地保护管理规划的实施提供了强有力的组织保障。

3）社区参与

当地牧民是遗产地及缓冲区的重要组成部分。牧民生活与环境息息相关，与遗产地保护效果更是密不可分，随着各类保护规划的实施，以及国家级自然保护区、国家级风景名胜区和国家地质公园等的相继建立，牧民参与性管理能力得到提高，生态意识不断增强。在资源管理方面，逐渐呈现出由被动参与管护转为主动参与管护的良好局面，为遗产地保护与管理规划的实施提供了保障。

5.8　资金来源与水平

长期以来，国家及地方各级政府、遗产地管理机构十分重视遗产地的保护。仅在2006～2010年期间投入了9亿多元人民币用于遗产地的生物资源、地质资源、风景资源等普查工作、科学研究、环境整治及基础设施建设（表5-7）。遗产地处于中国西部经济欠发达地区，其中30%以上资金来源于中央政府和新疆维吾尔自治区政府的财政投入。

表 5-7　遗产地资金来源与水平　（单位：万元）

遗产地		项目	年份					合计
			2006	2007	2008	2009	2010	
托木尔		财政收入	15	15	11	15	18	74
		专项补助	80	101	101	203	219	704
		合计	95	116	112	218	237	778
喀拉峻-库尔德宁	喀拉峻	财政收入	–	22	33	85	9	149
		专项补助	–	–	–	–	600	600
		社会固定资产投资	–	80	650	420	–	1 150
		合计	–	102	683	505	609	1 899
	库尔德宁	财政收入	54	65	622	88	163	992
		专项补助	–	–	–	–	–	–
		合计	54	65	622	88	163	992
巴音布鲁克		财政收入	5	10	10	20	20	65
		专项补助	2	2	4	5	5	18
		合计	7	12	14	25	25	83
博格达		财政收入	4 647	8 725	5 232	3 844	8 907	31 355
		专项补助	0	0	35	0	20	55
		社会固定资产投资	3 273	6 160	11 862	12 000	23 880	57 175
		合计	7 920	14 885	17 129	15 844	32 807	88 585
新疆天山遗产地资金来源总计(2006~2010年)								92 337

5.9　保护管理技术专门知识与培训

遗产地长期聘请国内外专家学者对冰川地貌、生态系统、垂直自然带、生物多样性、珍稀濒危物种等进行相关科学研究，并对保护和管理进行技术指导，同时得到中华人民共和国住房和城乡建设部、国家林业局、国土资源部、中国科学院等部门和科研机构的支持与指导。新疆维吾尔自治区住房和城乡建设厅、国土资源厅、林业厅、旅游局等部门也对遗产地工作人员进行定期或不定期的各类培训，以提高保护管理人员业务素质。培训内容涉及相关法律法规、资源保护、遗产地规划与管理、自然灾害预防与治理、生态旅游可持续发展、社区发展等方面。目前遗产地管理者与工作人员对遗产地遗产价值与遗产保护、环境保护等均有深刻理解。

5.10 游客设施与统计

5.10.1 遗产地近期游客统计

表 5-8 新疆天山遗产地游客人数统计表 （单位：万人次）

遗产地 \ 年份		2001	2002	2003	2004	2005	2006	2007	2008	2009	2010
托木尔		11.7	10.5	12.4	13.3	17.8	18.1	21.2	23.6	11.5	28.9
喀拉峻－库尔德宁	喀拉峻	–	–	–	–	–	–	2.5	2.9	3.3	3.5
	库尔德宁	3.1	3.5	3.9	4.8	5.7	5.9	5.7	5.4	6.0	6.5
巴音布鲁克		5.5	6.5	7.1	7.1	8.2	8.6	8.9	9.0	9.2	9.5
博格达		42.9	43.3	44.9	64.6	64.8	84.5	85.2	76.5	90.8	108.2

5.10.2 旅游接待设施

表 5-9 托木尔遗产地旅游设施

游客服务设施		数量	说明
解释/说明	步行道 / km	18	游步道形成环线
	导游 / 人	6	导游经过培训考核，持证上岗
	标牌 / 个	50	各类景点导向牌、指示牌、游览简图指示牌
	出版物 / 部	4	介绍遗产地的各类图书、画册、电子音像等
遗产地博物馆 / 个			正在建设
游客中心 / 处		1	
过夜食宿处 / 处		3	位于遗产地外围
餐馆或休息设施 / 处		7	位于遗产地外围
商店 / 个		1	分布在景区入口处
停车场 / 个		2	
卫生间 / 个		4	
急救中心 / 处		1	

表 5-10 喀拉峻－库尔德宁遗产地旅游设施

游客服务设施		数量		说明
		库尔德宁	喀拉峻	
解释/说明	步行道 / km	30	15	游步道形成环线
	导游 / 人	5	2	导游经过培训考核，持证上岗
	标牌 / 个	95	30	各类景点导向牌、指示牌、游览简图指示牌
	出版物 / 部	5	2	介绍遗产地的各类图书、画册、电子音像等
遗产地博物馆 / 个		–	–	正在建设
游客中心 / 处		1	1	库尔德宁：260 m^2 喀拉峻：400 m^2
过夜食宿处 / 处		7	5	位于遗产地外围
餐馆或休息设施 / 处		7	5	位于遗产地外围
商店 / 个		20	4	分布在景区入口处
停车场 / 个		4	1	库尔德宁：11 000 m^2 喀拉峻：3 000 m^2
卫生间 / 个		8	10	库尔德宁：50个蹲位 喀拉峻：8个蹲位
急救中心 / 处		1	1	库尔德宁：遗产地外围 喀拉峻：缓冲区内牧业卫生所

表 5-11 巴音布鲁克遗产地旅游设施

游客服务设施		数量	说明
解释/说明	步行道 / km	5	游步道形成环线
	导游 / 人	3	导游经过培训考核，持证上岗
	标牌 / 个	60	各类景点导向牌、指示牌、游览简图指示牌
	出版物 / 部	3	介绍遗产地的各类图书、画册、电子音像等
遗产地博物馆 / 个		1	800 m^2
游客中心 / 处		1	3 800 m^2
过夜食宿处 / 处		30	位于遗产地外围
餐馆或休息设施 / 处		40	位于遗产地外围
商店 / 个		75	分布在景区入口处
停车场 / 个		3	200 000 m^2
卫生间 / 个		22	
急救中心 / 处		1	

表 5-12　博格达遗产地旅游设施

游客服务设施		数量	说明
解释/说明	步行道 / km	30	游步道形成环线
	导游 / 人	60	导游经过培训考核，持证上岗
	标牌 / 个	1237	各类景点导向牌、指示牌、游览简图指示牌
	出版物 / 部	20	介绍遗产地的各类图书、画册、电子音像等
遗产地博物馆 / 个		1	800 m^2
游客中心 / 处		1	3 800 m^2
过夜食宿处 / 处		2	位于遗产地边缘地带
餐馆或休息设施 / 处		14	位于遗产地外围
商店 / 个		13	分布在景区入口处
停车场 / 个		5	200 000 m^2
卫生间 / 个		32	170个蹲位
急救中心 / 处		1	天池海北

5.11　遗产展示与提升的政策和项目

目前，新疆天山遗产地已纳入当地社会经济发展总体规划和相关专项规划，确立了遗产地“科学规划、依法管理、严格保护、永续利用”的地位和在当地社会经济发展中的重要作用。各遗产地在遗产展示与提升方面制定了相关的政策，并推进了相关项目。

5.11.1 科学研究

1）科学研究成果

19 世纪以前，中国古代就有很多关于天山的珍贵记载，如《史记》《汉书》《山海经》《水经注》《西域图志》等。

19 世纪中叶到 20 世纪初，俄、英、德、法、瑞典、日本、美国等国家或以政府名义或个人出面组织“考察队”，先后到新疆天山进行考察活动。如俄国地理学家、植物学家、昆虫学家 P. P. 谢苗诺夫、H. H. 瓦里汉诺夫、英国人凯里、瑞典人斯文·赫定等对新疆天山的地质、地理、气象、动植物研究

图 5-2　博格达遗产地游览简图指示牌

图 5-3　博格达遗产地卫生间

图 5-4　博格达遗产地游步道

做了一定贡献。

20 世纪以来，我国的一些著名地质、地理学家，如袁复礼教授、黄汲清院士、李承三教授、马溶之先生等对新疆天山的地形、地貌、地质基础、自然环境、自然资源以及生态系统等进行综合考察，并发表了一些论文和报告。

1949 年以来，中国科学院组织了各种科学考察队，开展了对新疆天山地质、地貌、气候、冰川等自然资源的研究。新疆生态与地理研究所在新疆天山地区进行大量的野外考察工作并设立站点进行长期定点观测试验研究工作，先后出版了一系列专著，其中 2004 年出版的由胡汝骥先生组织编写的《中国天山自然地理》是对新疆天山的第三次集成研究成果。

到目前为止，国内外学者公开发表的关于新疆天山地质地貌、自然地理、生物生态等方面的重要研究论著已达 400 多篇（部）（表 5-13）。新疆天山已成为国内外许多高等院校和科研机构重要的教学实习基地、研究基地和科普教育基地。

表 5-13　新疆天山重要研究成果

名称	内容	完成者	出版或资料保存处
中国天山现代冰川目录	详细介绍了新疆天山的现代冰川资源及分布	胡汝骥	乌鲁木齐：新疆科学技术委员会，1975
天山山体演化	系统阐述了新疆天山的自然地理、地质历史、新构造运动、冰川作用、河流作用、梯级地形、黄土堆积、山地垂直自然景观和天山山体演化过程	中国科学院新疆地理研究所	北京：科学出版社，1986
中国天山雪崩与治理	本书对天山的积雪、雪崩及其灾害治理的长期实验观测，积累所作的总结，提出了“千寒型”积雪的理论体系，建立了“大陆型”雪崩道路治理原则和系列方案	胡汝骥，姜逢清	北京：人民交通出版社，1989
亚洲中部湖泊水生态学概论	本书记述了干旱区湖泊的水生态学的基本原理、研究方法，而且对典型的湖泊进行了个例分析	买合皮尔、图尔苏诺夫	乌鲁木齐：新疆科技卫生出版社，1996
亚洲中部山地夷平面研究：以天山山系为例	本书阐述了现代天山山地夷平面的分布与主要特征，夷平面形成与演变的机制，分析了天山夷平面上的沉积物的特征及其所反映的环境状况，对天山夷平面的级数与形成时代进行了确认并对天山古夷平面进行了恢复和重建	王树基	北京：科学出版社，1998

遗产监测

6.1 遗产监测指标

新疆天山遗产地以世界遗产的标准（vii）和标准（ix）列入《世界遗产名录》，依据遗产地类型和保护状态，建立了满足遗产管理的指标体系。

i）地质地貌遗迹监测

对遗产地雪峰冰川的基本特征和发育条件、冰川积累消融和物质平衡过程、冰川波动与气候变化关系、冰舌进退变化、红层峡谷、河流湖泊等遗迹的变化、安全及其所处环境进行监测。

ii）生态过程和生物多样性监测

对遗产地生态系统的完整性、生物多样性、珍稀濒危物种、森林草原、沼泽湿地的生态状况以及外来物种进行全面监测。

iii）环境质量监测

对遗产地的气象变化、大气质量、水体质量、噪音和固体污染及环境卫生进行监测。

iv）旅游监测

对游览区游客数量、游览项目、旅游服务设施和质量进行监测。

v）自然灾害巡护监测

重点对雪崩、滑坡、泥石流、崩塌灾害、火灾、病虫害等进行监测，观察、预防、发现并及时处理突发事件。

vi）监测关键指标表

监测指标见表 6-1 ～表 6-4。

表 6-1 托木尔遗产地监测指标

监测指标	周期	资料存放部门
完整性（类型、边界）	1 年	新疆维吾尔自治区住房与城乡建设厅 托木尔峰国家级自然保护区管理局
气候与冰川变化	长期	新疆维吾尔自治区住房与城乡建设厅 托木尔峰国家级自然保护区管理局
冰川地貌及动态变化	1 年	新疆维吾尔自治区住房与城乡建设厅 托木尔峰国家级自然保护区管理局
森林生态系统及变化动态	长期	新疆维吾尔自治区住房与城乡建设厅 托木尔峰国家级自然保护区管理局
草原生态系统及变化动态	长期	新疆维吾尔自治区住房与城乡建设厅 托木尔峰国家级自然保护区管理局
植物种类及数量	1 年	托木尔峰国家级自然保护区管理局
动物种类及数量	5 年	托木尔峰国家级自然保护区管理局
外来物种及危害	长期	托木尔峰国家级自然保护区管理局
水文动态及水质	1 月	托木尔峰国家级自然保护区管理局
土壤理化性质	1 年	托木尔峰国家级自然保护区管理局
气象气候状况	1 天	托木尔峰国家级自然保护区管理局、温宿县气象局
游览区旅游、娱乐活动	1 年	托木尔峰国家级自然保护区管理局
游客数量、游览项目	1 年	托木尔峰国家级自然保护区管理局
自然灾害	1 年	托木尔峰国家级自然保护区管理局
森林火灾	1 年	托木尔峰国家级自然保护区管理局
环境空气质量	1 月	阿克苏地区环境保护局
水环境质量	1 月	阿克苏地区环境保护局
噪声	1 月	阿克苏地区环境保护局
固体废弃物	1 月	阿克苏地区环境保护局

表 6-2　喀拉峻-库尔德宁遗产地监测指标

监测指标	周期	资料存放部门
完整性（类型、边界）	1 年	新疆维吾尔自治区住房与城乡建设厅 伊犁州建设局
森林生态系统及变化动态	长期	新疆维吾尔自治区住房与城乡建设厅 伊犁州建设局
草原生态系统及变化动态	长期	新疆维吾尔自治区住房与城乡建设厅 伊犁州建设局
植物种类及数量	1 年	伊犁州建设局
动物种类及数量	5 年	伊犁州建设局
外来物种及危害	长期	伊犁州建设局
水文动态及水质	1 月	伊犁州建设局
土壤理化性质	1 年	伊犁州建设局
气象气候状况	1 天	伊犁州建设局
游览区旅游、娱乐活动	1 年	伊犁州建设局
游客数量、游览项目	1 年	伊犁州建设局
自然灾害	1 年	伊犁州建设局
森林火灾	1 年	伊犁州建设局
环境空气质量	1 月	伊犁州环境保护局
水环境质量	1 月	伊犁州环境保护局
噪声	1 月	伊犁州环境保护局
固体废弃物	1 月	伊犁州环境保护局

表 6-3　巴音布鲁克遗产地监测指标

监测指标	周期	资料存放部门
完整性（类型、边界）	1 年	新疆维吾尔自治区住房与城乡建设厅 巴音布鲁克国家级自然保护区管理局
湿地生态系统及变化动态	长期	新疆维吾尔自治区住房与城乡建设厅 巴音布鲁克国家级自然保护区管理局
草原生态系统及变化动态	长期	新疆维吾尔自治区住房与城乡建设厅 巴音布鲁克国家级自然保护区管理局
植物种类及数量	1 年	巴音布鲁克国家级自然保护区管理局、和静县林业局
动物种类及数量	5 年	巴音布鲁克国家级自然保护区管理局、和静县林业局
外来物种及危害	长期	巴音布鲁克国家级自然保护区管理局、和静县林业局
水文动态及水质	1 月	巴音布鲁克国家级自然保护区管理局、和静县环保局
土壤理化性质	1 年	巴音布鲁克国家级自然保护区管理局、和静县环保局
气象气候状况	1 天	巴音布鲁克国家级自然保护区管理局、和静县气象局
游览区旅游、娱乐活动	1 年	巴音布鲁克国家级自然保护区管理局、和静县旅游局
游客数量、游览项目	1 年	巴音布鲁克国家级自然保护区管理局、和静县旅游局
自然灾害	1 年	巴音布鲁克国家级自然保护区管理局、和静县国土资源局
环境空气质量	1 月	巴州环境保护局
水环境质量	1 月	巴州环境保护局
噪声	1 月	巴州环境保护局
固体废弃物	1 月	巴州环境保护局

表 6-4 博格达遗产地监测指标

监测指标	周期	资料存放部门
完整性（类型、边界）	1 年	新疆维吾尔自治区住房与城乡建设厅 新疆天池管理委员会
气候与冰川变化	长期	新疆维吾尔自治区住房与城乡建设厅 新疆天池管理委员会
冰川地貌及动态变化	长期	新疆维吾尔自治区住房与城乡建设厅 新疆天池管理委员会
森林生态系统及变化动态	长期	新疆维吾尔自治区住房与城乡建设厅 新疆天池管理委员会
植物种类及数量	1 年	新疆天池管理委员会、阜康市林业局
动物种类及数量	5 年	新疆天池管理委员会、阜康市林业局
外来物种及危害	长期	新疆天池管理委员会、阜康市林业局
水文动态及水质	1 月	新疆天池管理委员会、阜康市环保局
土壤理化性质	1 年	新疆天池管理委员会、阜康市环保局
气象气候状况	1 天	新疆天池管理委员会、阜康市气象局
游览区旅游、娱乐活动	1 年	新疆天池管理委员会、阜康市旅游局
游客数量、游览项目	1 年	新疆天池管理委员会、阜康市旅游局
自然灾害	1 年	新疆天池管理委员会、阜康市国土资源局
森林火灾	1 年	新疆天池管理委员会、阜康市林业局
环境空气质量	1 月	昌吉州环境保护局
水环境质量	1 月	昌吉州环境保护局
噪声	1 月	昌吉州环境保护局
固体废弃物	1 月	昌吉州环境保护局

6.2 遗产监测行政安排

6.2.1 管理监测体系

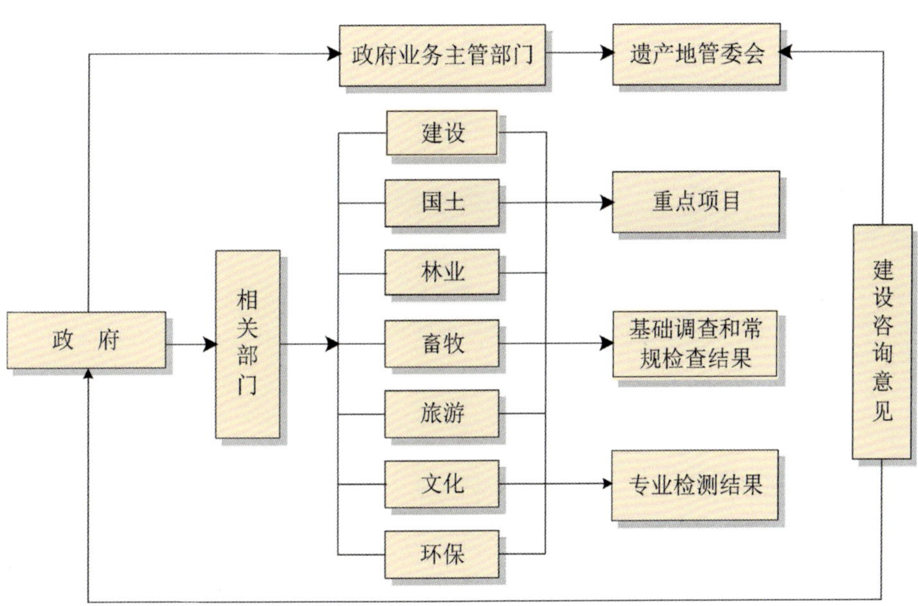

图 6-1　新疆天山遗产地管理监测体系框架图

6.2.2 科技监测体系

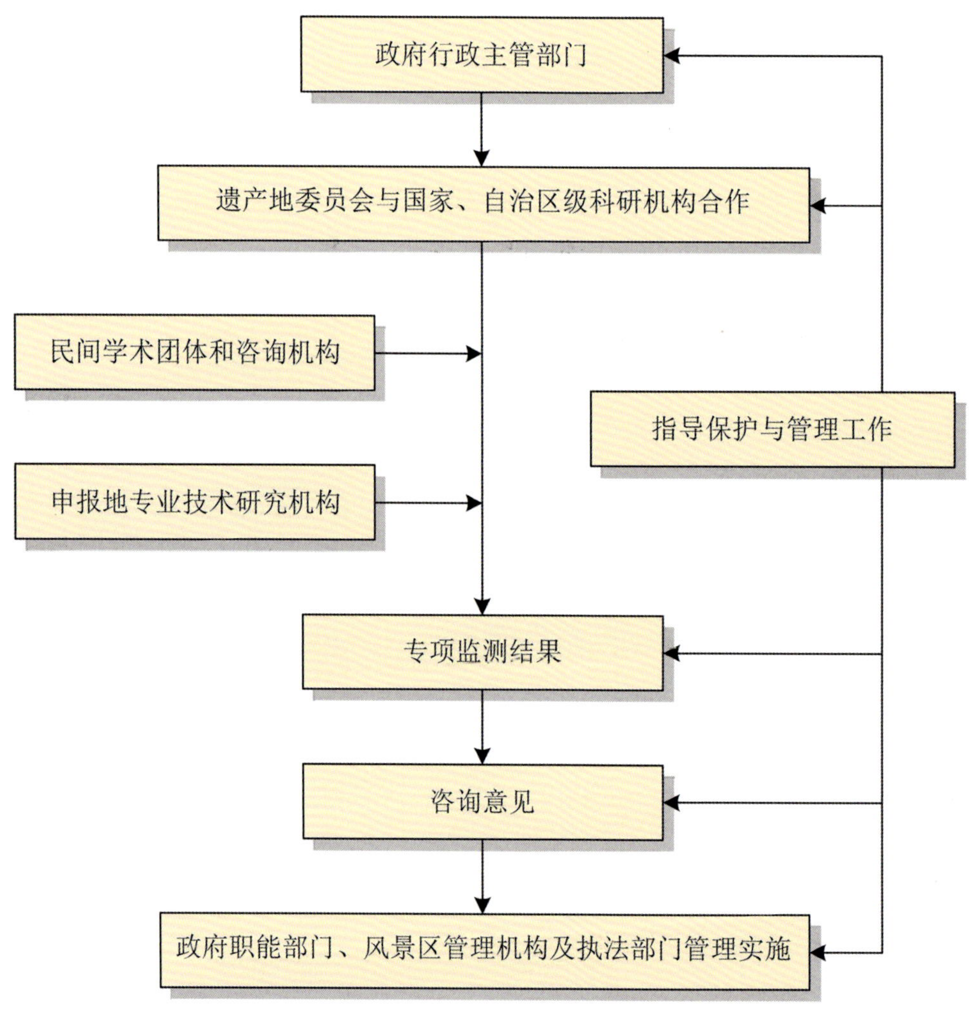

图 6-2 新疆天山遗产地科技监测体系框架图

6.2.3 监测的行政负责单位

表 6-5 托木尔遗产地监测的行政负责单位

监测部门	电话号码	地址	邮编
托木尔峰国家级自然保护区管理局	+86-997-2617358	阿克苏市乌喀路60号	843000
阿克苏地区环境保护局	+86-997-2123715	阿克苏市西大街19号	843000
温宿县建设局	+86-997-4533384	阿克苏托乎拉路43号	843100
温宿县环境保护局	+86-997-4536577	阿克苏温宿县西大街	843100
温宿县水利局	+86- 997-4531774	阿克苏温宿县东大街	843100
温宿县国土资源局	+86-997-4532801	阿克苏温宿县东大街	843100
温宿县林业局	+86-997-4533015	阿克苏温宿县西大街托乎拉路	843100
温宿县畜牧局	+86- 997-4534966	阿克苏温宿县东大街29号	843100
温宿县旅游局	+86-997-4538995	阿克苏温宿县文化路2号	843100

表 6-6 喀拉峻 - 库尔德宁遗产地监测的行政负责单位

监测部门	电话号码	地址	邮编
西天山国家级自然保护区管理局	+86-999-8322670	伊犁宁市雪岭院内	835500
伊犁州环境保护局	+86-999-8024352	伊宁市斯大林街3巷15号	835000
巩留县建设局	+86-999-5622373	巩留县巩留镇新华东路	835400
巩留县环境保护局	+86-999-5625135	巩留县巩留镇新华西路	835400
巩留县水利局	+86-999-5622481	巩留县巩留镇新华东路	835400
巩留县国土资源局	+86-999-5622627	巩留县巩留镇新华西路	835400
巩留县林业局	+86-999-5622751	巩留县巩留镇幸福南路	835400
巩留县畜牧兽医局	+86-999-5622752	巩留县巩留镇东买里路	835400
巩留县旅游局	+86-999-5620790	巩留县巩留镇团结路	835400
喀拉峻风景名胜区管委会	+86-999-6855979	喀拉峻风景区内	835500
特克斯县建设局	+86-999- 6624083	特克斯县阿扎提街62号	835500
特克斯县环境保护局	+86-999-7760302	特克斯县阔步街	835500
特克斯县水利局	+86-999-6623341	特克斯县阿扎提	835500
特克斯县国土资源局	+86-999-6623185	特克斯县阿扎提街二环	835500

续表

监测部门	电话号码	地址	邮编
特克斯县林业局	+86-999-6623627	特克斯县阿扎提	835500
特克斯县畜牧局	+86-999-6628305	特克斯县阿扎提	835500
特克斯县旅游局	+86-999-6624888	特克斯县阿扎提街四环路	835500

表 6-7　巴音布鲁克遗产地监测的行政负责单位

监测部门	电话号码	地址	邮编
巴音布鲁克国家级自然保护区管理局	+86-996-2026504	库尔勒市巴音西路	841000
巴州环境保护局	+86-996-2108826	库尔勒市石化大道64号	841000
和静县建设局	+86-996-5013273	和静县查汗通古北路	841300
和静县环境保护局	+86-996-5027905	和静县查汗通古北路	841300
和静县水利局	+86- 996-5012607	和静县团结西路7号院	841300
和静县国土资源局	+86-996-5022122	和静县和静镇阿尔夏特路	841300
和静县林业局	+86-996-5022527	和静县开泽西路	841300
和静县畜牧局	+86- 996-5022299	和静镇阿尔夏特东路	841300
和静县旅游局	+86-996-5016440	和静县阿尔夏特东路	841300

表 6-8　博格达遗产地监测的行政负责单位

监测部门	电话号码	地址	邮编
新疆天池管理委员会	+86-994-6525567	阜康市准葛尔路501号	831500
昌吉州环境保护局	+86-994-2342132	昌吉市红星西路3号	831100
阜康市建设局	+86-994-3222418	阜康市阜新街32号	831500
阜康市环境保护局	+86-994-3222167	阜康市博峰路64号	831500
阜康市水利局	+86-994-3222425	阜康市准葛尔路265号	831500
阜康市国土资源局	+86-994-3222221	阜康市阜新街34号	831500
阜康市林业局	+86-994-3222119	阜康市准葛尔路284号	831500
阜康市畜牧局	+86-994-3222194	阜康市天山街1号	831500
阜康市气象局	+86-994-3222129	阜康市博峰街	831500
阜康市旅游局	+86-994-3222422	阜康市博峰路100号	831500

6.3 以往监测结果

表 6-9 托木尔遗产地监测资料

名称	内容	完成者	出版或资料保存处
天山托木尔峰地区的地质与古生物	系统评价了托木尔峰地区地质构造、地层、花岗岩、变质岩、地质年龄、地质发展史、第四纪黄土和古生物等	中国科学院登山科学考察队	乌鲁木齐：新疆人民出版社，1985
天山托木尔峰地区的冰川与气象	系统分析了托木尔峰地区的第四纪冰川遗迹及冰期划分、冰川水文特征、辐射热平衡及水汽输送及天气气候特征等	中国科学院登山科学考察队	乌鲁木齐：新疆人民出版社，1985
天山托木尔峰地区的自然地理	系统论述了托木尔峰地区的历史地理、地貌特征、植被、土壤类型及其垂直分布规律、水化学特征、自然地理特征及垂直自然带等	中国科学院登山科学考察队	乌鲁木齐：新疆人民出版社，1985
天山托木尔峰地区的生物	系统调查了托木尔峰地区兽类、鸟类、昆虫、高等植物、真菌、地衣等区系、分类、分布及资源状况	中国科学院登山科学考察队	乌鲁木齐：新疆人民出版社，1985
托木尔峰科学考察	介绍托木尔峰地区地质、古生物、冰川、气象、自然地理、生物等方面的科学影集	中国科学院登山科学考察队	乌鲁木齐：新疆人民出版社，1985
托木尔遗产地自然景观资源调查评价	全面调查了托木尔遗产地的自然景观资源，包括雪峰冰川、红层峡谷和荒漠戈壁等，对景观资源进行综合评价和美学研究	杨兆萍	中国科学院新疆生态与地理研究所
托木尔遗产地野生动物资源及名录	全面调查和评价了托木尔遗产地的哺乳类、鸟类、爬行类、两栖类和鱼类野生动物	阿布力米提·阿布都卡迪尔	中国科学院新疆生态与地理研究所
托木尔遗产地植被与植物资源	全面调查和评价了托木尔遗产地的植被区系、植被、植物资源及分布	海鹰	新疆师范大学
托木尔峰自然保护区环评监测年度报告	调查和评价了托木尔峰国家级自然保护区地表水、空气、土壤、声环境等（2006~2010）	新疆环境保护技术咨询中心	托木尔峰国家级自然保护区管理局

表 6-10 喀拉峻 - 库尔德宁遗产地监测资料

名称	内容	完成者	出版或资料保存处
新疆野生果树研究	以新疆伊犁山区为重点研究区域，系统分析了新疆野生果树的分布及其与气候、地理环境间的关系	闫国荣、许正	中国林业出版社，2010
天山野果林资源——伊犁野果林综合研究	详细介绍了天山野果林的自然环境、起源与演化、分布情况、野果林的植物资源等	林培钧	中国林业出版社，2000
中天山冰圈地貌过程与沉积特征	研究天山冰缘、冰川地貌发育过程与沉积相特征；冰蚀地貌动力机制；冰碛沉积宏观和微观特征	崔之久	河北科学技术出版社，1998
喀拉峻 - 库尔德宁遗产地自然景观资源调查评价	全面调查了喀拉峻 - 库尔德宁遗产地的自然景观资源，包括森林草原、五花草甸和野果林等，对景观资源进行综合评价和美学研究	杨兆萍	中国科学院新疆生态与地理研究所
喀拉峻 - 库尔德宁遗产地植被与植物资源	全面调查和评价了喀拉峻 - 库尔德宁遗产地的植被区系、植被、植物资源及分布	海鹰	新疆师范大学
喀拉峻 - 库尔德宁遗产地野生动物资源及名录	全面调查和评价了喀拉峻 - 库尔德宁遗产地的哺乳类、鸟类、爬行类、两栖类和鱼类野生动物	阿布力米提·阿布都卡迪尔	中国科学院新疆生态与地理研究所
西天山自然保护区环评监测年度报告	调查和评价了西天山国家级自然保护区地表水、空气、土壤、声环境等（2006~2010）	新疆环境保护技术咨询中心	西天山国家级自然保护区管理局
喀拉峻风景名胜区环评监测年度报告	调查和评价了喀拉峻风景名胜区地表水、空气、土壤、声环境等（2010）	新疆环境保护技术咨询中心	喀拉峻风景名胜区管理委员会

表 6-11 巴音布鲁克遗产地监测资料

名称	内容	完成者	出版或资料保存处
巴音布鲁克遗产地自然景观资源调查评价	全面调查了巴音布鲁克遗产地的自然景观资源，包括河曲沼泽、生物景观等，对景观资源进行综合评价和美学研究	杨兆萍	中国科学院新疆生态与地理研究所
巴音布鲁克遗产地野生动物资源及名录	全面调查和评价了巴音布鲁克遗产地的哺乳类、鸟类、爬行类、两栖类和鱼类野生动物	杨维康	中国科学院新疆生态与地理研究所
巴音布鲁克遗产地植被与植物资源	全面调查和评价了巴音布鲁克遗产地的植被区系、植被、植物资源及分布	海鹰	新疆师范大学
巴音布鲁克自然保护区环评监测年度报告	调查和评价了巴音布鲁克国家级自然保护区地表水、空气、土壤、声环境等（2006~2010）	新疆环境保护技术咨询中心	巴音布鲁克国家级自然保护区管理局

表 6-12　博格达遗产地监测资料

名称	内容	完成者	出版或资料保存处
天山天池地质灾害监测	天池地质灾害监测与防治（2008）	中国科学院成都山地灾害与环境研究所	新疆天山天池管理委员会
新疆天山天池山洪泥石流防治	天池泥石流与泥沙淤积监测（2007）	中国科学院成都山地灾害与环境研究所	新疆天山天池管理委员会
天池土壤侵蚀监测报告	天池土壤侵蚀监测（2004）	南京大学城市与资源学系	新疆天山天池管理委员会
天山天池环评监测年度报告	调查和评价了天山天池地表水、空气、土壤、声环境等（2006~2010）	新疆环境保护技术咨询中心	新疆天山天池管理委员会
天池水样分析监测报告	天池和三工河水质监测	阜康荒漠生态系统观测试验站	新疆天山天池管理委员会
天池博格达自然保护区综合科学考察报告	全面调查了天池地质背景、地质遗迹特征、珍稀濒危动植物分布状况等（2006）	中国科学院新疆生态与地理研究所	新疆天山天池管理委员会
天池博格达峰地区中日联合考察报告	天山博格达冰川研究	施雅风、伍光和、王银生、渡边兴亚、上田丰等	冰川冻土，1983
博格达遗产地自然景观资源调查评价	全面调查了博格达遗产地的自然景观资源，包括雪峰冰川、高山湖泊和山地垂直自然景观等，对景观资源进行综合评价和美学研究	杨兆萍	中国科学院新疆生态与地理研究所
博格达遗产地野生动物资源及名录	全面调查和评价了博格达遗产地的哺乳类、鸟类、爬行类、两栖类和鱼类野生动物	阿布力米提·阿布都卡迪尔	中国科学院新疆生态与地理研究所
博格达遗产地植被与植物资源	全面调查和评价了博格达遗产地的植被区系、植被、植物资源及分布	海鹰	新疆师范大学

参 考 文 献

阿布力米提·阿布都卡迪尔 . 2002. 新疆哺乳动物的分类与分布 [M]. 北京 : 科学出版社 .

白玲 , 阎国荣 , 许正 . 1998. 伊犁野果林植物多样性及其保护 [J]. 干旱区研究 , 15(3): 10–13.

陈曦 . 2010. 中国干旱区自然地理 [M]. 北京 : 科学出版社 .

程维明 , 周成虎等 . 2001. 天山北坡前山带景观分布特征的遥感研究 [J]. 地理学报 , 56(5): 542–548.

崔大方 , 廖文波等 . 2006. 中国伊犁天山野果林区系表征地理成分及区系发生的研究 [J]. 林业科学研究 ,19(5): 555–560.

杜农 , 张平 . 2006. 新疆自然保护区 [M]. 乌鲁木齐 : 新疆科学技术出版社 .

冯缨 , 严成 , 尹林克 . 2003. 新疆植物特有种及其分布 [J]. 西北植物学报 , 23(2).

冯缨 , 张卫东 , 李新杰 . 2005. 天山北坡中段草地植物资源构成及垂直分布 [J]. 生态学杂志 , 24(5): 542–546.

高建新 . 1985. 天山托木尔峰地区草原植被类型的基本特征及其分布规律 [J]. 干旱区研究 , (1): 51–55.

高俊 , 何国琦 , 李茂松 . 1997. 西天山造山带的构造变形特征研究 [J]. 地球学报 , 18(1): 1–10.

高行宜 . 2008. 新疆脊椎动物种和亚种分布名录 [M]. 乌鲁木齐 : 新疆科学技术出版社 .

高行宜 , 阿布力米提·阿布都卡迪尔 , 许可芬 . 1987. 博格达峰人与生物圈保护区的脊椎动物 [M]. 北京 : 科学出版社 .

侯博 , 许正 . 2004. 世界栽培落叶果树起源中心——新疆天山伊犁谷地野果林 [J]. 干旱区研究 , 21(4).

侯博 , 许正 . 2005. 天山野果林的发生、演变与气候因素的关系 [J]. 西北植物学报 , 25(11): 2266–2271.

胡汝骥 . 2004. 中国天山自然地理 [M]. 北京 : 中国环境科学出版社 .

黄金玲 , 李喜保 , 周光辉 . 1986. 巩留雪岭云杉自然保护区考察报告 [J]. 中南林业调查规划 (4):20–26.

黄瑞农 , 彭补拙 , 袁国映 . 1980. 天山托木尔峰地区山地生态系统的初步研究 [J]. 环境科学 (6): 41–46.

近田文弘 . 1996. 清水建美共著 . 中国天山の植物 [M]. 大阪市 : トンボ出版 .

李都 , 尹林克 . 2006. 中国新疆野生植物 [M]. 乌鲁木齐 : 新疆青少年出版社 .

李锦轶 , 王克卓等 . 2006. 天山山脉地貌特征、地壳组成与地质演化 [J]. 地质通报 , 25(8): 898–909.

李利平 , 海鹰 , 安尼瓦尔·买买提等 . 2011. 新疆伊犁地区野苹果林的群落特征及保护 [J]. 干旱区地理 , 28(1): 60–66.

李世英 , 张新时 . 1966. 新疆山地植被垂直带结构类型的划分原则和特征 [J]. 植物生态学与地植物学丛刊 , 4(1): 132–141.

林培钧 , 崔乃然 . 2000. 天山野果林资源——伊犁野果林综合研究 [M]. 北京 : 中国林业出版社 .

林永烈 . 1985. 天山托木尔峰地区的兽类区系 [M]. 乌鲁木齐 : 新疆人民出版社 .

娄安如 , 张新时 . 1994. 新疆天山中段植被分布规律的初步分析 [J]. 北京师范大学学报 (自然科学版), 30(4): 540–545.

马建章等 . 2003. 中国野生动物保护实用手册 [M]. 北京 : 科学技术文献出版社 .

马鸣．徐峰等．2006. 利用自动照相术获得天山雪豹拍摄率与个体数量 [J]. 动物学报，52(4): 788-793.

马鸣．2002. 新疆鸟类名录 [M]. 北京：科学出版社．

倪永明，欧阳志云．2006. 新疆荒漠生态系统分布特征及其演替趋势分析 [J]. 干旱区资源与环境，20(2): 7-10.

彭补拙，倪绍祥．1980. 新疆天山托木尔峰地区的垂直自然带 [J]. 南京大学学报（自然科学版），(4): 131-148.

彭健，金学林，等．2008. 北麓天山鸟类生态分布及区系研究 [J]. 林业调查规划，(4).

钱亦兵，吴兆宁等．1994. 托木尔峰南麓碎屑物的演化特征 [J]. 干旱区地理，17(4): 30-37.

人与生物圈计划中国国家委员会，中国科学院水生生物研究所，新疆林业厅，新疆环保局．1992. 博格达峰生物圈保护区国际研讨会文集 [C].

世界自然保护联盟物种生存委员会．2010. IUCN 物种红色名录．

王让会，张慧芝，等．2004. 干旱区生态系统耦合关系的特征分析 [J]. 生态环境，13(3).

王树基，阎顺．1987. 天山南北麓新生代地理环境演变 [J]. 地理学报，42(3): 211-220.

王树基．1992. 论天山山麓带第四纪的重大事件及其深入研究的必要性 [J]. 干旱区地理，9, 15(3): 1-8.

王永兴．1995. 天山第四纪构造地貌演化——活动性内古板缘的一种造山模式 [J]. 干旱区地理，18(1): 27-35.

吴世敏，卢华夏，等．1995. 西天山一带大地构造相划分及其构造演化特征 [J]. 中国区域地质，2: 149-156.

肖龙．1999. 新疆天山造山带地质构造研究进展——兼论陆间型造山带形成的五阶段模式 [J]. 桂林工学院学报，19(4): 315-320.

新疆森林编写领导小组．1990. 新疆森林 [M]. 乌鲁木齐：新疆人民出版社，北京：中国林业出版社．

徐峰，马鸣等．2007. 新疆托木尔峰国家级自然保护区北山羊分布调查 [J]. 动物学研究，28(6): 670-672.

徐峰，马鸣等．2005. 新疆托木尔峰自然保护区雪豹调查初报 [J]. 四川动物，24(4): 608-610.

徐峰，马鸣等．2006. 雪豹栖息地选择研究初报 [J]. 干旱区研究，9, 23(3): 471-474.

徐慧，彭补拙．2002. 南迦巴瓦峰与托木尔峰山地垂直自然带的比较 [J]. 山地学报，8, 20(4): 432-437.

羊海军，崔大方等．2003. 中国天山野果林种子植物组成及资源状况分析 [J]. 植物资源与环境学报，12(2): 39-45.

尹林克．2006. 新疆珍稀濒危特有高等植物 [M]. 乌鲁木齐：新疆科学技术出版社．

袁国映．2008. 新疆生物多样性 [M]. 乌鲁木齐：新疆科学技术出版社．

张新时．1959. 东天山森林的地理分布 [A]. 中国科学院综合考察队，苏联科学院地理研究所编：新疆维吾尔自治区的自然条件（论文集）[C]. 北京：科学出版社．

张新时．1973. 伊犁野果林的生态地理特征和群落学问题 [J]. 植物学报，15(2):239-253.

张芸，孔昭宸等．2006. 天山北坡晚全新世云杉林线变化和古环境特征 [J]. 科学通报，51(12): 1450-1458.

张芸，孔昭宸等．2005. 新疆天山北坡地区中晚全新世古生物多样性特征 [J]. 植物生态学报，29(5): 836-844.

赵井东，王杰，刘时银 . 2009. 天山木扎尔特河流域的冰川地貌与冰期 [J]. 地理学报，5, 64(5): 553-562.

赵振勇，王让会，等 . 2007. 天山南麓山前平原土壤盐分空间异质性对植物群落组成及结构的影响 [J]. 干旱区地理，30(6): 839-845.

中国科学院登山科学考察队 . 1985. 天山托木尔峰地区的冰川与气象 [M]. 乌鲁木齐：新疆人民出版社 .

中国科学院登山科学考察队 . 1985. 天山托木尔峰地区的地质与古生物 [M]. 乌鲁木齐：新疆人民出版社 .

中国科学院登山科学考察队 . 1985. 天山托木尔峰地区的生物 [M]. 乌鲁木齐：新疆人民出版社 .

中国科学院登山科学考察队 . 1985. 天山托木尔峰地区的自然地理 [M]. 乌鲁木齐：新疆人民出版社 .

中国科学院登山科学考察队 . 1985. 天山托木尔峰科学考察 [M]. 乌鲁木齐：新疆人民出版社 .

中国科学院兰州冰川冻土研究所 . 1986. 中国冰川目录 III [M]. 北京：科学出版社 .

中国科学院新疆地理研究所 . 1986. 天山山体演化 [M]. 北京：科学出版社 .

中国科学院新疆综合考察队，中国科学院植物研究所 . 1978. 新疆植被及其利用 [M]. 北京：科学出版社 .

中华人民共和国濒危物种进出口管理办公室，中华人民共和国濒危物种科学委员会 . 2010. 濒危野生动植物种国际贸易公约附录 I、附录 II 和附录 III.

朱诚 . 1992. 中天山坡地冰缘地貌的若干问题 [J]. 山地研究，10(2): 65-74.

Schaller G B et al. 1988. The Snow leopard in Xinjiang, China [M]. Washington: The University of Chicago Press.

Melnikova A P, Bakov E K. 1991. Glacial Events in the Tien Shan Mountains and Long-range Correlation[J]. Gtaciers-Ocean-Aanosphae Interactions, IAHS Publ. No. 208.

Aida Sdykova. 2006. Compatibility of Selected Natural Protected Areas of Kazakhstan with the Requirements of the World Heritage Convention for the Nominated Sites. Submitted to Central European University Department of Environment Sciences and Policy.

Bihong Fu, Aiming Lin, Ken-ichi Kano, Tadashi Maruyama, Jianming Guo. 2003. Quaternary Folding of the Eastern Tian Shan, Northwest China[J]. Tectonophysics, 369 : 79-101.

Brendan J. Meade, Bradford H. Hager. 2001. The Current Distribution of Deformation in the Western Tien Shan from Block Models Constrained by Geodetic Data[J]. Massachusetts Institute of Technology.

Du Nong, Zhang Ping. 2006. Xinjiang Nature Reserves[M]. Xinjiang Science and Technology Publishing House.

Hu Ruji, Yang Chuande, MA Hong, Jiang Fengqing. 1996. Climatic Trend Indicated by Variations of Glaciers and Lakes in the Tianshan Mountains[J]. Chinese Geographical Science, 6 : 239-246

John D. Farrington. 2003-2004. A Report on Protected Areas, Biodiversity, and Conservation in the Kyrgyzstan Tian Shan: with Brief Notes on the Kyrgyzstan Pamir-Alai and the Tian Shan Mountains of Kazakhstan, Uzbekistan, and China[D].Fulbright Fellow - Environmental Studies Kyrgyzstan, Former Soviet Central Asia , June 2005:103-110.

Bullen M E, Burbank D W, Garver J I. 2003. Building the Northern Tien Shan: Integrated Thermal, Structural, and Topographic Constraints[J]. The Journal of Geology, 111 :149-165.

Maria–Barbara Winter, Barbara Wolff, et al. 2009. The Impact of Climate on Radial Growth and Nut Production of Persian Walnut (*Juglans regia* L.) in Southern Kyrgyzstan [J]. European Journal of Forest Research, 128 : 531–542.

Qian Qing, Gao Jun, Reiner Klemd, He Guoqi, Song Biao, Liu Dunyi, Xu Ronghua. 2009. Early Paleozoic tectonic evolution of the Chinese South Tianshan Orogen: constraints from SHRIMP zircon U – Pb geochronology and geochemistry of basaltic and dioritic rocks from Xiate, NW China[J]. Int J Earth Sci (Geol Rundsch) 98:551–569.

Sang Weiguo, Su Hongxin. 2009. Interannual NPP Variation and Trend of *Picea schrenkiana* Forests under Changing Climate Conditions in the Tianshan Mountains, Xinjiang, China[J]. Ecol Res, 24: 441–452.

Sang Weiguo. 2009. Plant Diversity Patterns and Their Relationships with Soil and Climatic Factors along an Altitudinal Gradient in the Middle Tianshan Mountain area, Xinjiang, China [J]. Ecol Res, 24: 303–314.

Shu Liangshu, Yu Jinhai, et al. 2004. Geological, Geochronological and Geochemical Features of Granulites in the Eastern Tianshan, NW China [J]. Journal of Asian Earth Sciences, 24 : 25–41.

Su Hongxing, Sang Weiguo, Wang Yunxiao, Ma Keping. 2007. Simulating Picea Schrenkiana Forest Productivity under Climatic Changes and Atmospheric CO_2 increase in Tianshan Mountains, Xinjiang Autonomous Region, China[J]. Forest Ecology and Management, 246 : 273–284.

Sun Linhua, Wang Yuejun, et al. 2008. Post–Collisional Potassic Magmatism in the Southern Awulale Mountain, Western Tianshan Orogen: Petrogenetic and Tectonic Implications [J]. Gondwana Research, 14 : 383–394.

Trevor A. Dumitru, Da Zhou, Edmund Z. Chang, Stephan A. Graham, Marc S. Hendrix, Edward R. Sobel, Alan R. Carroll. Uplift. 2001. Exhumation, and Deformation in the Chinese Tian Shan[J]. Geological Society of America Memoir, 194.

Vladimir B. Aizen, Valeriy A. Kuzmichenok, Arzhan B. Surazakov, Elena M.Aizen. 2006. Glacier Changes in the Central and Northern Tien Shan during the Last 140 Years Based on Surface and Remote–sensing Data[J]. Annals of Glaciology, 43 :201–213.

Vladimir N. Mikhalenko. 1991. The Peculiarities of Mass Exchange of the Flat–top Glaciers at the Central Tianshan[J]. Journal of Glaciology and Geocryology, 6, 13(2): 107–114.

Wang Ting, Liang Yu, et al. 2004. Age Structure of Picea Schrenkiana Forest along an Altitudinal Gradient in the Central Tianshan Mountains, Northwestern China [J]. Forest Ecology and Management, 196: 267–274.

Wang Ting, Zhang Qibing, Ma Keping. 2006. Treeline Dynamics in Relation to Climatic Variability in the Central Tianshan Mountains, Northwestern China[J]. Global Ecology and Biogeography, 15: 406–415.

Xu Feng, Ma Ming, Wu Yiqun. 2007. Population Density and Habitat Utilization of Ibex(Capra ibex)in Tomur National Nature Reserve, Xinjiang, China [J]. Zoological Research, Feb, 28(1): 53–55.

Yan Guorong, Zhang Yuanming, Zhang Liyu, Ooishi Atsushi. Conservation of the Wild Fruit Forest in the Tianshan Mountains of Xinjiang, China[J]. Bull.Fac.Agric. Shizuoka Univ., (49).9–13.

Zhao Jingdong, Song Yougui, et al. 2010. Glacial Geomorphology and Glacial History of the Muzart River Valley, Tianshan Range, China. Quaternary Science Reviews, 29:1453–1463.

附录　执行提要

缔约国	中华人民共和国
省、区、市	新疆天山系列自然遗产位于新疆维吾尔自治区： 托木尔：阿克苏地区温宿县 喀拉峻 – 库尔德宁：伊犁哈萨克自治州特克斯县和巩留县 巴音布鲁克：巴音郭楞蒙古自治州和静县 博格达：昌吉回族自治州阜康市、乌鲁木齐市
遗产名称	新疆天山
地理坐标（中心点）	整体地理位置： 41º30'00"~44º00'00"N，79º30'00"~88º30'00"E 各遗产地中心点： 托木尔：41º58'06"N　80º21'15"E 喀拉峻 – 库尔德宁：43º00'05"N　82º38'08"E 巴音布鲁克：42º47'53"N　84º09'50"E 博格达：43º50'00"N　88º17'12"E
遗产地边界的描述	新疆天山是一个系列自然遗产，由 4 个片区组成。各遗产组成地边界的确定依据了以下原则：① 与现有保护地（自然保护区、风景名胜区）边界的关系，遗产地或与现有保护地边界一致，或为现有保护地的一部分。② 依据地形和自然边界，即以山脊、沟谷、河流、林线、地貌单元等为界，便于识别和管理。③ 包括必要的自然成分，如重要的冰川地貌、红层地貌、山间盆地，代表性的植被类型、动物栖息地，以及代表性的景观区域。④ 最少的人类活动影响，保持遗产地的自然性。

遗产地边界的描述

具体而言，托木尔遗产地的边界与托木尔峰国家级自然保护区的边界一致；喀拉峻—库尔德宁遗产地边界分别与西天山国家级自然保护区和喀拉峻自治区级风景名胜区的边界一致；巴音布鲁克遗产地边界与巴音布鲁克国家级自然保护区大尤尔都斯盆地部分边界一致；博格达遗产地是天山天池国家级风景名胜区的一部分，南侧包括了部分自治区级自然保护区。详细边界描述见文本 3.d-2。

缓冲区位于遗产地外围，为遗产地提供缓冲和额外保护。缓冲区边界的确定同样考虑了自然成分的连续性，地形地势、人类活动影响等因素。各个组成地都确定了足够的缓冲区范围，其中托木尔片区的西侧，由于是中国与吉尔吉斯斯坦国界，且为海拔 6 000 m 的雪山和冰川区，因此没有设缓冲区。详细边界描述见文本 3.d-2。

列入理由突出普遍价值的阐述

新疆天山是一个系列自然遗产，由 4 个片区组成，遗产地总面积 606 833 hm^2，缓冲区总面积 491 103 hm^2。

天山是中亚的巨大山系，天山在新疆境内东西向延伸 1 760 km，主峰托木尔峰海拔 7 443 m。由于被广袤的准噶尔荒漠和塔里木荒漠包围，气候极端干旱，新疆天山在诸多方面明显有别于世界上其他山脉，展示了独特的自然地理特征。

新疆天山不仅拥有壮观的雪山冰峰、优美的森林草甸、清澈的河流湖泊、宏伟的红层峡谷，更在于这些自然要素位于广袤荒漠中所展现出的独特景观和自然美。新疆天山将反差巨大的炎热与寒冷、干旱与湿润、荒凉与秀美结合在一起，展现了非同寻常的自然美。

新疆天山是温带干旱区山地生态系统的杰出代表，遗产地综合反映了天山最具代表性的地貌特征和生态系统。

列入理由突出普遍价值的阐述

·托木尔-汗腾格里山汇是世界三大山岳冰川集中分布区之一，托木尔拥有天山南坡最完整的垂直自然带谱。喀拉峻-库尔德宁是天山特有植被雪岭云杉最集中的分布区，并且包含了大面积的野果林和山地草甸草原。巴音布鲁克是天山高位山间盆地的突出代表，具有典型的高山草甸和高寒湿地生态系统。博格达展现了东部天山的自然特征，拥有天山北坡最典型的垂直自然带谱，并且在短距离内浓缩了雪山、冰川、湖泊、河流、森林、草甸等自然景观。

·新疆天山遗产地是温带干旱区山地生态系统的最典型代表，有一级生境类型7个，二级生境类型22个。有9个植被型、25个植被亚型、82个群系。

·新疆天山遗产地是天山针叶林、天山山地草原草甸和天山山麓干旱草原生态区的典型代表。

·新疆天山遗产地拥有温带干旱区典型的垂直自然带谱，托木尔遗产地在70 km的水平距离内，海拔从1 450 m升至7 443 m，垂直高差近 6 000 m，发育了从暖温带荒漠带到冰雪带的7个垂直自然带；博格达遗产地在不到30 km的水平距离内，海拔从 1 380 m升至5 445 m，垂直高差近 4 100 m，发育了从山地草原带到冰雪带的6个垂直自然带。

·新疆天山遗产地是帕米尔-天山山地生物地理省生物生态演化过程的杰出代表。遗产地横跨欧亚森林植物亚区和亚洲荒漠植物亚区，植被垂直带谱明显，南北坡差异显著，区系成分多样，突出反映了帕米尔-天山山地生物地理省生物群落演变和进化的过程。喀拉峻－库尔德宁由于特殊的地理位置和气候条件，成为众多古近纪残遗物种的避难所，保留了大面积的天山野果林，拥有52种野生果树，还是野生欧洲李的唯一起源地，也成为天山因气候变化造成的生物进化与演替的重要证据。

·新疆天山遗产地具有显著的生物多样性，是中亚山地残遗物种、众多珍稀濒危物种、特有种的重要栖息地。遗产地共有维管束植物2 622种，脊椎动物550种，第四纪冰期之前的残遗植物物种94种，各类珍稀濒危植物110种，各类珍稀濒危野生动物367种，新疆特有植物物种118种，新疆特有动物物种22种。

满足的世界遗产标准

标准(vii)：具有极好的自然奇观或非同寻常自然美和美学重要性的区域。
Criterion (vii): contain superlative natural phenomena or areas of exceptional natural beauty and aesthetic importance.

新疆天山展现了世界上最具代表性的温带干旱区山地综合自然景观，具有显著的景观多样性，展示了独特的自然美。

· 东西向绵延的新疆天山巍然横亘于北侧准噶尔荒漠和南侧塔里木荒漠之间，形成了“两漠夹一山”独特的自然地理奇观。

· 从西部海拔7 443 m的托木尔峰到东部海拔5 445 m的博格达峰，绵延的雪山冰峰构成了广袤中亚荒漠壮观而优美的天际线。

· 遗产地拥有壮观的雪山冰峰、优美的森林草甸、清澈的河流湖泊和宏伟的红层峡谷，世界上很少有像遗产地这样将反差巨大的炎热与寒冷、干旱与湿润、荒凉与秀美、壮观与精致奇妙的汇集在一起，给人以强烈的视觉冲击。

· 天山不仅是中国和中亚地区的“天上之山”，也是丝绸之路上的绿色走廊，自古以来，有无数神话传说、诗歌词赋和音乐绘画赞美天山。时至今日，新疆天山仍是中国最具代表的景观名片之一。

标准(ix)：是反映陆地、淡水、海岸、海洋生态系统和动植物群落正在进行的、重要的生态和生物演化过程的杰出范例。
Criterion (ix): be outstanding examples representing significant ongoing ecological and biological processes in the evolution and development of terrestrial, fresh water, coastal and marine ecosystems and communities of plants and animals.

与其他类似区域相比，新疆天山是全球温带干旱区正在进行的生物生态演化过程的杰出范例。至少从上新世以来（5 Ma），遗产地以“两漠夹一山”的独特山盆地貌格局、深处内陆的地理区位和温带干旱大陆性气侯，较之世界其他区域，更好地保存和展示了温带干旱区大山脉的地貌、生态、

满足的世界遗产标准

生物和景观特征，在全球山地生态系统类型中独具特色，成为温带干旱区山地生态系统的最典型代表。

·遗产地突出反映了中亚干旱区植被随地貌与气候变化正在发生的演变过程，是Global 200 Ecoregions 111“中亚山地草原与林地生态区”天山针叶林、天山山地草原草甸和天山山麓干旱草原生态区的重要组成部分。

·遗产地拥有温带干旱区典型的山地垂直自然带谱，突出代表了温带干旱区山地生态系统的空间分布特征和演变规律，成为研究全球气候变化下干旱区山地生态系统生物群落演替的杰出范例。

·遗产地植被垂直带谱明显，南北坡差异显著，区系成分多样，保留了大面积的天山野果林，是众多古近纪残遗物种的避难所，突出代表了帕米尔-天山山地生物地理省生物群落演变和进化的过程。

·遗产地具有显著的生物多样性，是中亚山地众多珍稀濒危物种、特有种的最重要栖息地，突出代表了这一区域由暖湿植物区系逐步被现代旱生的地中海植物区系所取代的生物进化过程。

当地官方机构的名称和联系资料

名称：新疆维吾尔自治区申报世界自然遗产领导工作小组办公室
地址：中华人民共和国，新疆维吾尔自治区，乌鲁木齐市中山路462号人民广场联合大厦A座
邮编：830002
电话：+86-991-2823769
传真：+86-991-2824237
电子邮件：xjjstcjc@sina.com

名称：托木尔峰国家级自然保护区管理局
地址：阿克苏地区乌喀路60号
邮编：843000
电话：+86-997-2617358
传真：+86-997-2619299
电子邮件：1260376932@qq.com

名称：喀拉峻风景名胜区管理委员会
地址：喀拉峻风景区

当地官方机构的名称和联系资料

邮编：835500
电话：+86-999-6855979
电子邮件：36224394@qq.co

名称：西天山国家级自然保护区管理局
地址：伊宁市新华西路31号
邮编：835000
电话：+86-999-8333156
传真：+86-999-8331379
电子邮件：songyixue666@163.com

名称：巴音布鲁克国家级自然保护区管理局
地址：新疆库尔勒市巴音西路
邮编：841000
电话：+86-996-2023279
传真：+86-996-2028734
电子邮件：fck2613533@163.com

名称：新疆天池管理委员会
地址：中华人民共和国，新疆维吾尔自治区，阜康市准噶尔路501号
邮编：831500
电话：+86-994-3526609
传真：+86-994-3526541
电子邮件：xjgfgf@126.com

后记

本专著是新疆天山申遗项目组四年精诚合作、不懈努力取得的成果，是国内外申遗专家集体智慧的结晶。专著的母版——新疆天山申报世界自然遗产文本，得到了住房和城乡建设部与IUCN专家的充分肯定，被联合国委派的世界遗产实地考察评估专家赞誉为“用英语母语写成的文本，是中国最好的申遗文本”，为新疆天山成功申遗提供了核心科技支撑。新疆天山申遗事关国家利益，关乎国家形象，对于保护我国全球生态重地、打造新疆旅游国际品牌、增强区域经济发展动力、实现稳疆富民具有非常重要的意义。

2003年，我看到天山、阿尔泰山等许多生态优美的景区遭受过度放牧和旅游设施大拆大建的破坏性开发；为改变这种不可持续的发展模式，本人萌生了为喀纳斯申遗之念。2004年，我去加拿大做访问学者，期间参观了加拿大和欧洲的许多世界遗产地，看到了生态保护与旅游开发、社区协调发展的成功模式，就下定决心要为新疆申报世界遗产；通过申报世界遗产，引进国际顶尖生态环境保护技术、管理制度、法律保障、可持续开发模式，实现生态环境保护与地方经济发展的共赢。2005~2006年，我申请并得到了中国科学院知识创新工程重要方向性项目“阿尔泰山自然遗产科学基础研究”和国家自然科学基金项目“喀纳斯旅游地域系统生态安全评估与调控研究”项目支持，开展申遗前期科学基础研究；2009年，完成《新疆申遗战略》，成为新疆维吾尔自治区政府申遗工作的纲领性文件；2010年1月，完成并向联合国世界遗产委员会正式提交《新疆天山世界自然遗产预备清单》；2011年，项目组完成申遗文本及相关附件编写任务；2012年1月，经国务院总理李克强批准，新疆天山作为2013年我国唯一的世界自然遗产申报项目；2012年7月，IUCN专家对新疆天山世界自然遗产提名地进行实地考察评估；2013年6月，新疆天山成功列入世界自然遗产名录，实现了新疆世界自然遗产“零突破”，也填补了我国北方没有世界自然遗产的空白。

新疆天山申遗得到了自治区党委、政府的高度重视和中国科学院的大力支持，凝聚了本人十年的心血和汗水。新疆天山申遗还得到了许多中外专家的鼎力支持和帮助。特别感谢IUCN资深专家加拿大Jim Thorsell、瑞士Pierre Galand、英国John Markinnon、昆明理工大学梁永宁教授、中国科学院植物研究所马克平研究员多次赴新疆天山为遗产地片区选择、遗产价值凝练、遗产地边界划分以及遗产地保护规划给予的关键性指导；衷心感谢中国科学院秦大河院士、陈宜瑜院士、傅伯杰院士、刘嘉麒院士从全球视角对新疆天山世界遗产价值给予高屋建瓴的真知卓见；感谢中国科学院资环局冯仁国副局长、刘健副局长，寒旱所李忠勤研究员，地质地球所肖文交研究员、高俊研究员，提供了许多宝贵意见；中国科学院特聘研究员Geoffrey Wall教授编辑、审定了所有向联合国提交的英文报告；新疆党委常委努尔兰·阿不都满金、副秘书长孙昌华、新疆住建厅副厅长甫拉提·乌马尔、江西援疆副厅长丁新权、住建部左小平处长、新疆住建厅副厅长杨开俭以及李基才处长、张晓天处长、陈继宏处长为新疆天山申遗工作顺利推进做出的不懈努力与重要贡献。在此向所有为新疆天山申遗做出贡献的专家学者、领导、同事表示诚挚的感谢和敬意。

本书是国家重点研发计划项目“自然遗产地生态保护与管理技术”（编号：2016YFC0503300）资助出版的《中国自然遗产丛书》的第一本，今后将陆续出版涵盖自然遗产科学基础研究、遗产价值体系、遗产监测、保护管理、遗产旅游、社区发展、信息管理平台建设与可视化展示服务等领域的系列专著，系统展示十几年来中国自然遗产创新研究成果，服务于当代中国自然遗产事业。

中国科学院新疆生态与地理研究所研究员

新疆旅游研究院院长

杨兆萍

2017年7月